Architektur Jahrbuch
Architecture in Germany

1999

Architektur Jahrbuch
Architecture in Germany

1999

Herausgegeben von
Edited by

Deutsches Architektur-Museum, Frankfurt am Main
Wilfried Wang und Annette Becker

Mit Beiträgen von
With contributions by

Nikolaus Bernau, Ulrich Höhns, Hilmar Hoffmann,
Thomas Krens, Barbara Schulze, Dietmar Steiner,
Inge Wolf

und Baukritiken von
and reviews by

Dieter Bartetzko, Christof Bodenbach, Jörg Brauns,
Layla Dawson, Heike Drechshage, Oliver Elser,
Corinne Elsesser, Petra Hagen Hodgson, Falk Jaeger,
Markus Jager, Ursula Kleefisch-Jobst,
Helga Kusolitsch, Karin Leydecker, Ulf Meyer,
Anna Meseure, Enrico Santifaller, Romana Schneider,
Walter Schoeller, Hans-Peter Schwanke,
Wolfgang Voigt

Prestel
München · London · New York

Herausgegeben von
Wilfried Wang und Annette Becker
im Auftrag des Dezernats für Kultur und Freizeit,
Amt für Wissenschaft und Kunst der Stadt
Frankfurt am Main

Edited by
Wilfried Wang and Annette Becker
on behalf of the municipal Department for
Cultural and Leisure Affairs, Sciences and
Arts Office, Frankfurt am Main

Lektorat: Ruth Klumpp
Übersetzungen:
ins Englische: Ishbel Flett, Peter Green und Mariana Schroeder
aus dem Englischen: Christiane Court und Christel Dormagen

Umschlagmotiv:
Frank O. Gehry, Neuer Zollhof, Düsseldorf
(Werkphoto: Philipp Holzmann AG, Frankfurt am Main)

Frontispiz:
Norman Foster, Reichstag, Berlin
Kuppel mit Lichtumlenkelement
(Photo: Nigel Young)

Die Deutsche Bibliothek – CIP-Einheitsaufnahme:
Deutsches Architektur-Museum ‹Frankfurt, Main›:
DAM Architektur Jahrbuch ... / hrsg. von Wilfried Wang,
Deutsches Architektur-Museum, Frankfurt am Main.
Hrsg. im Auftr. des Dezernats für Kultur und Freizeit,
Amt für Wissenschaft und Kunst der Stadt Frankfurt am Main. –
München: Prestel.
Erscheint jährlich. – Aufnahme nach 1992
Bis 1991 u. d. T.: Jahrbuch für Architektur
ISSN 0942-7481
NE: HST

Bildnachweis:
Die Abbildungsvorlagen wurden von den jeweiligen Autoren bzw. Architekten zur Verfügung gestellt; die Photographen sind in den Bildunterschriften genannt.

Prestel Verlag
Mandlstraße 26, D-80802 München
Telefon (089) 38 17 09-0, Fax (089) 38 17 09-35

Deutsches Architektur-Museum
Schaumainkai 43, D-60596 Frankfurt am Main
Tel. (069) 21 23 84 71, Fax (069) 21 23 77 21

Gestaltung: Norbert Dinkel, München
Umschlagkonzept: KMS-Graphik, München
Reproduktionen: ReproLine, München
Druck und Bindung: Passavia Druckservice GmbH, Passau
Gedruckt auf chlorfrei gebleichtem Papier
Printed in Germany

ISSN 0942-7481
ISBN 3-7913-2182-X

Copyedited by Ruth Klumpp
Translated from the German by Ishbel Flett, Peter Green
and Mariana Schroeder
from English into German by Christiane Court and Christel Dormagen

Cover:
Frank O. Gehry, Neuer Zollhof, Düsseldorf
(Photo: Philipp Holzmann AG, Frankfurt am Main)

Frontispiece:
Norman Foster, Reichstag, Berlin
Mirrored funnel with light-deflecting system
(Photo: Nigel Young)

Library of Congress Catalog Card Number: 99-65425

All illustrations have been made available to the publisher by the respective authors and architects. Photographic acknowledgements are included in the picture captions.

Prestel Verlag
Mandlstrasse 26, 80802 Munich, Germany
Phone +49 (089) 38 17 09-0, Fax +49 (089) 38 17 09-35;
16 West 22nd Street, New York, NY 10010 USA
Tel. +1 (212) 627- 9090, Fax +1 (212) 627- 9511;
and 4 Bloomsbury Place, London WC1A 2QA
Tel. +44 (0171) 323 5004, Fax +44 (0171) 636 8004

Deutsches Architektur-Museum
Schaumainkai 43, 60596 Frankfurt am Main, Germany
Phone (069) 21 23 84 71, Fax (069) 21 23 77 21

Designed by Norbert Dinkel, Munich
Cover concept by KMS-Graphik, Munich
Lithography by ReproLine, Munich
Printing and binding by Passavia Druckservice GmbH, Passau

Printed in Germany on acid-free paper

ISSN 0942-7481
ISBN 3-7913-2182-X

Inhalt Contents

Vorwort

Zum Ausklang des Jahrhunderts bildet das Thema ›Utopie‹ den Schwerpunkt der Essays des Architektur Jahrbuchs.

Utopie, das heißt ›Nirgendsland‹, ein in Gedanken konstruierter idealer Zustand menschlichen Zusammenlebens. Utopist nennt man denjenigen, der unausführbare Weltverbesserungspläne hegt, verkündet oder durchführen will.

Wir haben drei namhafte Architekturhistoriker eingeladen, die Visionen der Architekten von den fünfziger bis zu den neunziger Jahren zu verfolgen. Was beinhalten ihre Utopien und inwieweit sind sie von der Realität eingeholt worden? Welche Schlußfolgerungen ergeben sich für heute? Die Autoren reflektieren die Euphorie und Zukunftsgläubigkeit der jeweiligen Dekaden, die sich nicht nur in Alltagserscheinungen wie den Modetrends oder der Gebrauchsgraphik ablesen lassen, sondern maßgeblich auch in den Ideen der Architekten ihren Niederschlag fanden.

Ulrich Höhns berichtet über die Nachkriegsvisionen der fünfziger Jahre. Nikolaus Bernau konstatiert die Utopie als international und beschreibt das Bauen der sechziger und siebziger Jahre in beiden Teilen Deutschlands als Versuch, sich von der nationalen Moderne zu befreien. Dietmar Steiner zieht vor dem Hintergrund der achtziger und neunziger Jahre das Fazit: eine Rückkehr zum Null-Punkt, bereit dafür, die Zukunft im permanenten Umbau der existierenden Welt zu sehen und den Bedarf dafür zu decken mit allen politischen, ökonomischen und materiellen Errungenschaften der zeitgenössischen Möglichkeiten. Damit sei genug zu tun – bis zur nächsten Zukunft.

Wir haben dieser Aufforderung Rechnung getragen und viele der präsentierten Bauten unter dem Gesichtspunkt gelungener Renovierung, Umnutzung oder Reparatur eines desolaten städtischen Ensembles ausgewählt. Der Reichstag von Norman Foster, die Mühle, die Jacques Herzog und Pierre de Meuron in ein Museum umgestalten, und das signifikante Ensemble von Gesine Weinmiller sind Beispiele dafür. – Wir leisten damit unseren Beitrag zur Zustandsbeschreibung der Architektur am Ende des 20. Jahrhunderts. Pragmatisch ist sie und weit entfernt von weittragenden komplexen Utopien, ja selbst von uniformen Stilen.

Die Zeiten der Dogmen scheinen endgültig vorüber. Einer der letzten Augenblicke war jener der Propagierung der Postmoderne. So wie dies Heinrich Klotz bei der Gründung des Deutschen Architektur-Museums und dieses Jahrbuches noch möglich war. Seinem Andenken sei der diesjährige Band gewidmet.

Wilfried Wang
Annette Becker

Foreword

As the century draws to a close, the essays in this year's Architecture Annual focus on Utopia.

Utopia, meaning Nowhere, refers to an ideal state of human co-existence that is largely an imaginary construction. In other words, it's all in the mind. Utopians are advocates of such impossibly ideal schemes to improve the world.

We invited three renowned architectural historians to consider the visions of architects from the 1950s to the 1990s. What exactly did their particular Utopias involve, to what extent did they actually become reality, and what conclusions can be drawn from them that are of relevance today? The authors reflect on the euphoric enthusiasm and the faith in progress that prevailed in each decade, mirrored not only in fashion trends and graphic design, but above all in the ideas of the architects.

Ulrich Höhns reports on the post-war visions of the 1950s. Nikolaus Bernau deems Utopia to be international, and describes the architecture in both East and West Germany as an attempt to escape national modernisms. Dietmar Steiner, looking at the 1980s and 1990s, sees a return to ground zero, a willingness to regard the future in terms of a constantly changing world, catering for its needs by all the available political, economic and material possibilities. That means plenty to do—until the next future, that is.

We have risen to the challenge by choosing to present several buildings that illustrate the successful renovation, conversion or repair of a desolate urban structure. Norman Foster's Reichstag project, the mill converted into a museum by Jacques Herzog and Pierre de Meuron, or the major ensemble by Gesine Weinmiller are all examples of this approach.

With that, we make our contribution towards a description of architecture at the end of the twentieth century. It is a pragmatic description, far removed from any sweeping and complex Utopia, let alone stylistic uniformity.

The age of dogmatic thinking has, it seems, finally come to an end. One of its last moments was the propagation of post-modernism—as Heinrich Klotz was able to do when he founded the Deutsches Architektur-Museum and this annual publication.

This year's issue is dedicated to his memory.

Wilfried Wang
Annette Becker

Auch in diesem Jahr möchten wir unsere Leser herzlich einladen, sich mit Projektvorschlägen und Anregungen an die Redaktion des Architektur Jahrbuchs, Deutsches Architektur-Museum, Schaumainkai 43, 60596 Frankfurt am Main, zu wenden.

This year, once again, we invite our readers to send their comments and ideas to the editors of the Deutsches Architektur-Museum, Schaumainkai 43, 60596 Frankfurt am Main, Germany.

Thomas Krens

Heinrich Klotz (1935–1999)

Als ich Anfang der achtziger Jahre zum ersten Mal nach Europa kam, als junger amerikanischer Professor, dessen einziges Rüstzeug vage Vorstellungen davon waren, wie Kultur in der heutigen Gesellschaft funktionieren könnte, und bar jeglicher institutioneller Verbindungen, die mir Zugang zu europäischen Kollegen verschaffen konnten, war Heinrich Klotz der Erste, der mich sozusagen aufnahm, der erste Museumswissenschaftler, der überhaupt Interesse an meinen Überlegungen zeigte. An Einzelheiten unseres ersten Zusammentreffens kann ich mich nicht recht entsinnen. Es fand gewiß in Frankfurt statt, weil Heinrich Klotz gerade mit dem Aufbau des Architektur-Museums befaßt war, und meine frühen Erinnerungen an ihn beginnen immer mit der faszinierenden Erfahrung, das von Oswald Mathias Ungers konzipierte Gebäude durch seine Augen zu sehen.

Mehr als die spezifischen Einzelheiten dieses Treffens ist mir jedoch im Gedächtnis geblieben, wie sehr mich die bemerkenswert tolerante Geisteshaltung dieses Mannes beeindruckte. Das war das Besondere an Heinrich Klotz. Der weltfremde, distanzierte, sorgsam gepflegte Intellektualismus der Gelehrten des 19. Jahrhunderts war seine Sache nicht. Heinrich, mit seiner klassischen Ausbildung in Kunstgeschichte und Architektur, war aufgeschlossener für die Ausweitung des Wesens und des Verständnisses von Kultur als jeder, den ich bisher getroffen habe. Und er ging mit einem solch gewaltigen Vorrat an Wohlwollen und Begeisterung an diese Lebensarbeit, daß jeder, der mit ihm zu tun hatte, sofort zum Anhänger und Freund wurde.

Von diesem ersten Zusammentreffen an gingen unsere Freundschaft und unsere berufliche Zusammenarbeit Hand in Hand. Ich verfolgte die gelungene Eröffnung des Architektur-Museums und half, Heinrichs Ausstellung ›Revision der Moderne – Postmoderne Architektur‹ in die USA zu holen. Er war bei der Geburt des MASS MoCA (Massachusetts Museum of Contemporary Art) in North Adams, Mass., zugegen und verhalf dem sehr jungen Projekt und dessen Zielen durch eigenes Engagement und Mitwirken der von ihm vertretenen Institutionen zu Format. Ich erinnere mich an die Wärme seiner Frankfurter Wohnung, wo ich manche Nacht verbrachte, und an seine allwöchentliche Fahrt zu seinem wunderbaren Haus in Marburg, wo ich Gertrud kennenlernte. Im Winter 1987 kam er für ein Semester als Distinguished Visiting Professor of Art History an das Williams College, und wir veranstalteten zusammen ein Seminar. Beim gemeinsamen Gang durch den schneebedeckten Wald bei Williamstown an einem kalten, glasklaren Januartag war er der Erste, dem ich von meiner Berufung ans Guggenheim Museum erzählte. In den späten achtziger Jahren arbeiteten wir an Vorbereitungen für ›Die Große Utopie‹ und an einer Ausstellung deutscher Malerei und unternahmen in diesem Zusammenhang zahlreiche gemeinsame Reisen. Wir kämpften mit der sowjetischen und dann mit der russischen Bürokratie, besuchten die Ateliers von Künstlern und entdeckten bei all unseren Unternehmungen Außerordentliches. Heinrich übernahm stets die Führungsrolle, wobei seine wahrhaft gewinnende Persönlichkeit das Eis brach und etwaigen Widerstand dahinschmelzen ließ. Ich erinnere mich an heiße Tage im Sommer 1988 mit Heinrich und Freunden in Moskau und Leningrad und an absurd lange Abendessen, die sich bis in die Morgenstunden hinzogen. Ich erinnere mich eines begabten Geschichtenerzählers und eines eleganten Pianisten. Wir verbrachten gemeinsame Ferien auf Puerto Rico. Er half mir, als ich mich um die Restaurierung von Frank Lloyd Wrights Guggenheim Museum in New York kümmerte, und er war anwesend, um an dem Erfolg der Wiedereröffnung teilzunehmen. Wir bedachten das Für und Wider seiner Entscheidung, Frankfurt zu verlassen, um sich in Karlsruhe dem ZKM zu widmen; gemeinsam kümmerten wir uns um die architektonische Entwicklung von ZKM und Guggenheim Museum Bilbao, die nahezu gleichzeitig eröffnet wurden. Wir brachten Medienkunst in die Guggenheim Dependance in Sotto. Wir schmiedeten gemeinsam Pläne, wobei jeder die Ideen und Konzepte des anderen überprüfte. Wir nahmen an Veranstaltungen und Seminaren des jeweils anderen teil – in Venedig, Karlsruhe, Berlin, New York, Salzburg, Bilbao und anderswo. Vor allem war Heinrich mein beständiger Freund. Ich schätze mich glücklich, bei vielen Gelegenheiten seine visionäre Denkweise erlebt zu haben, und diese Erfahrung wird mich auch in Zukunft leiten. Leidenschaft, Engagement, Gelehrtheit, Freundschaft, Charme. Das sind die Begriffe, die ich mit Heinrich Klotz verbinde. Wie nur wenige andere lotete er die Bedeutung von Geschichte aus, aber er ließ sich durch Geschichte nie von neuen Anfängen abhalten. Er war Autor, Denker und vor allem anderen Lehrer im besten Sinn des Wortes. Er begriff intuitiv, daß in Risiko und Entdeckerfreude der Schlüssel zum Wissen liegt und daß Menschen durch den großzügigen Austausch von Ideen am sichersten auf den Pfad gelangen, der zu wahrer Weisheit führt. Heinrich Klotz war ein großer und liebenswürdiger Mensch.

Thomas Krens

Heinrich Klotz (1935–1999)

When I first came to Europe in the early 1980s—as a young American professor equipped only with some vague ideas about how culture could work in contemporary society, and with no institutional affiliation that could grant me access to the Europeans active in my field—the first person who took me in, so to speak, the first museum professional to pay any kind of attention to what I was thinking, was Heinrich Klotz. I am not sure I can actually remember the details of our first meeting. It took place in Frankfurt, surely, because Heinrich was in the midst of developing the Architektur-Museum, and my early recollections of him always begin with the enthralling experience of seeing the Oswald Mathias Ungers building through his eyes.

More than any specific details of that first meeting, however, I recollect most of all how impressed I was by the engagingly generous spirit of the man. That was the thing about Heinrich. Not for him was a cloistered, distant, and carefully cultivated sophistication of a 19th century academic. Heinrich, with his classical training in art history and architecture, was more open to expanding the essence and understanding of cultural experience than anyone I had ever met. And he set about this life work with such an enormous reservoir of good will and enthusiasm, that anyone who came into contact with him immediately became a follower and a friend.

From that very first meeting, our friendship and our professional collaborations became intertwined. I watched the opening success of the Architektur-Museum firsthand, and I made the arrangements that brought Heinrich's *Postmodern Architecture* exhibition to the U.S. He was there at the birth of MASS MoCA (Massachusetts Museum of Contemporary Art) in North Adams, Massachusetts, and helped give the fledgling project stature by aligning himself and his institutions with its early aspirations. I remember the warmth of his apartment in Frankfurt—where I stayed for many a night—and his weekly commute to his wonderful home in Marburg, where I was first introduced to Gertrude. He came to Williams College for a semester in the winter of 1987 as a Distinguished Visiting Professor of Art History, and we taught a course together. Heinrich was the first person I talked to about going to the Guggenheim as we hiked through a snow covered forest just outside Williamstown on a cold but brilliantly clear January day. We worked on *The Great Utopia* and the German Painting exhibitions in the late 1980s and, in the process, we made numerous trips together. We wrestled with the Soviet and then Russian bureaucracies, we visited artists' studios, and we searched out extraordinary work wherever the path would lead. Heinrich was always in the lead, his genuinely engaging personality breaking the ice and melting resistance. I remember the hot summer days of the summer of 1988 with Heinrich and friends in Moscow and Leningrad and absurdly long dinners that lasted until morning light; I remember a gifted story teller and a graceful pianist. We vacationed together in Puerto Rico. He helped me attend to the details of the restoration of the Frank Lloyd Wright Guggenheim in New York, and he was there to share its reopening success. We brooded about his decision to leave Frankfurt for Karlsruhe and the ZKM, and together we nurtured the architectural unfolding of ZKM and the Guggenheim Bilbao, which both opened at virtually the same time. We brought Media arts to the Guggenheim Soho. We made plans together, each testing ideas and concepts with the other; we attended each other's events and seminars—in Venice, Karlsruhe, Berlin, New York, Salzburg, Bilbao and elsewhere. Heinrich, above all, was my constant friend. I count myself fortunate to have shared a part of his vision, and that experience will continue to guide me in the years to come.

Passion, commitment, scholarship, friendship, grace. These are the words that I associate with Heinrich Klotz. He fathomed the importance of history like few others, but he never let history keep him from new beginnings. He was a writer, a thinker and perhaps, above all, a teacher in the best sense of the word. He intuitively understood that risk and discovery were the keys to knowledge, and for human beings, the generous exchange of ideas was the best path to attain true wisdom. Heinrich Klotz was a great and grateful man.

Hilmar Hoffmann

Die Energie eines Museumsgründers: Heinrich Klotz

Seit meinem Wechsel nach Hessen arbeitete ich als Lehrbeauftragter für Filmkunde an der Phillipps-Universität Marburg, da ich die 1967 an der Ruhr-Universität begonnene Lehrtätigkeit kontinuierlich fortsetzen wollte.

Mein zuständiger Dekan am Kunstwissenschaftlichen Fachbereich war damals Heinrich Klotz, den ich vorher schon in seiner Funktion als Direktor der singulären Sammlung ›Marburger Bildarchiv‹ kennengelernt hatte.

Beide waren wir 1979 abendliche Gäste im modernen Kunstambiente in Peter Idens Eschenheimer Eigenheim. Nach dem Essen konfrontierten mich Heinrich Klotz und Gastgeber Iden mit einer bestechenden Idee: Sie begründeten plausibel, warum am Museums-Ufer ein gemeinsames Institut für Entwicklungsprozesse moderner Ästhetik in Kunst und Architektur nicht fehlen dürfe. Unter demselben Dach sollte die Wechselwirkung beider ästhetischen Medien bewußt gemacht sowie Künstler und Architekten zu gemeinsamen Zukunftsentwürfen inspiriert werden. Während die »öffentlichste aller Künste« jedermann mehr oder weniger unbewußt auf Schritt und Tritt als ihn umgebende gebaute Welt erlebt, existiert das Kunstwerk meistens im verborgenen. Die Betrachtung von Malerei und Skulptur setzt den dezidierten Wunsch voraus, allein zu diesem Zweck den Ort seiner Vermittlung aufzusuchen. In dieser künftigen Ideenschmiede sollten Kunst und Architektur als interdependente Größen wahrgenommen werden und Gegenstand von gemeinsamer Forschung und didaktischer Vermittlung sein.

Um keine Zeit zu verlieren, informierte ich sofort Walter Wallmann, und schon wenig später hatten wir einen eindeutigen Magistratsbeschluß auf dem Tisch. Der Gewinner des Architekturwettbewerbs hieß Oswald Mathias Ungers. Nach zehnjähriger Lehrtätigkeit in den Staaten wußte er nach langer Baupause hier die Wiederanschluß-Chance mit seinem ersten großen Projekt in höchst eigentümlicher Form genial zu nutzen. Analog dem russischen Prinzip der Puppe in der Puppe entwarf der Kölner Architekt ein ›Haus im Haus‹, dem er die Außenwände der vorhandenen Patriziervilla einverleibte, gleich neben dem Film-Museum mit Zugang zu dessen Café.

Kaum war die Gründung in der Presse kommentiert und Heinrich Klotz als für den Architekturbereich verantwortlich genannt worden, hagelte es Angebote auch von berühmten Architekten, die uns ihre Nachlässe schon zu Lebzeiten vermachen wollten. Darunter waren Modelle und Pläne von besonderem ästhetischen Reiz und materiellem Wert, beispielsweise Konvolute von Robert Venturi, Aldo Rossi, Frei Otto und Rob Krier.

So stellte sich gottlob schon während der ersten Bauphase heraus, das raumgreifende Arsenal der Architekturmodelle werde die Kunst aus dem 1735 Quadratmeter großen Ausstellungsgelände verdrängen, so daß für die zeitgenössische Kunst letztlich doch ein eigenes Museum her müsse.

Oberbürgermeister und Kulturdezernent, Baudezernent und Kämmerer konnten im Römer eine Mehrheit dafür beschaffen, das seit Kriegsende ungenutzte Grundstück zwischen Berliner-, Braubach- und Domstraße für ein Kunstmuseum zu reservieren.

Mit Heinrich Klotz darin einig, daß wir nie mehr bekommen würden, als wir für das Architektur-Museum nicht vom Start an schon durchgesetzt haben, mußten die Etats für Ankäufe und für Wechselausstellungen entsprechend den hochgesteckten Zielen mit anderthalb Millionen Mark pro Jahr als angemessene Mitgift festgeschrieben werden. Als Klotz 1989 nach Karlsruhe wechselte, wohin Lothar Späth ihn mit noch besseren Konditionen gelockt hatte, damit er seine Frankfurter Erfahrungen als Gründungsmanager bei Planung und Bau des Karlsruher Medienzentrums einbringen sollte, hatte er am Museums-Ufer mit so wichtigen Ausstellungsprojekten wie ›Revision der Moderne‹, ›Vision der Moderne‹ oder ›Bauen heute‹ seine Effizienz längst unter Beweis gestellt.

Als Mitglied etlicher Wettbewerbsjurien hat Heinrich Klotz mitgeholfen, für wichtige Projekte große Architekten auch des Auslands für Frankfurt zu interessieren, so daß man bald auch außerhalb Hessens vom Neuen Bauen schwärmen konnte. Wegen der konsequenten Einbeziehung alter Bausubstanz waren als Beitrag zur Urbanität manchmal auch Kompromisse aus Architektur und Funktion vonnöten. Die später Museums-Ufer genannte linke Mainseite wurde durch die mehrheitsfähige Idee jenem Renditedenken entzogen, das hier die Parklandschaft durch Kommerzbauten verschandeln wollte.

In Karlsruhe durfte Heinrich Klotz, zunächst in einem baulichen Provisorium einquartiert, außerhalb der genormten Professorengehälter die Saläre so frei verhandeln wie ansonsten nur Intendanten. So gelang es ihm, für jeden Bereich der Medienästhetik eine Koryphäe zu engagieren wie den Regisseur der achtteiligen ›Heimat‹-Serie Edgar Reitz, den Gesellschaftstheoretiker Peter Sloterdijk, der hier nicht nur seine Pointen einer weltzugewandten Philosophie vermittelte, oder den Komponisten Wolfgang Rihm sowie den ›Graphik-Papst‹ Kurt Weidemann. Mit ihrer Hilfe wollte er seine hochfliegenden Ideen einer »virtuellen Universität« und ein »elektronisches und digitales Bauhaus« verwirklichen. In Personalunion gründete er in Karlsruhe gleich eine dem ZKM assoziierte Hochschule für Gestaltung mit.

Ende 1997 konnte das Zentrum für Kunst und Medientechnologie in die mit 200 Millionen Mark umgebauten Räume der denkmalgeschützten Industriewerke Karlsruhe umziehen, eine 350 Meter lange ehemalige Munitionsfabrik. In vier großen Hallen konnte Klotz seine utopische Kühnheit auf insgesamt 5000 Quadratmetern Ausstellungsfläche verwirklichen. Durch geschickte Verhandlungen mit der New Yorker Guggenheim Foundation konnte er in einen Teil der zehn Lichthöfe auf Anhieb eine moderne Kunstsammlung allererster Güte präsentieren.

Als Heinrich Klotz Anfang 1998 seinen Rückzug aus der Gesamtverantwortung ankündigte, um sich künftig ausschließlich dem Kernstück des ZKM, dem größten deutschen Museum für Gegenwartskunst, zu widmen, hielt der ›FAZ‹-Kunstkritiker bei seinem privaten Rachefeldzug gegen Klotz die Stunde des Sieges für günstig: Eduard Beaucamp, dem Klotz spätestens seit der Gründung des Architektur-Museums den Schlaf geraubt zu haben schien, ließ sich zu einer hysterischen Glosse hinreißen. Beaucamp unterstellte Klotz, er habe »die zweite Moderne« ausgerufen, um sich selbst »zum Pionier der neuen Epoche« zu ernennen. Ja, Klotz habe sein Karlsruher »Luftschloß in den Medien verankert«, und im nächsten Satz hat Beaucamp metaphernselig das ZKM mit der Titanic verwechselt. Er möchte damit eine Analogie zum spätviktorianischen Luxusliner suggerieren und mit dessen Untergang die virtuelle Havarie des ZKM simulieren.

Auf Beaucamps pessimistische Frage: »Bleibt das ZKM ein Menetekel dafür, wie man es nicht machen soll?«, gab Feuilletonchef Frank Schirrmacher den beiden Karlsruher Protagonisten Peter Sloterdijk und Wolfgang Rihm Gelegenheit, an gleicher Stelle ihre positiven Erfahrungen gegen die Weltsicht des Großkritikers zu setzen. Das hatte Stil und versöhnte jene vielen, die Beaucamps Meinung nicht teilten.

In ihrer Replik klären die Karlsruher Exegeten des ZKM das Kürzel »E. B.« mit seinen privaten Kapricen »Ohne Mandat einer Gesellschaft, die ihre Zukunft will« über die Konstitution des Medienzentrums auf: »Dieses neue Gebilde ist im wesentlichen die von vielen mitgestaltete schöpferische Antwort auf einer der evidentesten Herausforderungen der Gegenwart: neuartige institutionelle Träger für kreative Prozesse im Raum zwischen Kunst, Wissenschaft und Technik zu schaffen.«

Meine Freundschaft mit Heinrich und Gertrud Klotz besteht bis heute. Gemeinsam haben wir vieles ausgedacht und ausgeheckt, und wenn auch nicht alle Blütenträume reiften, so haben wir doch einiges davon verwirklicht. Was uns beide privat viel Zeit und Ausdauer abverlangte, hat uns aber per Saldo auch viel Freude gemacht: zum Beispiel die gemeinsame Herausgabe der Econ-Epochen-Bücher unter dem Titel *Kultur unseres Jahrhunderts*. Für die zwischen 1987 und 1990 erschienenen sechs Bände konnten wir viele wichtige Autoren gewinnen, darunter Dieter Bartetzko, Gordon A. Craig, Christoph von Dohnányi, Iring Fetscher, Saul Friedländer, Hans-Dietrich Genscher, Werner Henze, Berthold Hinz, Werner Höfer, Alexander Kluge, Richard Löwenthal, Odo Marquard, Gert Mattenklott, Hans Mommsen, Harry Pross, Marcel Reich-Ranicki, Günther Rühle, Alfred Schmidt oder Wolfram Schütte. Den schon vom Tode gezeichneten Heinrich Klotz rief ich nach einem Fernsehinterview an, um ihm zu sagen, wie gut ich ihn wieder fand. Das Lob munterte ihn so sehr auf, daß er spontan vorschlug, auch noch einen siebten Band über die zu Ende gehenden neunziger Jahre zu konzipieren.

Im Juni 1999 ist Heinrich Klotz in Karlsruhe viel zu früh an Krebs gestorben. Auf der Trauerfeier im ZKM sah man in den betrübten Mienen vieler Kulturleute von überall her, wie sehr er der Kunstwelt fehlen wird.

Leicht veränderter und gekürzter Vorabdruck aus dem bei Hoffmann & Campe erscheinenden Buch: Hilmar Hoffmann, *Ihr naht Euch wieder, schwankende Gestalten*, Hamburg 1999

Hilmar Hoffmann

Visions of a Founding Director: Heinrich Klotz

When I came to the University of Marburg to teach in film studies, I had every intention of continuing a career in education that I had embarked upon at the Ruhr University in 1967. My dean of faculty at the time was Heinrich Klotz, whom I had already met when he was director of the singular *Marburger Bildarchiv* collection.

In 1979, we were both invited to dinner at the Frankfurt home of art critic Peter Iden. After the meal, Heinrich Klotz and Peter Iden confronted me with a compelling idea. They explained quite plausibly why Frankfurt needed another museum—one that would combine the development of modern aesthetics in art and architecture. The interaction and mutual influence of these two media could be demonstrated under one roof, and artists and architects could be inspired to create joint designs for the future. Whereas architecture, that most public of all art forms, tends to be perceived by everyone, everywhere, more or less consciously, other art froms tend to exist *in camera*. In order to contemplate painting and sculpture, one has to make a conscious effort to visit the place where it is displayed. In this future melting-pot of ideas, art and architecture were to be perceived as interdependent entities and were to be the object of joint research and didactics.

There was no time to be lost. I immediately contacted the city mayor, Walter Wallman, and a council resolution was tabled. The architectural competition to design the new museum was won by Oswald Mathias Ungers of Cologne. Following ten years of teaching in the United States, he gladly seized the opportunity of returning to the drawing board to create his first major project—a distinctive and brilliant design—after a lengthy career break. Ungers created a house with-in a house, along the lines of a Russian doll, integrating the outer walls of an existing patrician villa next door to the Film Museum, with a direct link to the latter's cafe.

No sooner had the press reported the founding of this new museum with Heinrich Klotz at its helm than offers came flooding in from famous architects to bequeath their estates. Models and plans of enormous aesthetic beauty and material value were acquired, including works by Robert Venturi, Aldo Rossi, Frei Otto and Rob Krier.

In the early stages of the building work, it soon became clear that the architectural models were going to leave no room for art in this 1,735 square meter exhibition space, and that modern and contemporary art was going to need a home of its own.

The mayor, along with the heads of the city's culture, building and treasury departments, managed to win a municipal council majority in favour of building a Museum of Modern Art on a site between Berliner Strasse, Braubachstrasse and Domstrasse that had lain derelict since the war.

Heinrich Klotz, realising that the Deutsches Architektur-Museum was unlikely to get more than it had been promised right from the start, secured an annual budget of one and a half million Marks for temporary exhibitions and acquisitions. By the time he moved to Karlsruhe in 1989 to invest his know-how and experience as a founding museum director in a new challenge that offered him even better working conditions, Heinrich Klotz had already given Frankfurt such important and critically acclaimed exhibitions as *Revision of Moderism*, *Vision of Modernism* and *Architecture of the Twentieth Century*.

As a member of numerous juries, Heinrich Klotz was also instrumental in generating an interest in Frankfurt's architectural development among leading foreign architects. The consistent use of existing and historic buildings sometimes involved architectural and functional compromise. The left bank of the River Main, soon to be known as the Museumsufer (for its string of museum buildings), with its patrician villas set in expansive grounds, thus narrowly escaped the curse of demolition and development for the sake of commerce.

At the Zentrum für Kunst und Medien (ZKM) in Karlsruhe, Heinrich Klotz was given a fairly free rein in negotiating staff salaries, with the result that he was able to attract such illustrious figures as film director Edgar Reitz, social theoretician Peter Sloterdijk, composer Wolfgang Rihm and graphics expert Kurt Weidemann. With them, he planned to realise his high-flying idea of a "virtual university" and an "electronic" or "digital" Bauhaus, and promptly founded a School of Design in association with the ZKM.

In late 1997, the ZKM was finally able to move into the historically preserved industrial building—a former munitions factory 350 metres in length—that had been custom converted at a cost of 200 million Marks. In its four vast halls with an exhibition area of 5,000 square metres, Klotz was able to make his bold and visionary dream come true. His negotiations with the Guggenheim Foundation in New York brought a modern art collection of the very highest quality to Karlsruhe .

When Heinrich Klotz announced in early 1998 that he no longer intended to run the entire complex himself, but would concentrate instead on its core component as Germany's largest museum of contemporary art, Eduard Beaucamp, the art critic of the *Frankfurter Allgemeine Zeitung*, unleashed a vitriolic attack, accusing Klotz of "declaring the second modern era" only in order to "appoint himself pioneer of the new age," and, with the unintended humour of mixed metaphor, denouncing the whole project as a "castle in the air" that was bound to suffer the fate of the Titanic.

Frank Schirrmacher, editor-in-chief of the newspaper's arts section, gave Peter Sloterdijk and Wolfgang Rihm an opportunity to respond, pitting their own positive views against Beaucamp's pessimism. In their counterblast, they hailed the ZKM as "a new entity that constitutes a joint and creative response to the most evident challenge of the present day: the creation of new institutional forms to accommodate creative processes in the area between art, science and technology."

My friendship with Heinrich and Gertrud Klotz proved lasting. Together, we had so many ideas, and even if not all our dreams came true, we certainly implemented many of our projects. The things that cost us so much time and energy were also the things that brought us so much joy—such as publishing the Econ series of books addressing the key cultural issues of the twentieth century. For the six volumes published between 1987 and 1990, we were able to engage such authors as Dieter Bartetzko, Gordon A. Craig, Christoph von Dohnányi, Iring Fetscher, Saul Friedländer, Hans-Dietrich Genscher, Werner Henze, Berthold Hinz, Werner Höfer, Alexander Kluge, Richard Löwenthal, Odo Marquard, Gerd Mattenklott, Hans Mommsen, Harry Pross, Marcel Reich-Ranicki, Günther Rühle, Alfred Schmidt and Wolfram Schütte. When I called Heinrich Klotz, already seriously ill with cancer, to tell him how terrific he had been in a television interview that evening, he promptly suggested that we should get to work on a seventh volume about the 1990s.

Heinrich Klotz died far too soon, in Karlsruhe, in June 1999. At the memorial service held at the ZKM, the sad faces of those involved in the field of arts and culture, who had come from far and wide to pay their last respects, reflected just how much he will be missed by the art world.

Ulrich Höhns

Große Fluchten

Architektur- und Stadtvisionen der frühen Nachkriegszeit

Vielleicht ist es nur ein Märchen, daß eine arme Zeit wie die nach 1945 geradezu zwangsläufig eine Fülle von Ideen, Visionen und sogar Utopien hervorbringen mußte, die Wege in eine bessere Zukunft wiesen. Geisteswissenschaftlern gelang dies, ebenso Schriftstellern und Künstlern. Aber waren auch Architekten und Städtebauer in der Lage, angesichts des vollständigen Zusammenbruchs eines Landes ihre Vorstellungen von einer neuen Gesellschaft gleichermaßen visionär und handlungsorientiert zu formulieren, so daß daraus Leitbilder für einen Neuaufbau entstehen konnten, war dies »der schöpferische Sinn der Krise«, den Erich Mendelsohn schon 1932 beschworen hatte?[1]

Es war die Stunde der Pragmatiker, einer Zunft, die nur über wenige Theoretiker verfügte. Utopien im strengen Wortsinn konnten sie ohnehin nicht entwickeln, denn eine Utopie kennt keinen Ort.

Thomas More war mit seiner 1516 veröffentlichten staatsphilosophischen Schrift *Utopia* bereits auf eine fiktive Insel ausgewichen. Viele Schriftsteller folgten ihm und entwarfen Staaten, Systeme, technische oder religiöse Stützkonstruktionen für eine andere Welt und verlegten die Handlung aus Gründen der Tarnung und zum besseren Verständnis der aufklärerischen Absichten auf fremde Kontinente und Inseln, vor allem aber in die Zukunft: Francis Bacon mit *Nova Atlantis*, Morelly mit *Naufrage des îles flottantes*, Johann Gottfried Schnabel mit *Insel Felsenburg*, Bertha von Suttner mit *Das Maschinenzeitalter*, H. G. Wells, Jules Verne, Aldous Huxley und George Orwell mit ihren Zukunftsromanen oder schließlich, um wieder die Nachkriegsgegenwart zu erreichen, Arno Schmidt mit seiner *Gelehrtenrepublik*, dem 1957 erschienenen, satirischen ›Kurzroman aus den Roßbreiten‹, den er auf einer künstlichen schwimmenden Insel ansiedelte, auf der Künstler und Wissenschaftler nach dem dritten, atomaren Weltkrieg, in dem Deutschland wie viele andere Länder verstrahlt worden war, unter dem Schutz der übriggebliebenen Supermächte, der sich genauso wie das damals real existierende ›Gleichgewicht des Schrekkens‹ darstellte, leben und arbeiten konnten.

In gewisser Weise waren ja auch die drei Westzonen eine Insel: ›Trizonesien‹, abgeschnitten von der Welt und auf ihre Hilfe angewiesen, und zum Archipel gehörte natürlich auch die Ostzone.

Auf beiden Inseln bestanden Informationsdefizite. Auslandskontakte waren rar, an Reisen kaum zu denken. Der Hunger nach bedrucktem Papier führte die Architekten in die Bibliotheken und in die Wanderausstellungen der Alliierten, und dort fanden sie, was sie bereits kannten: die Moderne, zu der sich im Osten bald ein überdekorierter Klassizismus gesellte.

Trümmerberge mußten nicht nur physisch, sondern vor allem mental beseitigt werden. Otto Kohtz entwarf noch in den letzten Kriegstagen Wiederaufbauvorschläge für eine Großstadt, die er als eine Synthese aus den umgedeuteten Foren der Nationalsozialisten und einer Art Stadtkrone aus Hochhäusern zeigte, die nach dem amerikanischen Staffelprinzip entwickelt waren: eine rückwärtsgewandte Utopie, die in modifizierten Formen weiter an die ungebrochene Kraft des Monumentalbaus glaubte.[2]

Andere Gedankenstränge wurden wieder aufgegriffen, die das Dritte Reich übersprangen, und die Kontinuität der Moderne wurde gesucht und beschworen. Ihre im Land gebliebenen Protagonisten aus der zweiten Reihe, die während des Kriegs Bauten für Industrie und Technik geplant hatten, waren gerade wegen ihrer ununterbrochenen Berufspraxis

Great Escapes
Architectural and Urban Visions of the Early Postwar Era

There was little time in postwar Germany for architectural and town-planning utopias. This era was limited to the years between 1945 and 1948, a time between the end of the Second World War and the currency reform when ideas were sought for reconstruction. Models were provided by the European modernist urban fantasies of the 1920s, most of which existed only on paper.

It is not difficult to recognize the example of Ludwig Hilberseimer's works in Selman Selmanagic's 1946 design for high-rise buildings for Berlin. Nor is it possible to ignore the astonishing resemblance, extending to the graphic techniques, between Le Corbusier's isometric representations of his "Plan Voisin" from 1925 and the series of high-rise buildings with a cruciform ground plan proposed by Hans Hopp for Dresden twenty years later.

The works of Marcel Lods for Mainz, and of Georges-Henri Pingusson for Saarbrücken were central to contemporary discussion. Both developed vertical "garden cities" that were radically liberated from all historical associations. Although these garden cities were never realized, they strongly influenced the plans of German colleagues in other cities. In a very similar expression, in a renewed Modernist spirit, they were even uniquely realized in the high-rise quarter of Hamburg's Grindelberg.

Otto Kohtz,
Wiederaufbauvorschlag für eine Großstadt, Berlin, 1945

Otto Kohtz,
suggestion for the reconstruction of a metropolis, Berlin, 1945

Max Taut, **Titelbild der Schrift *Berlin im Aufbau* von 1946**

Max Taut, cover of *Berlin im Aufbau* (Berlin Reconstruction), 1946

Walter Schwagenscheidt, **Blick auf die Raumstadt, 1949**
Walter Schwagenscheidt, view toward the space city, 1949

für eine technisch reibungslose und formal unverdächtige Organisation des enormen Bauprogramms prädestiniert, verloren sich in Grabenkämpfen um den richtigen Weg und richteten ihr Hauptaugenmerk darauf, an den zentralen Orten Einfluß auf das Bauen zu gewinnen.[3]

Äußerlich bescheidener, mit deutlichem Realitätsbezug und nicht ohne Glauben an eine großzügige Auflockerung der Städte, erscheinen dagegen Max Tauts 1946 veröffentlichte Pläne, die er in seiner Schrift *Berlin im Aufbau* zusammenstellte und die wie ein hellsichtiger Vorgriff auf später tatsächlich realisierte Entwürfe für die von Geschäftshäusern flankierten Ausfallstraßen der Großstädte und ihre weichen Gartenstadtränder erscheinen.[4]

Die Brücke zur eigenen, europäischen Geschichte der Moderne der zwanziger Jahre war durch einen ihrer profilierten Vertreter geschlagen, aber die damit verknüpften Hoffnungen auf ein neues Bodenrecht im Westen zerschlugen sich trotz anfänglicher, geradezu revolutionärer programmatischer Äußerungen aller Parteien. Der Berliner ›Kollektivplan‹ konnte ebensowenig umgesetzt werden wie kleinmaßstäblichere Varianten in anderen zerstörten Städten: konservative Aufbaugesetze der neugegründeten Länder standen dagegen. Vielleicht besitzen deshalb die frühen ›utopischen‹ Entwürfe der Jahre zwischen Kriegsende und der Währungsreform von 1948 größere Ausdruckskraft als spätere, den Rechtsnormen und der Aufbauwirklichkeit verpflichtete Studien. Es sind überraschend viele Vertreter der ersten Generation der Moderne, die diese Entwürfe vorlegen – und damit scheitern, denn ein ungebrochenes Anknüpfen an den sozialreformerischen Geist der zwanziger Jahre, an den damals tatsächlich begonnenen Aufbruch in eine neue Gesellschaft war unmöglich. In den ersten Nachkriegsjahren entstanden deshalb viel mehr Pläne, die überhaupt nicht auf eine direkte Umsetzbarkeit, die ohnehin undenkbar schien, ausgerichtet waren, sondern die eine Neuformulierung des gesamten Bauens im Auge hatten, das erst in einer ferneren Zukunft Wirklichkeit werden sollte.

Eine dieser Gegenwelten zeichnete Walter Schwagenscheidt mit seiner *Raumstadt,* ein Buch voller Gegensätze, das eine ganze Manege neuer Menschen in Kinderbuchmanier auffährt, die sich in einer modernistischen Architekturwelt und funktionalistisch segmentierten Städten wohl fühlen. Schwagenscheidt, der seine Erfahrungen mit den Grenzen utopischer Entwürfe als junger Architekt bereits während der

Walter Schwagenscheidt, **Fußgängerstraße in der Raumstadt, 1949**

Walter Schwagenscheidt, pedestrian street in the space city, 1949

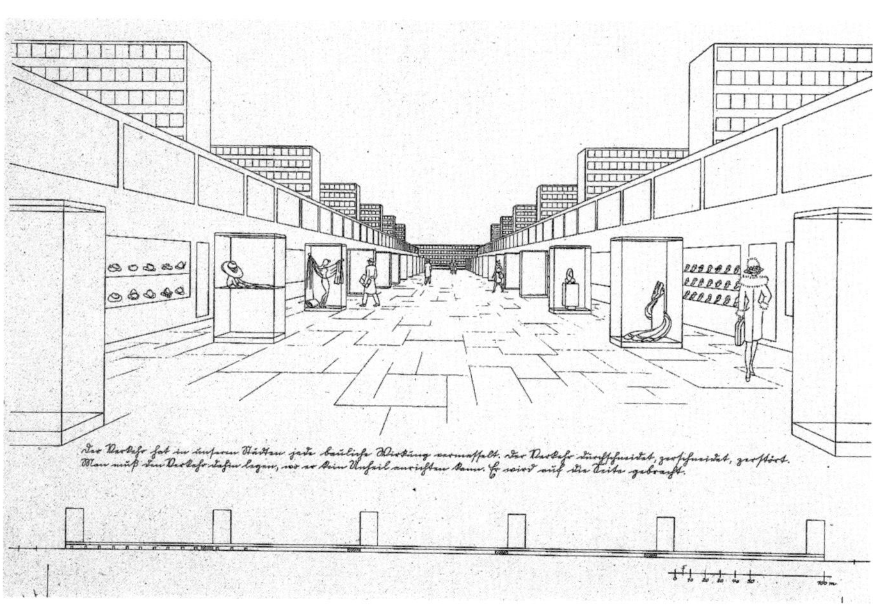

dreißiger Jahre in der Sowjetunion gesammelt hatte, igelte sich in einem Kosmos der Formen ein, in einer durch die Gestalt bestimmten Typologie, die auch den Aufbau kleiner Städte einschloß: eine liebenswerte, beinahe idyllische Variante der Moderne. Er scheiterte mit seinen Wettbewerbsentwürfen, die er in diesem Sinn verfaßte. Erst viele Jahre später sollte er beim Bau der Frankfurter Nordweststadt die Chance erhalten, Fragmente seiner Idee der Raumstadt unter den gänzlich veränderten Rahmenbedingungen einer Wohlstandsgesellschaft in einer Form zu verwirklichen, die nun vielen wie das endgültige Scheitern des Versuchs der Erziehung durch Architektur erschien.

Das neue Netz der Stadtstruktur auf der Basis der Erinnerung an den im Krieg zerstörten Ort beschäftigte auch Adolf Abel, dessen Standpunkt zwischen den Traditionalisten und gemäßigten Modernisten nicht genau auszumachen ist. Neben Roland Rainers 1948 veröffentlichter Schrift *Städtebauliche Prosa*, die eine ökonomisch begründete Systematik in den Aufbau einführen wollte und den materiellen Wert der gegenüber den Häusern nur gering zerstörten Infrastruktur als bindende, die Stadtgestalt weiterhin prägende Grundlage ansah[5], gehört Abels 1950 dreisprachig erschienenes Buch *Regeneration der Städte – des Villes – of Towns* zu den wenigen utopischen theoretischen Grundlagen des Aufbaus. Auf der Analyse der räumlichen und ästhetischen Qualitäten

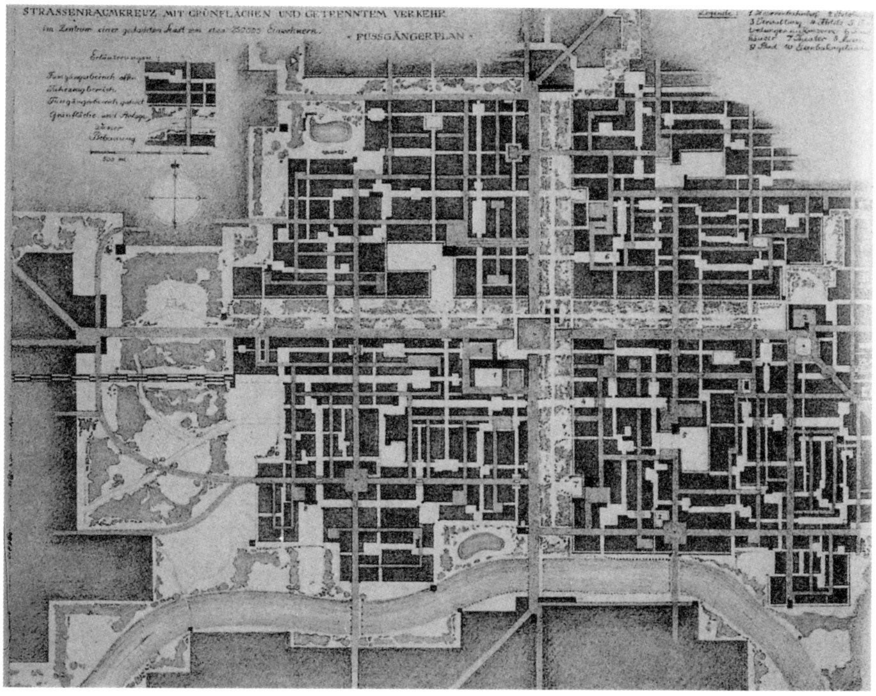

Adolf Abel, **Straßenraumkreuz mit Grünflächen und getrenntem Verkehr im Zentrum einer gedachten Stadt von 250 000 Einwohnern (Fußgängerplan), 1950**
Adolf Abel, bird's-eye view of a proposed city for 250,000 inhabitants illustrating the Pedestrian Plan with green areas and separate traffic zones, 1950

Marcel Lods, **städtebaulicher Entwurf für Mainz, 1947**
Marcel Lods, city planning draft for Mainz, 1947

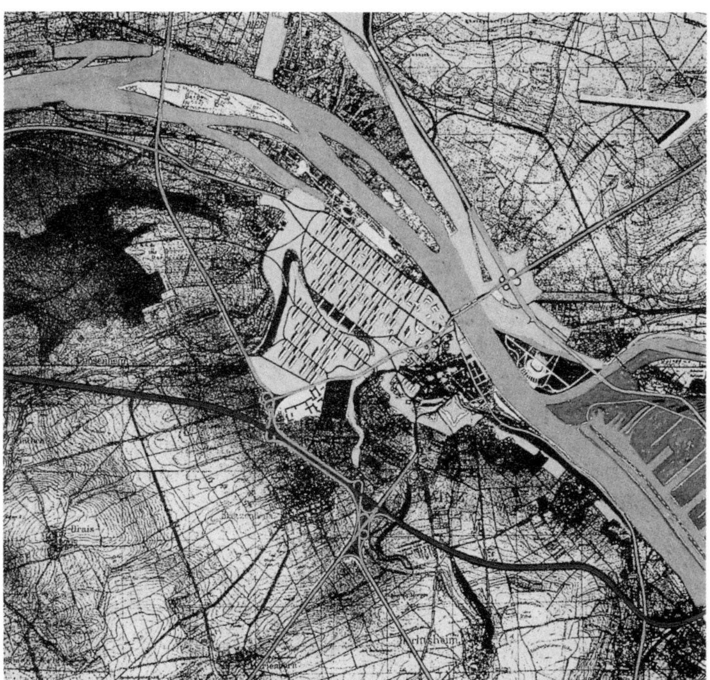

Marcel Lods, **Unité d'Habitation Wallstraße, Mainz, 1947**
Marcel Lods, Unité d'Habitation Wallstrasse, Mainz, 1947

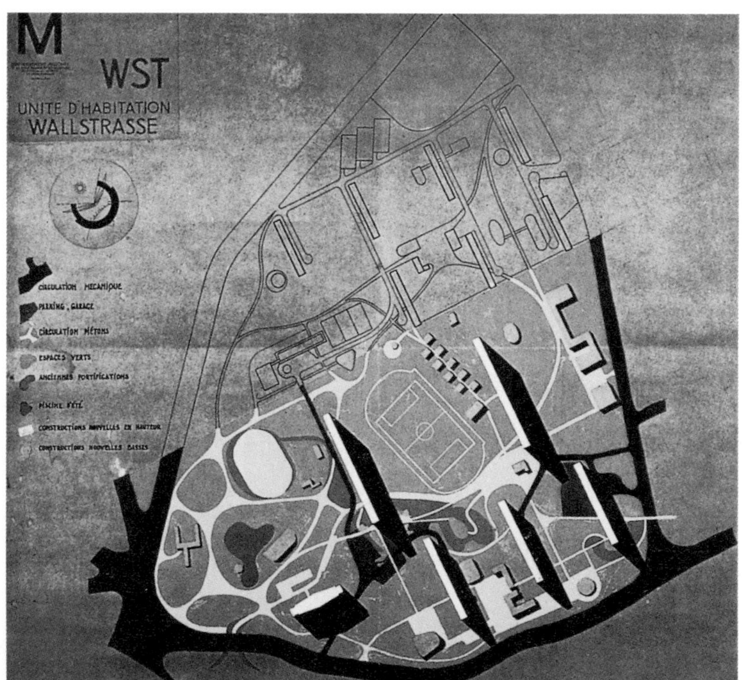

Georges-Henri Pingusson, **Modell des Neuordnungsplanes für Saarbrücken, 2. Fassung, 1947/48**

Georges-Henri Pingusson, model of the new plan for Saarbrücken, second draft, 1947/48

Georges-Henri Pingusson, **Place Centrale et Rive Gauche, Saarbrücken, 1947/48**

Georges-Henri Pingusson, Place Centrale et Rive Gauche, Saarbrücken, 1947/48

historischer Städte gründet Abel die Entwicklung eines elastischen Idealplans »für das Zentrum einer gedachten Stadt von etwa 250 000 Einwohnern« auf geometrischem Raster mit getrenntem Fußgänger- und Fahrzeugverkehr.[6] Die perspektivisch skizzierten Veduten erinnern gleichermaßen an Camillo Sittes malerischen Städtebau und Frank Lloyd Wrights ›Broadacre City‹, wie es im damals auch in Deutschland verbreiteten Buch mit dem programmatischen Titel *When Democracy Builds* erschien. Abel übertrug sein Idealstadtmodell auf die realen Orte Wiesbaden und München, deren Zentren nun den Flaneuren vorbehalten waren.[7]

Einer der frühesten und bedeutendsten Impulse für eine Neuformulierung des Städtebaus und der Architektur in den zerstörten Städten der Westzonen ging von Planungen der Alliierten aus, allen voran der Franzosen, die mit eigenen Planungsstäben in Mainz und im Saarland arbeiteten. Bis auf Fragmente wurden diese Pläne, die von ihren Urhebern keinesfalls als utopisch angesehen wurden, zwar nicht umgesetzt, aber sie beflügelten deutsche Architekten, in ihren Städten in Wettbewerbsbeiträgen daran anzuknüpfen. Am radikalsten waren die Entwürfe von Marcel Lods für Mainz und von Georges-Henri Pingusson für Saarbrücken, die ab 1946 entstanden.[8]

Für Mainz entwickelte Lods eine vollkommen neue Struktur aus gleichgerichteten Hochhausscheiben in weiter Parklandschaft, in der sich keine Hinweise mehr auf die zerstörte Stadt fanden. Es war die vertikale Gartenstadt schlechthin. Wer darin Besatzerarchitektur erblicken will, muß sich nur zeitgleich

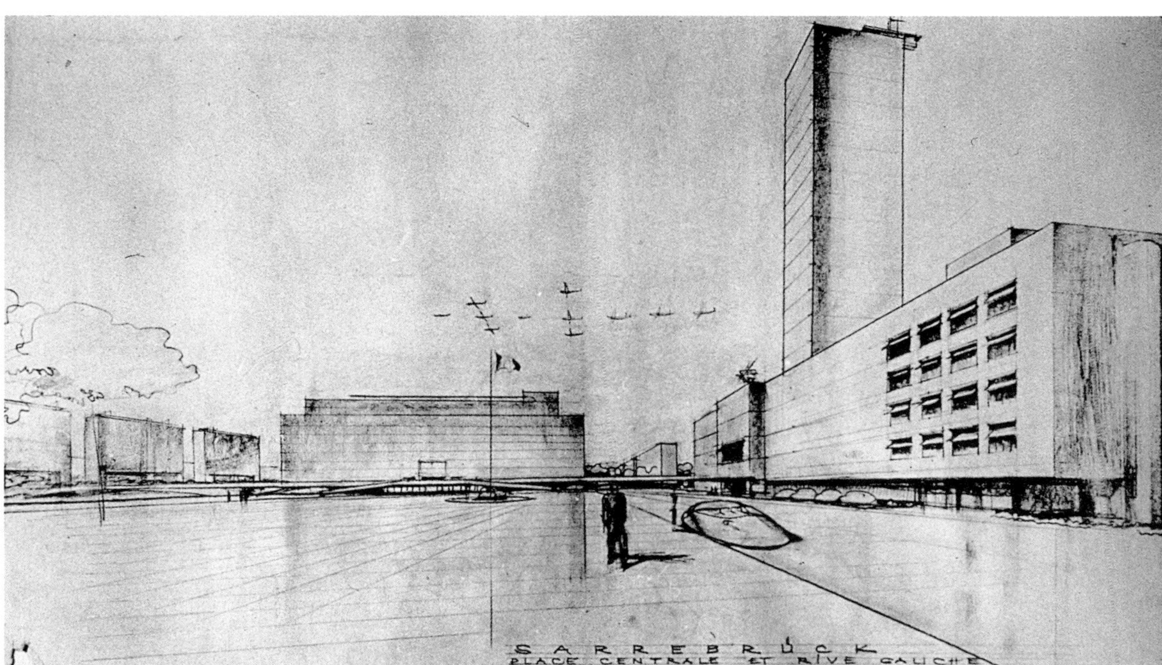

entstandene Pläne für die zerstörten französischen Städte ansehen, um zu erkennen, daß dieser Entwurf genau den Stand der innerfranzösischen Diskussion um die radikale Neuformulierung der Moderne markierte, die dort gleich in mehreren Orten von Maubeuge über Le Havre bis Royan gerade gebaute Wirklichkeit wurde.[9]

Für Saarbrücken sah Pingusson, ähnlich wie in kleinerem Maßstab Edouard Menkès für Saarlouis, eine vollständige Neuordnung des Regierungs- und Geschäftsviertels sowie großer außenliegender Wohnbezirke vor, und auch er entwarf gleichgerichtete Hochhausscheiben, sparte allerdings einen der beiden historischen Stadtkerne als Traditionsinsel aus.

Es sollte ein Kulturexport mit aufklärerischem Anspruch sein. Nur eines dieser Hochhäuser wurde später in Saarbrücken gebaut, ansonsten aber scheiterten die großen Pläne, weil die Deutschen die ihnen schon bald zugestandene Eigenverantwortlichkeit nutzten und sich mit neugewonnener demokratischer Freiheit dagegen und für gemäßigtere Varianten entschieden.

Diese Ideen aus dem Westen übten eine große Faszination auf andere Planer aus. Die Hamburger Hochhäuser am Grindelberg wurden 1946 unter britischer Regie für Besatzungsangehörige geplant. Als kurz darauf die britisch-amerikanische Bi-Zone mit Hauptsitz in Frankfurt im ehemaligen Verwaltungsgebäude der IG-Farben von Hans Poelzig gegründet wurde, übernahm eine deutsche Architektengemeinschaft unter Führung von Bernhard Hermkes die weitere Arbeit. So entstand die erste Wohn-Hochhausstadt Deutschlands in einer ganz ähnlichen Ausprägung wie von den französischen Architekten vorgesehen, jedes Haus für sich eine ›Unité d'Habitation‹ und alle zwölf zusammen ein innerstädtisches Wohnquartier, das städtebaulich wie architektonisch nahezu alle seit den zwanziger Jahren erhobenen, zentralen Forderungen der Modernisten erfüllte. In direkter Folge entwickelten andere Planer vergleichbare Modelle im Rahmen von Ideenwettbewerben, die alle noch vor der Währungsreform von 1948 stattfanden und das Tor zu einer tiefgreifenden Umformung der Städte für einen kurzen Moment weit öffneten.

In Kiel bezogen sich die Architekten Otto Schnittger und Erwin Belani in ihrem ausgezeichneten Beitrag für den Innenstadtwettbewerb von 1947 bis in die Detaillierung der Fassaden auf diese Vorbilder, staffelten 14 Wohnhochhäuser mit gleicher Orientie-

Georges-Henri Pingusson,
Wohnhäuser für Saarbrücken, 1948
Georges-Henri Pingusson,
apartment buildings
for Saarbrücken, 1948

Otto Schnittger
und Erwin Belani,
Wohnhochhäuser für Kiel, 1947
Otto Schnittger
and Erwin Belani,
apartment buildings for Kiel,
1947

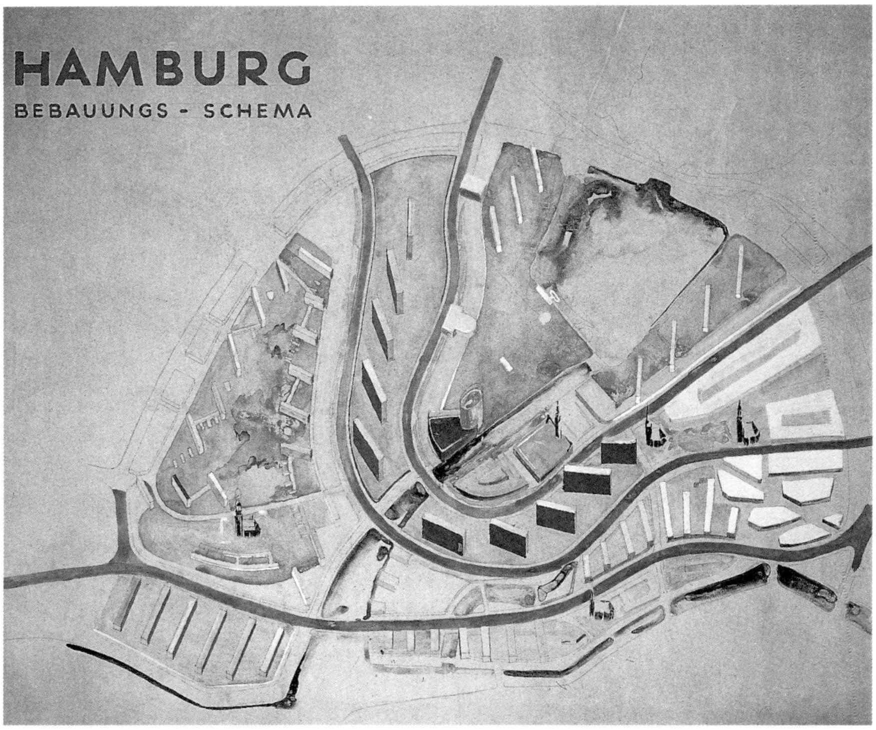

Wilhelm Ohm, **›City-Band‹ für die Hamburger Innenstadt, 1948**
William Ohm, "City-Band" for Hamburg's inner city, 1948

Sergius Ruegenberg, **Flughafen am Bahnhof ›Zoologischer Garten‹ in Berlin, 1948**
Sergius Ruegenberg, airport at the Zoologischer Garten railway station in Berlin, 1948

rung inmitten einer gründerzeitlichen Blockstruktur und ordneten den Stadtraum bindungslos neu.[10]

In Hamburg war es Wilhelm Ohm, der 1948 mit seinem ›City-Band‹ den kühnen Vorschlag entwickelte, das Zentrum innerhalb eines breiten Streifens, der in einem weiten Bogen um die Binnenalster herumgelegt wurde, abzuräumen und mit 20geschossigen Hochhäusern inmitten einer grünen Parklandschaft zu bebauen. Im Fokus des Bandes lag die »Stadtkrone, die Verwirklichung des gewaltigen und des demütigen Menschen als Mittelpunkt des Kulturgeländes«.[11] Unterhalb der Hochhäuser verlief eine

Hans Hopp,
Schematische Darstellung einer Hauptverkehrsstraße mit Bürohochhäusern und Flachbauten, Dresden, 1945
Hans Hopp,
schematic representation of a principal traffic throughway with office high-rises and low buildings, Dresden, 1945

Selman Selmanagic,
Bebauung der ›Wohnzelle Friedrichshain‹, Berlin, 1946
Selman Selmanagic,
development of the *Wohnzelle Friedrichshain*, Berlin, 1946

vielspurige Schnellstraße mit seitlich angeordneten Parkdecks.

Solchen im Kern antiurbanen, hoch aufgelösten Stadtlandschaftskonzepten standen nur wenige Entwürfe gegenüber, die einen gleichermaßen am räumlichen Erbe der historischen Stadt interessierten wie an der selbstauferlegten Verpflichtung der Moderne zur Funktionalisierung des Lebens orientierten Weg einschlugen.

Weit vorgreifende Entwürfe für eine Technisierung der Lebenswelt oder neue Verkehrssysteme finden sich überraschenderweise kaum. Viele Skizzen erscheinen eher als Karikaturen, die die Skepsis gegenüber technischen Möglichkeiten ausdrücken, denn als ernstgemeinte Vorschläge. Nur Sergius Ruegenbergs vielleicht unter dem Eindruck der Berliner Luftbrücke entstandener Plan für einen Non-stop-Flughafen als Beitrag für den Berliner Wettbewerb ›Rund um den Zoo‹, 1948, hatte die gestalterische Substanz, eine Zukunftsvision zu entwickeln, auch wenn die Wahl des Bauplatzes direkt unter dem Bahnhof ›Zoologischer Garten‹ heute schwer nachzuvollziehen ist, weil dafür große Teile des westlichen Stadtzentrums hätten planiert werden müssen.[12]

Städtebauliche Visionen dieser Zeit, die vollständig den Rahmen der Überlieferung verlassen, sind – von wenigen abstrakt formulierten Ausnahmen wie Hans Bernhard Reichows organischen Stadtlandschaften oder Rudolf Schwarz' Funktionsschema einer um ein Kernband herum gruppierten, verästelten Stadt abgesehen – nicht auszumachen. Es spielte keine Rolle, ob es sich um radikale, extrem großmaßstäbliche Arbeiten wie den Berliner ›Kollektivplan‹ von 1946 handelte, der das alte Berlin oder das, was der Krieg davon übriggelassen hatte, vollkommen neu überplante, oder ob besonders feinteilig strukturierte Entwürfe in wesentlich genauerem Maßstab entstanden. Sie bezogen sich immer auf konkrete Orte, ohne dabei allgemeine Ziele zu benennen, und zeigten Architekturvisionen, die lediglich Ausschnitte aus der Stadt neu regeln wollten.

Die Unterschiede der Stadt- und Architekturmodelle zwischen Ost- und Westdeutschland, die wirklich genügend Substanz für eine Vision besitzen, sind in den Anfangsjahren trotz der grundverschiedenen Gesellschaftssysteme gering. Hans Hopps Aufbauvorschläge für Dresden sahen 1945 für die gesamte Innenstadt Bürohochhäuser auf kreuzförmigen Grundrissen und flacheren Wohnhäusern in modifizierten Blockstrukturen vor, verbunden und getrennt durch ein System breiter Boulevards.[13]

Hans Scharoun,
Einfamilienhäuser in der ›Wohnzelle Friedrichshain‹, Berlin, 1949/50
Hans Scharoun,
single family houses in the *Wohnzelle Friedrichshain*, Berlin, 1949/50

Hans Scharoun mit Sergius Ruegenberg, **Aufbauvorschlag für Helgoland, 1952**
Hans Scharoun with Sergius Ruegenberg, reconstruction proposal for Helgoland, 1952

Das Stadtmodell für den Berliner Bezirk Friedrichshain, das Hans Mucke und Edmund Collein 1946 vorstellten, unterscheidet sich nur graduell von den Plänen Pingussons für Saarbrücken, wie auch der im selben Jahr vermutlich für die Bebauung der Frankfurter Allee in Berlin oder die der ›Wohnzelle Friedrichshain‹ gezeichnete Entwurf Selman Selmanagic' alle Züge einer beinahe euphorisch skizzierten Hochhausmoderne trägt, die sich zu dieser Zeit in ganz Deutschland findet.[14]

Um 1950 war die Zeit der ortlosen Utopien vorbei. Der Aufbau verlief in geregelten Bahnen, und die Teilnehmer an Wettbewerben konnten nicht mehr darauf hoffen, mit extravaganten Beiträgen Preise zu gewinnen und Bauaufträge zu erhalten. Ideengebern mit weiterreichenden Konzepten abseits einer Realisierungschance wurde kein Bonus mehr eingeräumt.

Es war eine ganz reale Insel, auf der mit einiger Verspätung der Anspruch und das Scheitern städtebaulicher wie architektonischer Visionen der Aufbauzeit zum letzten Mal vor Augen geführt wurden: Helgoland. Ihre Bebauung war im Krieg weitgehend zerstört worden, bis 1952 diente sie der britischen Luftwaffe als Übungsziel, und eine Sprengung hatte die markante Topographie vollkommen verändert. Nur hier fanden die Planer, die sich 1952 am Wettbewerb um den Wiederaufbau beteiligten, jene oft beschworene, jedoch nie in Wirklichkeit vorhandene Tabula rasa vor, aber die Vertreter der Avantgarde der zwanziger Jahre konnten keine überzeugenden Lösungen mehr anbieten.[15]

Walter Schwagenscheidt scheiterte ebenso wie Fritz Schleifer mit seinem linearen Zeilenbau, Hans Bernhard Reichow konnte seine weiträumigen Auflockerungsversuche nicht vom Festland auf die Insel übertragen. Nur der einzige visionäre Entwurf, den Hans Scharoun gemeinsam mit Sergius Ruegenberg und Partnern vorlegte, schien anfangs zumindest in Teilen sogar eine Chance zur Verwirklichung zu besitzen. Er gliederte die Bebauung als komplexes Nachbarschaftssystem mit Fußwegen und kleinen Höfen und sah für die flachen Häuser eine leichte, improvisiert anmutende Architektur vor, ein Wabensy-

Alison und Peter Smithson, **Wettbewerb ›Hauptstadt Berlin‹, Friedrichstraße mit Blick auf das Technische Zentrum, 1957/58**
Alison and Peter Smithson, competition for "Captial Berlin," Friedrichstraße with a view of the technical center, 1957/58

stem, das er ganz ähnlich zwei Jahre zuvor für die Nachbarschaft Friedrichshain vorgeschlagen hatte.

Scharouns Vision umfaßte nicht nur das kollektive Wohnen auf der Insel, sondern er wollte ihr die verlorengegangene Silhouette mit Hilfe der Architektur eines vor den Felsen gestellten ›Regals‹ für unterschiedlichste Nutzungen sowie weiterer, fragiler Elemente zurückgeben.[16]

Die Pläne scheiterten am vehementen Widerstand Otto Bartnings, der den Aufbau der Insel überwachte und zu den ausgewiesenen Gegnern jedes Rekonstruktionsversuches zählte.

Bartning wurde 1955 städtebaulicher Berater West-Berlins und war maßgeblich an der Vorbereitung des Wettbewerbs ›Hauptstadt Berlin‹ beteiligt, der nach fast zehnjähriger Vorbereitung 1957 ausgeschrieben und im Folgejahr entschieden wurde.[17]

Ziel war es, für den Fall einer Wiedervereinigung der beiden deutschen Staaten stadtplanerisch gerüstet zu sein und eine funktionsfähige Mitte mit einem Regierungszentrum anbieten zu können. Daß große Teile des Wettbewerbsgebietes im Ostteil der Stadt lagen, schien für die Auslober kein Problem zu sein. Ost-Berlin schrieb als Reaktion einen eigenen Wettbewerb für ›sein‹ Zentrum aus.

Die mit dem ersten Preis ausgezeichneten Autoren Friedrich Spengelin, Fritz Eggeling und Gerd Pempelfort sahen für die zukünftige Entwicklung der Innenstadt denkbar freie Entfaltungsmöglichkeiten vor und empfahlen für die Regierungsbauten im Tiergarten eine ›grüne Mitte‹ als Ausdruck des demokratisch verfaßten Staates. Der nächstplazierte Entwurf von Egon Hartmann und Walter Nickerl skizzierte ähnlich wie bereits Adolf Abel 1950 eine Fußgängerstadt, und die gleichrangig bewertete Arbeit von Hans Scharoun und Wils Ebert knüpfte als verkleinertes Stadtlandschaftskonzept für eine grüne Weltstadt mit einem verzahnten Straßensystem konsequent an den von beiden mitformulierten ›Kollektivplan‹ von 1946 an.

Es kristallisierten sich zwei unterschiedliche Entwurfshaltungen heraus. Die eine, vorwiegend von den deutschen Teilnehmern formuliert, versammelte realistische, umsetzbare Vorschläge, die sich genau mit der bestehenden Stadtstruktur auseinandersetzten und dabei noch sehr junge Leitmodelle, etwa das der Stadtlandschaft, wie selbstverständlich favorisierten. Der andere in erster Linie von den ausländischen Teilnehmern vertretene Ansatz befaßte sich nicht zuletzt angesichts der geringen Realisierungschancen auf einem abstrakteren Niveau mit grundsätzlichen Fragen der Gestaltung eines Stadtzentrums, sei es nun das Berlins oder eines anderen Ortes.

Die Überleitung von den städtebaulichen wie architektonischen Leitlinien der fünfziger Jahre hin zur neuen Urbanität der sechziger Jahre verlief nicht harmonisch, sondern stellte sich – selbst wenn die Autoren vom gemeinsamen Fundament der klassischen Moderne ausgingen – als Traditionsbruch dar, beispielhaft vertreten durch die mit dem dritten Preis ausgezeichnete Arbeit von Alison und Peter Smithson und Peter Sigmond-Wonke. Gegen das historisch belegte Grundvokabular der Stadt, das sich auch zu Zeiten der Stadtlandschaftsdiskussion nicht wesentlich verändert hatte, setzten sie Begriffe wie »cluster« oder »patterns of movement« für eine sozial vernetzte Stadt in Bewegung.

Henri Colboc
und Georges Philippe,
Wettbewerb ›Hauptstadt Berlin‹, Perspektivskizze des Hauptplatzes, 1957/58
Henri Colboc
and Georges Philippe,
competition for the "Captial Berlin," preliminary sketch of the main square, 1957/58

Gerade die freien Entwürfe dieses wenig beachteten Wettbewerbs zeigten – so geballt zum letzten Mal in den fünfziger Jahren – nicht nur die Faszination und Kraft der Utopie, sondern auch den schnellen Wechsel von Leitbildern vor allem im Städtebau.

Was eben noch fortschrittlich schien, wirkte im Beitrag von Henri Colboc und Georges Philippe mit vier Turmhäusern von 250 Metern Höhe, die sie als dominantes Merkzeichen für die Metropole vorsahen, genauso wie in Le Corbusiers Entwurf einer alle historischen Bindungen negierenden ›ville radieuse‹ fast schon wie eine nostalgische Erinnerung an die Aufbruchstimmung in den zwanziger Jahren, die einige der hier versammelten Planer in der zweiten Hälfte der vierziger Jahre zu beleben versuchten. In Wirklichkeit hatte das Wachstum der Städte selbst kühnste Phantasien aus beiden Zeitabschnitten längst überholt.

Im selben Jahr, in dem der Hauptstadtwettbewerb der geteilten Insel Berlin eine neue Mitte geben woll-

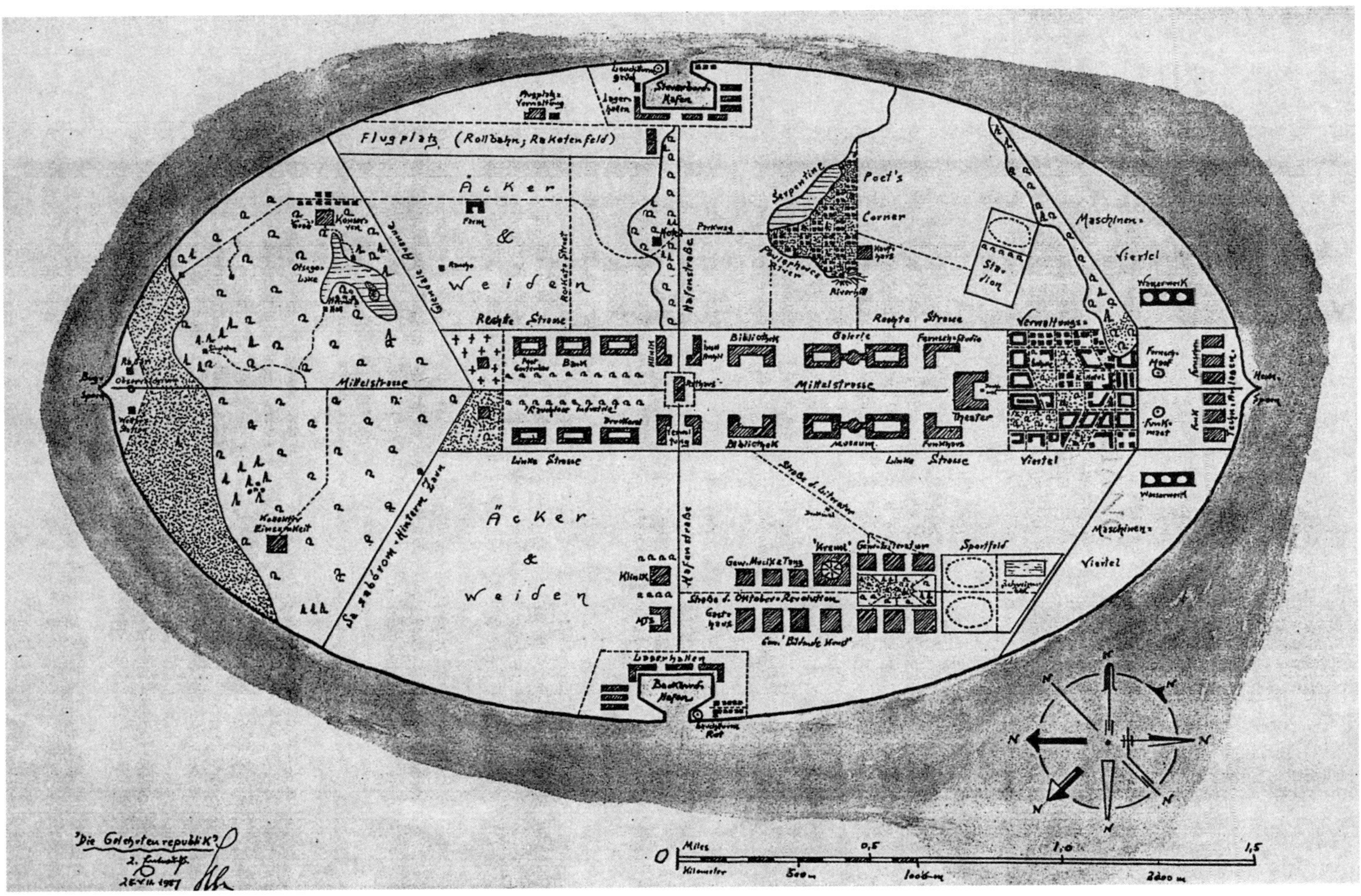

Arno Schmidt,
Skizze der ›Gelehrtenrepublik‹, 1957

Arno Schmidt,
sketch of the *Gelehrtenrepublik*, 1957

te, skizzierte Arno Schmidt seine im Sargassomeer kreuzende, künstliche Insel IRAS, die ›Gelehrtenrepublik‹.

»*Zu beiden Seiten der Großen Achse also*, im ganzen 500 Meter breit, der sogenannte ‹Neutrale Streifen›; mit den Verwaltungsgebäuden, den gemeinsamen Museen.« (‹Undsoweiter›; ja, ich weiß.) »Neutral sind fernerhin die ‹Waldeinsamkeit› ‹Vor den Toren›. Sowie der Flugplatz und die Raketenfelder; obgleich das schon ... ganz recht: da drüben. Über meine Hand hinweg.«

»*Den Rest der Steuerbordseite* nimmt die Freie Welt ein.....« – Auf mein erstauntes Händespreizen : »Achso V'zeihung; wir sagen unter uns so.«: »Wer ‹Wir› ?« (aber er vermied eine Antwort und erklärte, rascheren Munds, weiter):

»*Auf der Backbordseite die Ostblockstaaten*: dort: der Komplex der=mnä: Hochbauten.« / »Wie nennen wir das Riesendings mit der Kuppel drauf?« fragte ich (so gleichmütig und unbetont, daß er drauf reinfiel, und meckernd erwiderte: »Den ‹Kreml›.« Wurde aber, als er mich notieren sah, sofort grabesernst; und verbesserte steif: »Das große Kaufhaus der Backbordhälte.«).

Und jede Seiten ihren eigenen Hafen? : Mit eigenen Lagerhallten, dienstlich aussehenden Häuschen, und einem eigenen Leuchtturm : rechts grün-weißes; links – paßte : war ja Backbord ! – rotes Licht. / War das so streng geschieden ?!

Ja doch ! : »*Sehen Sie*, dort, zu beiden Seiten des ‹Hecks›, die Maschinenfelder ? – Ja; 800 Meter lang, halb so breit. – Die Antriebsschrauben der Insel befinden sich links unter russischer, rechts unter usamerikanischer=ä : Betreuung.«

Jeder sein großes Sportfeld; jeder seine Parks und Äcker. / Die Amerikaner hatten eine reizende kleine Stadt (allerdings mit dem verwünschten Schachbrettstraßenmuster !) für die Künstler aufgebaut: »Poet's Corner; ja.« / Bei den Russen ungefähr ein Dutzend riesiger (vor allem breiter; die Fronten konnten glatt hundert Meter lang sein !) Hochhäuser.

Hm. – – – . [18]

Anmerkungen

1 Erich Mendelsohn, *Der schöpferische Sinn der Krise*, Vortrag, gehalten auf dem Kongreß des Internationalen Verbandes für kulturelle Zusammenarbeit in Zürich, Mai 1932, Berlin 1932. Vgl. Wolfgang Voigt, *Atlantropa. Weltbauen am Mittelmeer. Ein Architektentraum der Moderne*, Hamburg 1998

2 Der erste Beitrag zu diesem Thema, der die städtebaulichen und architektonischen Modelle der vierziger und fünfziger Jahre im Zusammenhang bewertete und die Diskussion um die personelle wie ideengeschichtliche Kontinuität in diesen Disziplinen eröffnete, erschien vor 16 Jahren: Hartmut Frank, ›Trümmer. Traditionelle und moderne Architekturen im Nachkriegsdeutschland‹, in: Bernhard Schulz (Hrsg.), *Grauzonen – Farbwelten, Kunst und Zeitbilder 1945–1955*, Ausst. Kat., Neue Gesellschaft für Bildende Künste, Berlin und Wien 1983. Ausführlicher zu Kohtz' Plänen: Hartmut Frank, ›Landschaft mit Trümmern‹, in: Helmut Geisert, Doris Haneberg und Carola Hein (Hrsg.), *Hauptstadt Berlin, Internationaler städtebaulicher Ideenwettbewerb 1957/58*, Ausst. Kat., Berlinische Galerie, Berlin 1990

3 Vgl. Werner Durth, *Deutsche Architekten. Biographische Verflechtungen 1900–1970*, Braunschweig und Wiesbaden 1986

4 Max Taut, *Berlin im Aufbau. Betrachtungen und Bilder*, Berlin 1946

5 Roland Rainer, *Städtebauliche Prosa. Praktische Grundlagen für den Aufbau der Städte*, Tübingen 1948

6 Adolf Abel, *Regeneration der Städte – des Villes – of Towns*, Erlenbach-Zürich 1950

7 Frank Lloyd Wright, *When Democracy Builds*, Chicago 1945

8 Vgl. Hartmut Frank (wie Anm. 2); Jean-Louis Cohen, ›Marcel Lods. La Carta d'Atene a Magonza‹, in: *Casabella*, 597, April 1990; Rémi Baudoui, ›L'équipe degli urbanisti della Sarre‹, in: ebenda; Ulrich Höhns, ›Saarbrücken. Verzögerte Moderne in einer kleinen Großstadt‹, in: Klaus von Beyme, Werner Durth und andere (Hrsg.), *Neue Städte aus Ruinen. Deutscher Städtebau der Nachkriegszeit*, München 1992

9 Vgl. *Französische Architektur- und Städtebauausstellung 1948/1949*, Rastatt o. J. Im deutschsprachigen Katalog, in dem die Charta von Athen abgedruckt ist, finden sich Arbeiten für den Wiederaufbau von Auguste Perret, Le Corbusier, Marcel Lods (Mainz), André Lurçat, Pierre Vago und vieler anderer französischer Architekten.

10 Vgl. Ulrich Höhns, ›Der diskrete Charme des Nordens‹, in: Klaus Alberts und Ulrich Höhns (Hrsg.), *Architektur in Schleswig-Holstein seit 1945. 200 Beispiele*, Hamburg 1994

11 Wilhelm Ohm, *Erläuterungsbericht zum Entwurf 1948*. Zitiert nach: Ulrich Höhns, ›Turmgaragen und gekrümmte Bandstadt‹, in: ders., *Das ungebaute Hamburg. Visionen einer anderen Stadt in architektonischen Entwürfen der letzten hundertfünfzig Jahre*, Hamburg 1991

12 Vgl. Martin Gärtner, *Sergius Ruegenberg. Bauten und Pläne seit 1925*, Berlin 1990

13 Ausführlich bei: Werner Durth, Jörn Düwel und Niels Gutschow, *Ostkreuz*, 2 Bände, Frankfurt und New York 1998. Bd. 1: *Personen, Pläne, Perspektiven. Architektur und Städtebau der DDR*; Bd. 2: *Aufbau. Städte, Themen, Dokumente*

14 Ebenda, Bd. 1, S. 101f. und Bd. 2, S. 301

15 Vgl. Ulrich Höhns, ›Seelandschaft mit kleinen Häusern. Das Neue Helgoland wird älter‹, in: *Bauwelt*, 25, 1992

16 Eine frappierend ähnliche Perspektivzeichnung aus dem Jahr 1935 für ein Seebad der NS-Organisation ›Kraft durch Freude‹ auf der Insel Rügen, die vermutlich wie die für Helgoland von Sergius Ruegenberg stammt, findet sich bei: Rainer Wilkens, ›Gebaute Utopie der Macht. Das Beispiel Prora‹, in: Romana Schneider und Wilfried Wang (Hrsg.), *Moderne Architektur in Deutschland 1900 bis 2000. Macht und Monument*, Ausst. Kat., Deutsches Architektur-Museum, Frankfurt a. M., Ostfildern-Ruit 1998, S. 119.

17 Vgl. Carola Hein, ›Zur Geschichte der Hauptstadt Berlin‹, in: Helmut Geisert und andere (wie Anm. 2)

18 Arno Schmidt, ›Die Gelehrtenrepublik. Kurzroman aus den Roßbreiten‹, aus: *Arno Schmidt, Bargfelder Ausgabe*. Werkgruppe I, Romane Erzählungen Gedichte Juvenilia, Studienausgabe Bd. 2, hrsg. von der Arno Schmidt Stiftung, Bargfeld, 2. Auflage, Zürich 1992, S. 284f.

Nikolaus Bernau

Die Utopie ist International

Das Bauen der sechziger und siebziger Jahre in der DDR und BRD als Versuch, sich von der nationalen Moderne zu befreien.

Utopia is International
Building in the 1960s and 1970s in East and West Germany as an attempt to break away from national modernist architecture.

The architecture and town planning of the 1960s and 1970s have a negative image, and for good technical, social, ecological, economic, and, not least, aesthetic reasons. Yet in Germany, in both former western and eastern territories, this was a time of new discovery. For the first time since the turn of the century, instead of seeking their own way to the modern age, architects strove to join the international mainstream.

In West Germany, this tendency began in the 1950s and reached a culmination with the 1958 International Building Exhibition in West Berlin. From then on, West German architecture, with few exceptions, followed international trends. In the former German Democratic Republic, Stalin's death in 1953 and the reorientation of Soviet architectural and town planning policy that followed presented an opportunity to turn away from Germany's traditionalist "wedding-cake architecture" and follow western models, in particular Scandinavian ones. Nevertheless, it is typical of the German architecture of this time, in both the west and east, that it did not develop its own modern emotionalism, but instead followed Japanese, Italian, or British models.

Today, this architecture is often vehemently rejected. Since German unification in

Um die west- wie die ostdeutsche Architektur und den Städtebau der sechziger und siebziger Jahre goutieren zu können, sollte man Höhen ersteigen: den Fernsehturm etwa in Berlin, Stuttgart, Dresden, Moskau, Vilnius oder ein Flugzeug, ein Dach in der Umgebung, einen nahen Müllberg.[1] Dann wird die ausgewogene Komposition mit gestaffelten und kubischen, hohen und flachen Scheiben, Riegeln und Türmen, Grünflächen, Platzpflasterungen und Straßen, selbst Garagenplätzen als landschaftsgliedernde Elemente erkennbar ebenso wie die hausübergreifende, kräftige Farbkomposition deutlich.

Dieser Rundblick kann sich vielleicht auch durchsetzen gegen Visionen von engen, dunklen Passagen, von Wohungsgebirgen mit Galerieerschließungen und Balkons in Beton Brut, besprühten Treppenstufen und Metallverkleidungen. Er emanzipiert von jenem Photo, mit dem Charles Jencks 1977 als kathartischen Ausgangspunkt für die Postmoderne die Sprengung der Siedlung Pruitt-Igoe in St. Louis, Missouri, am 15. Juli 1972, 15 Uhr 32 Minuten definierte und von dem die Rezeption der Nachkriegsarchitektur bis heute geprägt ist.[2]

Denn die Verachtung, die der Baukultur der sechziger und frühen siebziger Jahre entgegenschlägt, ist beispiellos in der vielfältigen Abgrenzungsgeschichte der Moderne seit dem späten 19. Jahrhundert.[3] Die sechziger und beginnenden siebziger Jahre der DDR wie der BRD stehen inzwischen für die Moderne an sich, für individualitätsverachtende und unsinnliche, umweltfeindliche und sozial zerstörerische Kompositionen. Spätestens seit der West-Berliner Internationalen Bauausstellung 1987 und dem Berliner Architektenstreit der frühen neunziger Jahre werden Architektur und Städtebau zwischen der Schmuckfreude der frühen fünfziger Jahre und dem Durchbruch der Postmoderne um 1980 unterschiedslos mit jenem rüden ›Bauwirtschaftsfunktionalimus‹ identifiziert, dem der kürzlich verstorbene Heinrich Klotz bereits 1977 entgegentrat.[4]

Es ist aufffällig, wie parallel die Kritik an der Architektur jener Jahre mit ihrer Ausführung verlief. 1966 erschien Robert Venturis *Complexity and Contradiction in Architecture*, im gleichen Jahr Aldo Rossis *L'architettura della città*, die beide vehement – wie später Heinrich Klotz – die Bedeutung der Architektur als Kunst und gesellschaftlichem Sinngeber, aber auch der Stadt als kulturellem Organismus einforderten. 1970 verkündete Wolfgang Pehnt in einem Überblick über die Architektur der sechziger Jahre: »Eine Chronik der versäumten Gelegenheiten … von Katastrophen, denen zur Tragik nur die betroffene Einsicht der Beteiligten und die Unabwendbarkeit des Ablaufes fehlt.«[5] Ein ganzes Heft war es der *db* da-

Blick vom Berliner Fernsehturm auf das westliche Ende der Karl-Marx-Allee

View from the Berlin television tower toward the western end of Karl-Marx-Allee

mals wert, die kurze Zeit vorher gefeierten Errungenschaften, teilweise noch im Bau, des abgelaufenen Jahrzehnts in Grund und Boden zu verdammen. 1977 erschienen zeitgleich die Abrechnungen von Charles Jencks und Heinrich Klotz mit der Moderne.[6] Beide schlossen auch die Baukunst der siebziger Jahre mit in die verpaßten Gelegenheiten ein, erkannten in der amerikanischen Postmoderne ein (inzwischen auch als Mode enttarntes) Gegenmodell.

Die Zukunfts- und Techikbegeisterung der Nachkriegszeit trifft seither in weiten Kreisen auf Unverständnis. Die Leistung, Millionen Menschen neue Wohnungen und Arbeitsstätten, Schulen und Universitäten, Bibliotheken, Kulturzentren und technische Infrastrukturen verschafft zu haben, wird als ästhetisches Desaster gewertet, dem das gesellschaftliche folgt. Als 1998 der Berliner CDU-Fraktionsvorsitzende Klaus-Rüdiger Landowsky forderte, soziale Brennpunkte durch den Abriß von Gebäuden zu bereinigen, wurde er zwar heftig aus wohnungs- und sozialpolitischen Gründen attakiert.[7] Seine Prämisse jedoch, daß die großformatige Architektur des Schöneberger Sozialpalastes von Jürgen Sawade (1974–77) und des Neuen Kreuzberger Zentrums von Wolfgang Jokisch und Johannes Uhl (1969–74) verantwortlich gemacht werden könne für Drogenhandel, Vandalismus und Gewalt, wurde grundsätzlich akzeptiert. Auch Repräsentationsbauten sind von dem Verdikt nicht ausgenommen. Das West-Berliner Internationale Congress Centrum von Ralf und Ursulina Schütte-Witte wird allenfalls wegen seiner funktionalen Perfektion angenommen, nicht aber als (west-)deutscher Beitrag zur internationalen Utopiedebatte der sechziger Jahre. Dabei hatte es, zwischen 1965 und 1979 entworfen, wie sonst wenige deutsche Bauten die zeitgenössischen Phantasien von der hochtechnisierten und durchorganisierten, autonom im Raum schwebenden Welt der Zukunft in Architektur und Design umgesetzt, als Pendant quasi zur Fernsehserie ›Raumschiff Orion‹. Und der Streit um das 1976 eingeweihte Ost-Berliner Gegenstück von Heinz Graffunder, Herbert und Heinrich Aust, den Palast der Republik, bewegt sich inzwischen fast nur noch in politischen und sentimentalen Ost-West-Ritualen. Seine architektonischen Qualitäten aber und die historische Einbindung in die Politik des Wechsels von Ulbricht zu Honecker, zur ›Einheit von Wirtschafts- und Sozialpolitik‹, die vor allem auf das konkurrierende Modell des skandinavischen Wohlfahrtsstaats reagierte, werden kaum angesprochen. Denn so wie das niemals fertiggestellte Stadtzentrum von Hoyerswerda sich an dem des Stockholmer Vorortes Vällingby orientieren sollte, ist der Palast der Republik in seiner Architektur und Ausstattung deutlich, wenn auch in provinzieller Formulierung, an das Kulturhuset von Peter Celsing angelehnt.[8]

Heinz Graffunder,
Herbert und Heinrich Aust,
Palast der Republik, Berlin, 1973–76

Heinz Graffunder,
Herbert and Heinrich Aust,
Palace of the Republic, Berlin, 1973–76

Die Verachtung gilt nicht allen Gebäuden. Ludwig Leos poppig-heiterer, rosarot-knallblauer Umlaufkanal für das Wasserbauinstitut der Berliner TU von 1976 entgeht dem Verdikt, wird als adäquat den utopischen Stadtmodellen der britischen Gruppe Archigram interpretiert. Wie viele andere seiner Art wurde auch der hochragende, 1969 eingeweihte Fernsehturm in Ost-Berlin mit seiner Silberkugel zum modernen Stadtsymbol, zum Signal moderner Medien- und Weltbeherrschung.[9] Hans Scharouns West-Berliner Philharmonie von 1964, Frei Ottos und Rolf Gutbrods luftiger Deutscher Pavillon auf der Weltausstellung in Montreal von 1967, die geschwungenen Zeltdächer des Münchner Olympiastadions von Günter Behnisch

Ludwig Leo, **Wasserumwälzanlage der Technischen Universität, Berlin, 1976**

Ludwig Leo, water pumping plant, Technical University, Berlin, 1976

Frei Otto und Rolf Gutbrod,
Deutscher Pavillon auf der Weltausstellung, Montreal, 1967
Frei Otto and Rolf Gutbrod, German Pavilion at the World Exhibition in Montreal, 1967

von 1972 sowie dessen gläsernes Bonner Bundestagsgebäude werden gar als Insignien eines modernen, westdeutschen, ja demokratischen Bauens gesehen, Oswald Mathias Ungers als einer der Väter des neuen Rationalismus gefeiert.

Doch viele deutsche Hochhäuser dieser Epoche sind bereits tiefgreifend verändert, wegen schlechter Bautechnik, mangelnder Erschließung oder auch schlicht aus modischen Gründen. Meist bleibt nach der Sanierung der Außenhaut nur noch das statische Gerüst, wie es für den Jenaer Turm von Hermann Henselmann geplant ist.[10] Oft werden die Bauten einfach abgerissen, wie das einst hochgelobte Kudamm-Eck von Werner Düttmann, die erste Shop-In-Shop-Anlage der BRD, die bis zuletzt den ganzen, inzwischen mächtig staubig-düsteren Charme der frühen siebziger Jahre verströmte,[11] oder die funktionalistischen ›Schachteln‹ der polnischen und ungarischen Botschaften Ost-Berlins, die dem bereits 1996 abgetragenen einstigen Außenministerium der DDR von Josef Kaiser am Berliner Kupfergraben folgten. Sein kühler, weißer ›Kühlergrill‹ erzählte in der übergroßen Dimension, in der avancierten Bautechnik und Gestaltung, die Oskar Niemeyers Bauten für Brasilia reflektiert, vom gesamtdeutschen Anspruch der DDR und von ihrem unbedingten Willen in den sechziger Jahren, den Westen einzuhohlen.[12] Doch der Riegel stand der heilen Schinkelschen Kupfergrabenlandschaft und nicht zuletzt dem Ruf vieler Architekten nach dem Neuaufbau der Bauakademie im Weg. Proteste gegen seine Beseitigung waren nicht zu hören.[13] Die sensible Sanierung, wie sie das Büro HPP an dem einst von ihm selbst errichteten Thyssen-Hochhaus in Düsseldorf vornehmen konnte, ist eine seltene Ausnahme.[14]

Tatsächlich ist trotz der Revivals der Sixties und Seventies in Mode und Design auch kaum damit zu rechnen, daß der Massenarchitektur jener Jahre ein-

Karl-Ernst Swora, Endre Koltai und andere,
Ungarische Botschaft, Ost-Berlin
Karl-Ernst Swora, Endre Koltai and others, Hungarian Embassy, East Berlin

Oswald Mathias Ungers,
Wohnhaus, Köln, 1994–96
Oswald Mathias Ungers, private home, Cologne, 1994–96

Photo: Stefan Müller

mal die fast schon sentimentale Rücksicht zuteil werden wird, der sich inzwischen der Zuckerbäckerstil der frühen DDR und der Nierentisch der frühen BRD erfreuen. Ganz im Gegenteil setzt sich, von Hildesheim bis Halberstadt, immer öfter das Bild des verlorenen Alten durch gegen die Zeugen des Zukunftsoptimismus der Vätergeneration. Zu sehr ist er verbunden mit der Orientierung an großen Maßstäben, der technokratischen Durchsetzungsfähigkeit von Wohungsbaukonzernen oder -kombinaten sowie dem Wunsch, im wahrsten Sinne des Wortes mit der baulichen Vergangenheit aufzuräumen.[15]

In beiden deutschen Staaten ging es in jenem Jahrzehnt vor allem um die Übernahme von international diskutierten Städtebau- und Architekturmodellen. Mit ihr sollte auch eine neue kulturelle Legitimation nach dem Desaster der Nazizeit erreicht werden.[16] Und tatsächlich ist diese Übernahme von internationalen Modellen vielleicht die eigentliche Leistung der deutschen Architektur in der DDR wie in der BRD, viel mehr als die Entwicklung eigener formaler Beiträge zur zeitgenössischen Debatte utopischer Stadt- und Architekturformen. Denn die Orientierung auf das Ausland brach mit einer Tradition, die selbst das Bauhaus und auch seine westdeutsche Nachfolge in den fünfziger Jahren, besonders aber die konservative deutsche Architektur der Kaiserzeit und der Weimarer Republik und ihre Nachfolger im Stalinismus der DDR und dem Heimatstil der BRD prägte: die Suche nach einem deutschen Sonderweg zur Moderne, einer spezifisch nationalen Antwort auf die Fragen, die durch Bevölkerungswachstum und Industrialisierung seit dem späten 19. Jahrhundert entstanden waren.[17] Der Aufstieg des ›Realistischen Sozialismus‹ zu Beginn der fünfziger Jahre in der DDR steht hierfür, aber auch die Versuche Egon Eiermanns, Paul Baumgartens, Hans und Wassili Luckhardts oder Dominikus Böhms, an die unterbrochene Tradition der eigenen deutschen klassischen Moderne anzuschließen, können so interpretiert werden. Beide Wege erleichterten es auch konservativen Architekten nach dem Krieg, einen stilistischen Neuanfang zu finden, ohne ihre Grundüberzeugung von einer je nach Ort, Land und Volk unterschiedlichen Architektur aufgeben zu müssen.

Die Ausgangsbedingungen in den beiden deutschen Staaten waren allerdings zu Beginn der sechziger Jahre grundsätzlich verschieden. Denn in der Bundesrepublik hatte diese Orientierung am westlichen, vor allem amerikanischen Bauen bereits die fünfziger Jahre geprägt. Die Debatten um die Stellung des Bauhauses als Vorbild für den Wiederaufbau können durchaus auch als Widerspiegelung der Frage gelesen werden, ob sich das neue Deutschland noch einmal auf einen eigenen Weg in die Moderne machen solle oder den internationalen, bereits zu diesem Zeitpunkt amerikanischen Modell folgen solle.[18] Das Hansaviertel der Interbau von 1957 wurde das Signal dieser Neuorientierung und gleichzeitig der letzte große Ausdruck des frei im Park komponierten, luftigen, aber auch dünn besiedelten Stadtideals. Bereits wenige Jahre später galt es im Westen in der Nachfolge

1990, the debate over an individual, national direction into the future of architecture has not waned. Admittedly, the Peter Behnisch-characterized architecture of Munich's 1972 Olympics complex, to give one example, continues to be an icon of German architectural appreciation. Yet everywhere, the tendency has been to reconsolidate city centers broken up in the 1960s and 1970s and to incorporate into them a genius loci that is admittedly borrowed from the architecture of the imperial era and the early modern age. In my opinion, this tendency is also connected with a renewed attempt on the part of wider bureaucratic and architectural circles to forge a national identity.

Luftaufnahme des Märkischen Viertels, Berlin

Aerial view of Märkisches Viertel, Berlin

Rainer Gerhard Rümmler
U-Bahnhof Fehrbelliner Platz, Berlin, 1971

Rainer Gerhard Rümmler, subway station, Fehrbelliner Platz, Berlin, 1971

der Kritik von Jane Jacobs am Desaster des funktionalistischen Städtebaus als überholt.[19] Verdichtung war gefragt, Monumentalisierung, man folgte neuen Modellen. In Japan suchten die Metabolisten, in England Archigram und das frühe High-Tech, in den Niederlanden die Strukturalisten Lösungen für das Bevölkerungswachstum, die Megastadt des kommenden Jahrtausends und die Versöhnung von Technikbegeisterung und Zivilisation, aber auch schon für die sich abzeichnende ökologische Krise. In Italien forschte Rossi nach einem neuen Rationalismus, in den Vereinigten Staaten Venturi nach einem neuen Umgang mit der Tradition, später vergröbernd als Postmoderne bezeichnet.[20]

Doch reflektierten die Architekten der Bundesrepublik diese Entwicklungen im wesentlichen ohne konzeptionelles Pathos. Es blieb meist bei der Übernahme von Gestaltungselementen wie etwa Sichtbeton, Viertelkreisecken, Metall- und Kunststoffverkleidungen, der Planung von Megaprojekten wie Universitäten und Kliniken, den kräftigen Farben und der dramatischen Inszenierung von Verkehrsinfrastrukturen. Um nur einige West-Berliner Beispiele zu nennen: Kenzo Tanges oder Kisho Kurokawas Rigorismus und Begeisterung für künstliche, harte Welten zeigt sich etwa in den 1971–80 von Gert Hänska errichteten Zentralen Tierlaboratorien der Freien Universität mit ihren glatten Außenfronten mit winzigen Fensterluken, den abgeschrägten Wänden und hart brechenden Flächen, in dem unvermittelten Einbrechen der Megatechnik in den bürgerlichen Vorort Steglitz. Ebenfalls für die Freie Universität entstand 1963–73 die ›Rostlaube‹ nach Plänen von Shadrach Woods und Manfred Schiedhelm, Widerschein der Ideen von Team X, die Stadt in Ebenen und parallele Raumstrukturen aufzulösen, andererseits aber auch jedes Gebäude als Stadtgeflecht zu interpretieren. Die Überlegungen von van den Broeck und Bakema oder Alison und Peter Smithson, die in der Nachfolge Le Corbusiers städtebauliche Magastrukturen propagierten, spiegeln sich im von Jürgen Sawade und Dieter Frohwein 1974–77 errichteten ›Sozialpalast‹ an der Potsdamer Straße. Ursprünglich sollte der monumentale Wohnriegel mehrere Blöcke und Straßen überspannen und mit seitlich angedockten flacheren Scheiben eine komplexe, neue Stadtstruktur über den historischen Quartieren aus dem 19. Jahrhundert bilden.[21] Und in den zwölf zwischen 1972 und 1975 von der Planungsgruppe Bildungszentren errichteten, fast identischen Mittelstufenzentren, polemisch ›Schulfabriken‹ genannt, deuteten bunte, offene Infrastrukturen auf den Dächern, abgerundete Fenster, kräftige Farben und weite, offene, kommunikativ ausgerichtete Innenräume das frühe englische High-Tech, das Muster des Centre Pompidou an. Beaubourg war auch das Vorbild für die egalitäre, aufklärungsorientierte Nutzungsmischung von Schule, Jugendfreizeitheim, Gemeindezentrum und Bibliothek.[22] Moderne, international orientierte Architektur konnte aber auch als antifaschistische Demonstration gesehen werden. Die von der Pop-Art und der bunten, blasenwerfenden Welt des Flower-Power geprägten Entwürfe etwa für den U-Bahnhof am Berliner Fehrbelliner Platz stehen wie ein Monument einer neuen, lockeren Welt gegen die harten Bauten der Nazizeit.

In der DDR hingegen stand die Neuorientierung im Zusammenhang mit dem Nachvollziehen neuer sowjetischer Ideen nach dem Tod Stalins im Jahr 1953. Eigens hierfür wurde 1954 Gerhard Kosel aus der UdSSR zurückberufen. Bereits 1955 verurteilte, Chruschtschows Vorgaben folgend, die Bauakademie die stuck- und dekorreichen Bauten der frühen DDR. Sie hatten nach Stalins Weisungen noch versucht, dem Sozialismus eine nationale Form zu geben, galten jedoch nun als inadäquat für den Aufbau der zukünftigen Gesellschaft. International sollte nun die Formensprache werden, konkurrenzfähig mit den kapitalistischen Systemen, und nach sowjetischem Vorbild der Produktionsprozeß industriealisiert. Dennoch liefen die begonnenen Projekte nur langsam aus. Auch stellten sich die Architekten, denen gerade erst in heftigen Debatten der ›Kosmopolitismus‹ und ›Formalismus‹ der unmittelbaren Nachkriegszeit ausgetrieben worden war, nicht so schnell um auf die neue Formendoktrin, wie sich das die Partei dachte. Erst als Kosel 1960 die Präsidentschaft der Bauakademie übernahm, war der Sieg des Typenbaus über die individuell entworfene Architektur für die nächsten drei Jahrzehnte gesichert.[23]

Ausnahmen vom Plattenbau, der in Hoyerswerda seit 1957 mit dem erstmals angewandten strengen Raster des Montagebaus einen frühen Höhepunkt erreichte, boten die ›Magistralen‹ mit Wohnhausriegeln und Hochhäusern, die durch flache Sockel mit Geschäften verbunden waren. Diese monumentalen Konzeptionen mit ihren strengen Rhythmen und dem großen Maßstab gehören zum Besten, was der Städtebau der DDR geschaffen hat. Das Vorbild für die Magdeburger Breite Straße, Dresdens Prager Straße, den Leipziger Brühl, die Eisenhüttenstädter einstige Leninallee oder die Berliner Leipziger Straße waren letztlich Rotterdams Lijnbaan und Stockholms Sveagatan. Außerdem konnten sich die Architekten vor allem in Gesellschafts- und Kulturbauten ausleben, die sich ähnlich stark an westliche, nicht unbedingt aber bundesrepublikanische Vorbilder anlehnten. Sie zeigen aber auch die Verhaftung des DDR-Utopiemodells der sechziger und siebziger Jahre im Konkurrenzkampf mit den westlichen Fünfzigern. Kinos wie das Kosmos und das International an der Berliner Karl-Marx-Allee sollten in ihrer klaren geometrischen Form, mit Glasfassaden und schillernden Keramikverkleidungen architektonisch mit dem Glamour der West-Berliner Filmfestspiele gleichziehen.[24] Und die

Luftaufnahme von Hoyerswerda
Aerial view of Hoyerswerda

Leipziger Straße, Berlin
Leipziger Strasse, Berlin

Josef Kaiser und Herbert Aust, **Filmtheater Kosmos, Berlin, 1960–62**

Josef Kaiser and Herbert Aust, Kosmos cinema, Berlin, 1960–62

vielen Betonschalen- und Zeltdachbauten zwischen Rostock und Suhl reflektieren mit einer gewissen Steife demonstrativ Eero Saarinens, Pier Luigi Nervis oder auch Stubbins geschwungene Hallen. Doch auch Oskar Niemeyers pathetischer Modernismus wird in so manchem Betonhochhaus übernommen. Und das Vorbild der utopischen Hauptstadt an sich, Brasilias, zeigt sich in der städtebaulichen Ponderation des Sozialistischen Forums zwischen Kupfergraben und Alexanderplatz.[25]

Doch trotz vieler Neubauten und der Umgestaltung ganzer Stadtzentren vermißt man in der Architektur und im Städtebau der sechziger und der siebziger Jahre der DDR das Pathos, das in Warschaus Hochhausreihen an der Weichsel, den nach schwedischem Vorbild errichteten Vororten etwa in Muranow, in Prags Anbau des Nationaltheaters und selbst im sowjetisch besetzten Vilnius zu finden ist. In diesen Ländern wurde der Anschluß an die internationale Moderne nach Stalins Tod benutzt, um nationale Sonderidenditäten selbst im sowjetischen Block zu bewahren und die Westbindung der eigenen Kultur- und Kunstgeschichte zu betonen. In Vilnius stellten die Stadtplaner noch 1954 die Architekturstilistik der repräsentativen Häuserzeile im einstigen Deutschen Viertel mitten im Bau von klassizistisch auf funktionalistisch um.[26] In der DDR hingegen ging es, so scheint es zumindest nach derzeitigem Forschungsstand, vor allem um den Anschluß an das neue von Moskau vorgegebene Muster und um die quantitative Steigerung der Wohnungsproduktion.[27] Die Gestaltung aber blieb gebändigt von den Vorgaben der Partei, die ihrerseits seit dem Aufstand von 1953 vor jeder Stellungnahme gegen den Breitengeschmack zurückschreckte und seit Ende der sechziger Jahre begann, das politische Wohlverhalten der Bevölkerung mit sozialen Wohltaten zu erkaufen. Keine Spur ist etwa beim Palast der Republik, dem vorgelagerten einstigen Marx-Engels-Platz oder auch dem mit Bäumen, Brunnen und Denkmälern zugestellten, von Straßen durchschnittenen Marx-Engels-Forum jenseits der Spree von jenem ästhetischen und intellektuellen Anspruch zu spüren, den das Kulturhuset, Sergelstorg und Sveagatan mit ihren Hochhausstaffeln von ›dem‹ Stockholmer, der weite Platz der Nationen von ›dem‹ Brasilianer, den selbst die zu Beginn der sechziger Jahre nach dem Generalplan von Zbigniew Karpinski errichteten Bauten an der Ostseite der Marschalkowska von ›dem‹ Warschauer einfordern.[28]

Die Internationalisierung der Vorbilder ist das eigentlich Utopische der deutschen Architektur in der DDR wie der BRD in den sechziger und siebziger Jahren, nicht die Erfindung neuer Formen. Und vielleicht erklärt dies auch – neben den bekannten und unbestreitbaren sozialen und ästhetischen Mängeln, den neuen Konzeptionen vom ökologischen Bauen oder auch schlichten Modefragen – ein wenig den Widerstand, der den Werken dieser Architekturepoche derzeit entgegengesetzt wird und dessen fast religiöser Eifer sich allenfalls mit dem Haß der frühen Moderne auf den Historismus vergleichen läßt. Denn die parallelen Strukturen zwischen beiden sind auffällig. Da-

Marx-Engels-Forum, Berlin, fertiggestellt 1986

Marx-Engels-Forum, Berlin, completed 1986

Plattenbauten bei Berlin-Bruch, Ende der achtziger Jahre

Prefabricated apartment blocks near Berlin-Bruch, late 1980s

mals wurde die Mietskaserne verantwortlich gemacht für Sittenverfall und gesellschaftliche Zersetzung; Heute sind es Fertigteilschulen, Kindergärten im Beton Brut, technokratisch aufgestapelte Universitäten, vor allem aber die Massenwohnungsbauten zwischen Rostock-Lüttenklein und Münchner Olympiaquartier. Träger der Kritik sind – wie einst im späten 19. und frühen 20. Jahrhundert – nicht so sehr die Nutzer der Anlagen oder die weitgehend ignoranten (Kunst-)Historiker als vielmehr die professionell mit der Verbesserung der Lebensumwelt Beschäftigten, die meist bürgerlich geprägten Architekten, Stadtplaner und Politiker. Sie stehen in einer Tradition, die seit der Kaiserzeit gegen die Ausbreitung der amerikanischen Massenkultur opponiert, inkarniert etwa im Widerstand gegen den Krimi, den Jazz, die Pop-Musik, die Comic-Kultur (soweit nicht französisch oder belgischen Ursprungs) und natürlich das Fast food. Die Internationalisierung der kulturellen Vorbilder führte seit den fünfziger Jahren zum zunehmenden Verfall der kulturpolitischen Definitionsmacht des Bildungsbürgertums, zum Zusammenbruch seiner Modelle von dem, was gut, recht und schön sei.[29] Mit der Durchsetzung der ›Volkskultur‹ als neuem Leitmodell verloren auch die meist bürgerlichen Planer und Architekten einen Teil ihrer Definitionsmacht. Der Widerstand hiergegen ist dabei oft gepaart mit der rein ästhetischen Bewunderung der Machtsignale amerikanischer Kultur, etwa des Hochhauses, wie man an den immer neuen Planungen sieht, Frankfurt oder Berlin eine Skyline zu verschaffen, wie sie die Entwürfe Kollhoffs für den Alexanderplatz prägen.[30]

Der Berliner Architekturstreit der neunziger Jahre war ganz wesentlich auch einer um die Definition der Macht, wer bestimmt, was gut und was schlecht in und für die Stadt sei. Denn die Bewohner etwa von Neue Vahr, Marzahn, des Münchner Olympiaquartiers oder des Märkischen Viertels haben sich, wie einst die proletarischen Bewohner der gründerzeitlichen Mietshausquartiere, längst mit ihren neuen Vierteln arrangiert, nicht zuletzt unter Zuhilfenahme milliardenschwerer ›Stadtumfeldverbesserungen‹. Das von Planern, Politikern und Architekten verfochtene neue Ideal hochverdichteten Innenstadtlebens ist ganz wesentlich von einer völlig ahistorischen Bürgertumsvorstellung geprägt; nicht zuletzt soll ja auch mit dem Berliner ›Planwerk Innenstadt‹ eine Renaissance des Bürgertums als besitzender Klasse eingeläutet werden. Gefragt ist Lokalität, selbst wenn sie so konstruiert ist wie die Bauten rund um den Pariser Platz mit den angeblich so spezifisch ›berlinischen‹ Bauten, die sich in ihrer Konstruktion von Geschichte allenfalls graduell vom Frankfurter Römer oder dem Ost-Berliner Nikolaiviertel unterscheiden. Es ist die Sehnsucht nach der Heimat, der Identität des Ortes, die trotz – oder wegen – der Globalisierungsdebatte und der hoffentlich unaufhaltsamen europäischen Einigung die gezielt international ausgerichtete Architektur und Städtebau der DDR und der BRD in den sechziger und beginnenden siebziger Jahren verdächtig erscheinen läßt. Gerade die Ähnlichkeit des Ost-Berliner Stadt-zentrums mit Brasilia und Moskau, die Nähe der Gropius-Stadt zum Londoner Barbican-Centre, der Bochumer Universität oder des Aachener Klinikums zum Centre Pompidou gefährden diese Bauten heute.

Anmerkungen

1 Der Autor dankt Alexis Joachimides für seine beständige Abneigung gegen Waschbeton, Markus Jager, Jörg Fritzinger und Else Schwuil für beständige Kritik an Vorurteilen, dem Berliner Landeskonservator Dr. Jörg Haspel, Uwe Schwartz und Gabi Dolff-Bonekämper für vielfältige Anregungen.

2 Charles Jencks, *The Language of Postmodern Architecture*, London 1977, S. 9. Zur Rezeption siehe etwa Tom Wolfe, *From Bauhaus to our house*, New York 1981 (deutsche Ausgabe: *Mit dem Bauhaus leben*, Frankfurt a. M. 1984, S. 65); Peter Gössel und Gabriele Leuthäuser, *Architektur des 20. Jahrhunderts*, Köln 1994, S. 293

3 Zur Architektur- und Städtebaugeschichte der sechziger und siebziger Jahre siehe Heinrich Klotz, *Moderne und Postmoderne*, Braunschweig und Wiesbaden 1984; Klaus von Beyme, *Der Wiederaufbau. Architektur und Städtebaupolitik in beiden deutschen Staaten*, München 1987; Thomas Topfstedt, *Städtebau in der DDR 1955–1971*, Leipzig 1988; *Kunstdokumentation SBZ/DDR 1945–1990. Aufsätze, Berichte, Materialien*, hrsg. von Günter Feist, Eckhart Gillen und Beatrice Vierneisel, Köln 1996; Thielo Hiersig, *Architektonische Utopien der 60er Jahre*, unveröffentlichte Dissertation, TU Aachen 1997; Werner Durth, Jörn Düwel und Nils Gutschow, *Ostkreuz. Personen, Pläne, Perspektiven. Architektur und Städtebau in der DDR*, Frankfurt a. M. und New York 1998

4 Heinrich Klotz, *Die röhrenden Hirsche der Architektur. Kitsch in der modernen Baukunst*, Luzern und Frankfurt a. M. 1977

5 Wolfgang Pehnt, ›Bauen im Deutschland der 60er Jahre‹, in: *Deutsche Bauzeitung*, 104, 2, 1970, S. 84

6 Heinrich Klotz (wie Anm. 4); Charles Jencks (wie Anm. 2) sowie Heinrich Klotz, *Gestaltung einer neuen Umwelt. Kritische Essays zur Architektur der Gegenwart*, Luzern und Frankfurt a. M. 1978

7 Daß hier vor allem West-Berliner, Ost-Berliner und ostdeutsche Beispiele angeführt werden, liegt nicht nur an der Herkunft des Autors. Der wirtschaftliche und politische Druck auf die Architektur und den Städtebau der sechziger und siebziger Jahre ist in diesen Regionen aus den unterschiedlichsten Gründen, und sei es nur wegen des Modernisierungsrückstandes gegenüber Westdeutschland, besonders groß.

8 Zur Vorgeschichte des Palastes der Republik zuletzt Jörn Düwel, ›Am Anfang der DDR. Der Zentrale Platz in Berlin‹, in: Romana Schneider und Wilfried Wang (Hrsg.), *Moderne Architektur in Deutschland 1900 bis 2000. Macht und Monument*, Ostfildern-Ruit 1998, S.163–188; Simone Hain, ›Von der Geschichte beauftragt, Zeichen zu setzten. Zum Monumentalitätsverständnis in der DDR am Beispiel der Gestaltung der Hauptstadt Berlin‹, in: ebenda, S.189–220. Zum Bau des Palastes muß man auf zeitgenössische Publikationen verweisen, etwa Heinz Graffunder und Martin Beerbaum, *Der Palast der Republik*, Berlin (Ost) 1977. Eine kritische Monographie zu dem Gebäude existiert bis heute nicht.

9 Peter Müller, *Symbol mit Aussicht. Der Berliner Fernsehturm*, Berlin 1999

10 Vgl. Michael Diers, Stefan Grohé und Cornelia Meurer, *Der Turm von Jena. Architektur und Zeichen*, Jenaer Schriften zur Kunstgeschichte 9, Jena 1999

11 Dietmar Steiner, ›Das Stadt gewordene Haus‹, in: *Architekt für Berlin 1921–1983. Werner Düttmann. Verliebt ins Bauen*, bearb. von Haila Ochs, Basel, Berlin und Boston 1990, S. 142–155

12 Vgl. *deutsche Architektur*, 11, 1965

13 Gegen den Abriß des Außenministeriums wandte sich meines Wissens einzig eine Initiative von Studenten der Hochschule der Künste Berlin, die jedoch folgenlos blieb. Der Berliner Landeskonservator mußte seinen Einspruch auf Druck von Mitgliedern des Landesparlamentes zurücknehmen. Sein Protest gegen den Abriß der Botschaften wurde vom Senat zurückgewiesen.

14 Thomas M.Fürst, ›Das Thyssen-Hochhaus in Düsseldorf. Die Modernisierung eines Nachkriegsmonumentes‹, in: *Konservierung der Moderne? Über den Umgang mit den Zeugnissen der Architekturgeschichte des 20. Jahrhunderts*, ICOMOS-Heft 24, München 1997, S. 77–90

15 Vgl. Gert Kähler, in: *Architektur in Niedersachsen 1970–1995*, hrsg. von der Architektenkammer Niedersachsen, Hamburg 1995, S. 21

16 Werner Duth, ›Zwischen Moderne und Modernismus. Wege zur Architektur der Nachkriegszeit‹, in: Vittorio Magnago Lampugnani und Romana Schneider (Hrsg.), *Moderne Architektur in Deutschland 1900–1950*, Frankfurt a. M. 1994, S. 297–321

17 Zur Frage der Modernität der Konservativen siehe die Kataloge der Ausstellungsreihe des Deutschen Architektur-Museums, Frankfurt am Main, ›Moderne Architektur in Deutschland‹

18 Ulrich Conrads (Hrsg.), *Die Bauhaus-Debatte 1953. Dokumente einer verdrängten Kontroverse*, Bauwelt Fundamente 100, Braunschweig und Wiesbaden 1994

19 Jane Jacobs, *The Death and Life of Great American Cities*, New York 1961 (deutsche Ausgabe: *Tod und Leben großer amerikanischer Städte*, Bauwelt Fundamente 4, Braunschweig und Wiesbaden 1963)

20 Die Begriffe sind generalisierend eingesetzt, um Strömungen zusammenzufassen.

21 In Arbeitsgemeinschaft mit Dietmar Grötzebach und Günter Plessow; siehe *Jürgen Sawade. Bauten und Projekte 1970–1995*, hrsg. von Wolfgang Schäche, Berlin 1998, S. 19, 36–48

22 Es mag sein, daß hier die Interpretation des Autors vom eigenen positiven Erleben dieser Schulen aufgehellt wird; doch ist dies ein Vorbehalt, der dem ganzen Text gemacht werden kann.

23 Thomas Topfstedt, ›Die nachgeholte Moderne. Architektur und Städtebau in der DDR während der 50er und 60er Jahre‹, in: *Städtebau und Staatsbau im 20. Jahrhundert*, hrsg. von Gabi Dolff-Bonekämper und Hiltrid Kier, Berlin und München 1996, S. 39–50

24 Kollektiv Josef Kaiser, Herbert Aust, 1961/62 und 1961–63 siehe *deutsche architektur*, 1, 1963 und *deutsche architektur*, 1, 1964

25 Der Einfluß der südamerikanischen Debatten und Modelle der klassischen Moderne auf die DDR- und BRD-Architektur wurde meines Wissens noch nicht eingehend untersucht.

26 Freundliche Information von Jurate Juraviciene, Vilnius

27 Werner Durth, Jörn Düwel und Nils Gutschow (wie Anm. 3), S. 462–537; Simone Hain (wie Anm. 6), S. 189–220

28 Ob diese das Neue goutierten, kann hier nicht Thema sein. Zur populären Rezeption der brutalen Zerstörung des Stockholmer Stadtzentrums seit den fünfziger Jahren siehe etwa die Martin-Beck-Kriminalromane von Maj Sjöwall und Per Wahlöö 1965–1975.

29 Vgl. Harald Martenstein, in: *Der Tagesspiegel*

30 Verein Entwicklungsgemeinschaft Alexanderplatz (Hrsg.), *Alexanderplatz. Städtebaulicher Ideenwettbewerb*, Berlin 1994, S. 86, zum ›berlinischen Bauen‹ Hans Kollhoffs, S. 102

Dietmar Steiner

Zukunftsbilder der achtziger und neunziger Jahre

Zukunftsbilder der Architektur der achtziger und neunziger Jahre zu erkunden, ist eine heikle Frage und Aufgabe. Vor allem dann, wenn sie 1999 gestellt wird. Denn natürlich schwingt das Ende des Jahrhunderts dabei mit. Und die Ziffer 2000 erinnert an eine Zeit, als eben dieses Jahr zu besonderen Zukunftsbildern anregte. Diese Zeit liegt inzwischen dreißig Jahre zurück und war trunken vor Zukunftssehnsucht und Fortschrittsgläubigkeit. Skepsis war nicht gefragt, das Morgen war jetzt und stand vor der Tür. Kaum jemand machte sich damals Gedanken darüber, wie lange die dreißig Jahre bis zum Jahr 2000 sein könnten. Bis auf einen: Hermann Czech, der Wiener Architekt, verfaßte 1967 einen höflichen Text als Beitrag zu einem Wettbewerb für Möbel für das Jahr 2000: »Der Entschluß der Firma Holzäpfel, Möbel für das Jahr 2000 herzustellen, ist zu begrüssen. Ich halte jedoch einen Entwurfsbeginn im Augenblick nicht für notwendig. Ich würde mich außerordentlich freuen, wenn Herr Christian Holzäpfel oder ein Jurymitglied – vielleicht Herr Max Bill – sich 1997 mit mir in Verbindung setzen würde.« Max Bill ist leider 1994 verstorben, und Herr Holzäpfel hat sich 1997 nicht mit Hermann Czech in Verbindung gesetzt.

Waren 2001 und 2010 noch magisch-bildwirksame Science-fiction-Filmtitel, regt heute der Jahrhundertsprung niemand mehr zu visionären Entwürfen an. Denn schon die siebziger Jahre haben die Zukunftsbilder radikal beendet. Die Epoche der ungebremsten Modernität war gescheitert. Die Avantgarde der visionären Entwürfe, von Yona Friedman bis Archigram, Haus-Rucker-Co., Coop Himmelblau ..., blieb weitgehend ohne Auswirkungen auf das konkrete Bauen, scheiterten an der damaligen technologischen Unzulänglichkeit. Doch dazu später. Zunächst einmal haben Ölschock, Mutter Erde und die Grenzen des Wachstums, Umweltverschmutzung und Ökologie die Zukunftsbilder in die Vergangenheit gewendet. Wer erinnert sich noch daran, daß Postmoderne und Rationalismus in den siebziger Jahren eine basisdemokratische, populäre und emanzipatorische – was sich nicht ausschließt – Ideologie vertraten. Zurück von den Träumen einer unendlichen Zukunft zu den Bedürfnissen der real und heute lebenden Menschen galt als Auftrag, und die Architektur – als Zukunftsbild – sollte das kollektive Gedächtnis (Maurice Halbwachs) am Leben erhalten und als kollektive Kunst wieder für alle verständlich sein.

Ich weiß nicht, wann die achtziger Jahre wirklich begonnen haben, Zukunftsbilder kollektiver architektonischer Phantasien haben sie jedenfalls nicht mehr generiert. Die siebziger Jahre waren noch voll von Ideen der Partizipation, der Ökologie, des sanften Stadtumbaus, eine weitgehend retrospektive Vergewisserung des Vorhandenen und deren politische Zuspitzung. Startbahn West in Frankfurt, Häuserbesetzungen in Berlin, Hamburg, Zürich sind die Stichworte. Leon Kriers antik-atlantische Traumstadt für Teneriffa mag als spätes vollendetes Beispiel für den Beginn der achtziger Jahre ein Zukunftsbild gewesen sein. Aber gleichzeitig wandte sich das Interesse von dieser architekturhistorisch gesicherten Rekonstruktion der Stadt (IBA Berlin) ab – sie wird aber nicht sterben – und entdeckte den schmutzigen Charme des alltäglichen Wildwuchses der urbanen Peripherie. Wim Wenders' frühe Schwarzweißfilme über verlorene Existenzen der Modernisierung in der Peripherie generierten die ersten Bilder dafür, den kontextuellen Vergewisserungen wurde langsam aber sicher der Boden entzogen. Die Welt wurde als eigentlich überall gleich entdeckt, der massenmediale Konsumismus wurde als bestimmende Konstante urbaner Entwicklung zur Kenntnis genommen.

Den großen Sprung im bis dahin postmodern-historischen Zukunftsbild der frühen achtziger Jahre verursachte aber ein Film, der sein Genre revolutionierte. Blade Runner von Ridley Scott zeigte erstmals in einem Science-fiction-Film, daß die Zukunft in dem vorhandenen gebauten Material der Vergangenheit und Gegenwart stattfinden wird. Auch die architektonische Zukunft war ab diesem Zeitpunkt nicht mehr vollkommen neu und sauber, sondern legte sich als zusätzliche transformierende Schicht über den Körper der alten Stadt. Die architektonische Umsetzung dieser Botschaft vollzog sich im Alltag unmerklich, als architektonische Absicht aber scheiterte sie am inzwischen geschlossenen Bild der touristisch vermarkteten postmodernen historischen Identität der eu-

Archigram, David Green, Living Pod, 1965
Archigram, David Green, *Living Pod*, 1965

Photo: Archiv DMS, Christian Wachter

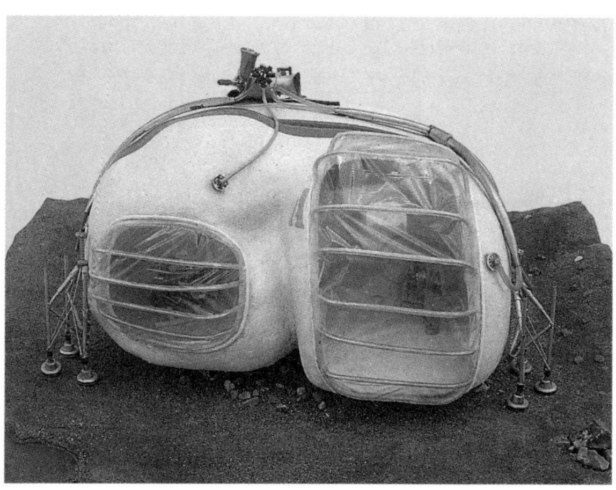

Visions of the Future from the 1980s and 1990s

The examination of architectural visions of the future from the 1980s and 1990s is no simple task, especially when undertaken in 1999, a time when the end of the century is naturally another factor to be considered.

The figure "2000" reminds us of an era when this particular year inspired particular futuristic visions. This era, now thirty years behind us, was suffused with a longing for the future and faith in progress. Skepticism was unpopular: tomorrow was now and waiting at the door. Hardly anyone worried then about how long the thirty years to the end of the century could seem.

The architectural visions of the future from the 1980s and 1990s are substantially different. The think tanks of the world's architects present us with a typical fin-de-siècle condition. Nothing is being presented that has not already been thoroughly rehashed countless times throughout this century. Taking advantage of the short-term memory of an unconsciously consumerist generation, this condition is presented as constant innovation within the field of employment of the respectively and necessarily new. The only relevant vision for the future is symbolically represented by the Y2K problem: a return to point zero, with a willingness to see the future as a constant reconstruction of the world as it currently exists, and to fulfill the need for the future by all the political, economic, and material garbage of civilization that contemporary possibilities have to offer. That gives us enough to do—until the next future.

Stadtansicht, Blade Runner
Cityscape, *Blade Runner*

Photo: Archiv DMS, Pressephoto Warner

ropäischen Stadt. (Plakativ gesprochen war das Zukunftsbild der frühen achtziger Jahre die postmoderne ›Krier-Stadt‹ und jenes der späten achtziger Jahre eine innerarchitektonisch wiederentdeckte Moderne. Aber dessen ungeachtet blieben alle anderen Spielarten weiter evident. Und das ist die eigentliche endzeitliche kulturhistorische Revolution.)

Die Zukunftsbilder der neunziger Jahre nun sind endgültig nicht mehr für eine homogen geschlossene westliche Gesellschaft denkbar, sie müssen sich mit der zersplitterten Realität fragmentierter Teilgruppen abfinden. Sicherlich, die politische Entwicklung hat uns derzeit einen fast schon globalen Sieg des Konsumismus gebracht. Andere Gesellschaftsformen werden nicht mehr erträumt. Nur mehr solche, die den wirtschaftlichen und technologischen Bedingungen folgen. Diese ›Kurzsichtigkeit‹ hat auch den Begriff der Utopie desavouiert. Er wurde durch ›Szenarien‹ ersetzt, die auch in der Stadtplanung nur mehr Vermutungen dahingehend anstellt: was wäre, wenn. Niemand wagt es heute mehr seriöserweise, Entwicklungen vorauszusagen. Wir befinden uns, gesellschaftlich, politisch, wirtschaftlich und kulturell in einem kurzfristigen Reiz-Reaktionsschema. Der Grund dafür könnte die vielstrapazierte Digitale Revolution sein, die mit ihren Entwicklungen im Bereich der Computer, der Telekommunikation, der weltweiten Vernetzung, einen zivilisatorischen Bruch hervorgerufen hat, der wesentlich stärker noch als die alte Industrielle Revolution auf unser aller Leben seine Auswirkungen zeitigen wird. Eine neue Gesellschaftsform, die allein Zukunftsbilder generieren könnte, ist nicht mehr denkbar, weil ihre technologisch-wirtschaftlichen Implikationen nicht absehbar sind. War noch vor zehn Jahren nicht vorstellbar, daß einmal auf jedem Büroarbeitsplatz ein PC plaziert sein wird, so hat sich eines der heute gängigen Lieblingsthemen der Architekten, die Verbindung von Wohnen und Arbeiten durch PC und Telekommunikation, längst schon in eine Ortlosigkeit verflüchtigt, die eigentlich keinerlei Auswirkungen auf die traditionellen oder zeitgenössischen Wohnungstypologien mehr hat. Eines scheint jedenfalls sicher zu sein: Ein gebauter Lebensraum aus interaktiv computergesteuerten Häusern bleibt ein ebenso läppischer wie naiver Traum, vielmehr wird sich die vernetzte virtuelle Welt wie eine Schicht Moos über die alten Steine dieser Welt legen.

Diner
Diner

Photo: Archiv DMS, Wim Wenders

Was macht die Architektur in dieser Situation? Sie findet sich zunächst einmal mit allen anderen kulturellen Disziplinen in einem Verwertungsprozeß der Ausstattung wieder. Das System der Stararchitekten hat sich etabliert – ein Beuys in jedem Museum, ein Gehry in jedem Dorf gilt die Devise –, aber deren Position muß sich letztlich genauso an den Zeitläufen des jeweils Gefragten orientieren wie die Mode. Das

Direktion, Blade Runner
Director's office, *Blade Runner*

Photo: Archiv DMS, Pressephoto Warner

Prinzip der Ausstattung ist zu einem realen Zukunftsbild der Architektur geworden. Die Querverbindungen zwischen Mode, Film, Musik, Kunst und Architektur sind evident und werden von der heutigen Architekturproduktion genauer beachtet als jemals zuvor. Es ist der durchaus ernstzunehmende Versuch, sich damit wieder in einen gesellschaftlichen Kommunikationsprozeß einzugliedern. Widerstand und Protest gegen herrschende Verhältnisse, die Voraussetzungen für jeden Entwurf einer anderen und besseren Welt, sind obsolet geworden. Denn eine libertär konsumistische Gesellschaft ist in der Lage, jeden Gegner ihres Zustands zu integrieren, besonders dann, wenn dies über ästhetische Phänomene erfolgt.

Damit wird auch der ganze Komplex der sogenannten experimentellen Architektur angesprochen. Dekonstruktivistische Eruptionen und individuelle Selbstverwirklichungen der Signature-Architektur, von Bilbao bis Getty, sind legitime Zeugnisse innovativer Architektur, die ihren Beitrag zur ästhetischen Ausstattung der herrschenden Gesellschaft leistet. Aber Zukunftsbilder? Dieser Begriff dafür wäre zweifellos überzogen. Ebenso verhält es sich mit den neuen Möglichkeiten der Technologie der Planung. Der ganze Komplex der architektonischen Arbeit mit ›virtual realities‹ ist zunächst einmal extrem davon abhängig, welche Programme von der Industrie selbst angeboten und entwickelt werden. Ein wichtiger Forschungsgegenstand der Architektur sicherlich, aber die Ergebnisse bewegen sich innerhalb der technologisch vorgegebenen Möglichkeiten. Kulturhistorisch interessant dabei ist, daß die ästhetischen Möglichkeiten der für Architektur geeigneten Computerprogramme noch immer von den Protagonisten der Hippiegeneration entwickelt werden. Und tatsächlich erinnert das psychedelische Gewolke auf den Bildschirmen der Virtual-reality-Apologeten fatal an die immer schon kitschig gewesenen Ornamente der Blumenkinder von Anno dazumal. Womit sich der Softspace-Revival einer multidimensionalen Interaktivität auch ideologisch-ästhetisch erklärt. Streng architekturhistorisch könnte man behaupten, daß in den neunziger Jahren endlich jene technologischen Möglichkeiten vorhanden sind, die von der Avantgarde der sechziger Jahre vorgedacht wurden. Interaktive Konditionierungen des Environments, die elektronische Ausweitung der Körperfunktionen, all das war auch formal schon einmal vorhanden und kann heute mit immer noch erheblichem technischem Aufwand auch eingelöst werden. Aber ist es deswegen schon ein Zukunftsbild? Nur, weil Philip Johnson ein derartiges Monument seiner zynischen Sammlung der prototypisch stilistischen Objekte der Architektur des 20. Jahrhunderts einverleibt hat? Nein. Es ist eine wohl notwendige Durchgangsphase mit einem neuen Werkzeug der Architektur, mehr aber nicht.

Celebration (Frau im Vordergrund)
Celebration
(Woman in foreground)

Photo: Archiv DMS

Seaside Resort (rote Straße)
Seaside resort (red street)

Photo: Archiv DMS

Auch George Lucas mußte zwei Dekaden warten, bis die digitale Filmtechnologie endlich seine Visionen für die erste Folge von Star Wars realisieren konnte. Aber ist die Story selbst deshalb besser geworden?

Es verbleibt somit als anscheinend letztes Zukunftsbild der neunziger Jahre die innerarchitektonische Entwicklung der Disziplin der Architektur selbst. Sie thematisiert integrativ den Begriff des Raums, den Prozeß der Produktion, die Phänomenologie des Materiellen. Aber auch damit ist sie nicht autonom, sondern kongruent mit jenen Entwicklungen der bildenden Kunst, die ebenfalls ihre eigenen Produktionsbedingungen zum Gegenstand ihrer ästhetischen Ergebnisse macht. Das architektonische Artefakt als Objekt der Kunst, sperrig, schweigsam und unnahbar, ist zweifellos eine letzte Bastion gegen die Ausstattung und die Vereinnahmung durch einen Markt, der durch das sich ständig übertreffende Spektakel am Leben erhalten wird. Denn gibt es keinen provokanten Widerstand mehr, kann nur mehr die Verweigerungshaltung des Schweigens die Autonomie des architektonischen Projekts retten.

Die wohl radikalste Position zu dieser gesellschaftlichen Entwicklung nehmen jene Architekten ein, die sich bei vollem Bewußtsein ihrer kulturellen Leistung gänzlich aus der akademischen Debatte zurückgezogen haben. Die eine konzeptuell intelligente Form der ›Bedarfsdeckung‹ verfolgen, dabei den ästhetischen Kanon der Geschichte hinter sich lassend, und sich mit dem gegebenen und gefundenen Material der Gegenwart begnügen und dieses mit neuen Bedeutungen aufladen. Ich nenne diese Position eine subversive Normalität, nur für den als architektonische Leistung erkennbar, der vertraut ist mit den konkreten Baubedingungen von heute und was diesen förmlich abgetrotzt werden kann.

Jeder halbgebildete Kulturjournalist fordert heute für sein Kuhdorf »so etwas wie in Bilbao«. Er sei getröstet. Es wird kommen. Mit derselben Sicherheit wie die jährliche ›Innovation‹ neuer Automodelle, und ebenso weltweit austauschbar. Spektakuläre Signature-Architektur ist in der herrschenden Marktwirtschaft so unverzichtbar wie jede andere Produktentwicklung auch. Der Unterschied zwischen Sterneköchen und Stararchitekten ist marginal, beide leisten einen wichtigen Beitrag zur Verfeinerung des Geschmacks und zur Schulung der Genußfähigkeit der Gesellschaft. In diesem Sinne ist auch die ›historistische‹ Postmoderne nicht gestorben. Sie ist ungemein präsent in den Konzepten von professionell marktwirtschaftlichen Developern, weil sie einzig – jenseits alter Ideen der Partizipation – den Menschen das heimatliche Surrogat des Glücks auf Erden versprechen. Kriers Modell der gemütlichen Kleinstadt vom Anfang der achtziger Jahre hat, realisiert bei Potsdam, zu recht einen deutschen Developer-Preis bekommen. Der Disney-Konzern hat sich wohlweislich und gutüberlegt bei seiner Musterstadt ›Celebration‹ für ein allgemeingültiges Modell entschieden, das sich übrigens bis Südost-Asien als isoliertes Quartier der besseren Leute durchgesetzt hat und auch vor Europa nicht haltmachen wird. Ein visionärer Film wie *Trumans Show*, gedreht im real existierenden Prototyp dieses ›Zukunftsbildes‹, im Seaside-Ressort in Florida, treibt die mediale Simulation dieses ästhetisch mitgelieferten Lebensmodells auf die zynisch-kritische Spitze. Weitgehend ignoriert ist dieses evident reale Zukunftsbild des ›New urbanism‹ von der akademischen Debatte. Obwohl gerade die politische Implikation dieser Lebensform ein sehr reales Zukunftsbild ist: Die geschlossene harmonische Gemeinschaft, vereinigt unter dem Bild der guten alten Zeit, radikal abgeschirmt von der feindlichen Umwelt außerhalb seiner streng bewachten Grenzen (gated communities).

Deshalb zum Schluß nochmals zurück zur Frage der Zukunftsbilder der Architektur der achtziger und neunziger Jahre. Es herrscht in den Denklabors der Architekten ein typischer Spätzeitzustand. Nichts wird präsentiert, was nicht schon x-mal in diesem Jahrhundert durchdekliniert wurde. Im Verwendungsbereich des jeweils notwendig Neuen wird es als permanente Innovation deklariert, mit dem Kurzzeitgedächtnis einer bewußtlos konsumistischen Generation rechnend. Das einzig relevante Zukunftsbild ist geradezu symbolisch im Y2K-Problem versammelt. Eine Rückkehr zum Null-Punkt, bereit dafür, die Zukunft im permanenten Umbau der existierenden Welt zu sehen, und den Bedarf dafür zu decken mit dem ganzen politisch-ökonomisch-materiellen Zivilisationsmüll der zeitgenössischen Möglichkeiten. Damit ist genug zu tun – bis zur nächsten Zukunft.

Bauten
Buildings

Frank Barkow,
Regine Leibinger

Laserfabrik und Logistikzentrum mit Verwaltung, Stuttgart

Projektteam **Frank Barkow, Regine Leibinger, Josephine von Hasselbach, Katja Pfeiffer**

Mitarbeit **Jeremy Carvalho, Joel Cichowski, Michel Obladen, Susan Ross**

Baubeginn Juli 1996

Fertigstellung November 1998 (Phase 1)

Laser Factory and Logistics Center

The extension of the Trumpf machine factory in Stuttgart-Ditzingen, completed in November 1998, is based on plans drawn up by Berlin architects Frank Barkow and Regine Leibinger. The rational, understated architecture clearly defines the specific areas that make up this functional overall concept. A laser production hall, a storage and logistics hall, and an administrative area with a total floor space of 15,000 sq.m. are linked to a central access zone. This central access zone runs under the road that bisects the site, creating a link between the old and new buildings. The steel roof features angled steel components fitted against one another in an alternating rise-and-fall pattern in such a way that they form diamond-shaped window apertures as a source of natural light. The exterior facades of the halls are faced with horizontal, standing seam, zinc cladding, with exposed concrete in the traffic zones. The surface textures are highlighted by skilfully channeled indirect lighting. At the top end of the central section, there is a large expanse of glazing, with an entrance area for employees at the other side, running in a straight line from the parking lot to the office tract. The office tract is accessed from a central entrance hall which is fully glazed from ground floor to second storey.

Seit 1971 ist die Firma Trumpf Maschinenfabrik in dem Stuttgarter Vorort Ditzingen ansässig. Wie viele andere Betriebe dieser von mittelständischer Industrie geprägten Region beliefert auch sie vorrangig die Autoindustrie. Eine Erweiterung der Produktion auf Maschinen zur Laserbearbeitung von Metallen machte neue Werk- und Lagerräume erforderlich.

Die 1996 beauftragten Architekten Regine Leibinger und Frank Barkow, die nach ihrem Studium in Berlin und Harvard seit vier Jahren ein Büro in Berlin betreiben, legten eine funktionale Gesamtplanung mit insgesamt 15 000 Quadratmetern Nutzfläche vor, die im November 1998 fertiggestellt wurde. Im Vergleich mit der bestehenden Bebauung auf dem Firmengelände, in den siebziger und achtziger Jahren sukzessive entstandene Werksgebäude, überzeugt sie besonders durch ihre klare räumliche Ordnung. Zudem erweist sie sich als flexibel, da sich im Zuge eines zweiten Bauabschnitts weitere Produktionshallen anschließen können.

In den Innenbereichen ist Sichtbeton das bevorzugte Material. Roh belassen verleiht er den Räumen eine archaische Kargheit. Funktionselemente und konstruktive Details bleiben als Hinzufügungen ablesbar, und das durchgehende Raster von 1,10 x 2,40 Metern strukturiert die horizontal verglasten Fassaden des Bürotraktes. Für die Werkhallen wurde dagegen eine vereinheitlichende Zinkstehfalzverkleidung gewählt. Die Beschränkung auf industriell gefertigte Materialien – der Bauaufgabe angemessen – wurde nochmals eingegrenzt auf solche, die von der Firma selbst bearbeitet werden.

Auf beiden Seiten der das Firmengelände durchschneidenden Gerlinger Straße fallen zwei gläserne Baukörper auf. Sie dienen zwar als Werbeträger, ihre eigentliche Funktion liegt aber in der Tageslichtversorgung des darunter verlaufenden Verkehrswegs. Er stellt als zentrale Erschließungsachse eine Verbindung zwischen der bestehenden und der neuen Bebauung her. Zusätzliche Beleuchtung erhält er von einem an der abgehängten Metallgitterdecke entlanggeführten Lichtband und von unregelmäßig in die Sichtbetonwand eingelassenen Lichtnischen. Er setzt sich fort über eine in gleicher Breite angelegte Treppe, die auf Erdgeschoßebene zu einer Mittelspange zwischen den beiden neuen Hallen führt. Die nördlich anschließende Laserproduktionshalle und die gegenüberliegende Lager- und Logistikhalle sind im Innern weitgehend frei gehalten und werden von einem Stahldach überspannt, das parzelliert gegenläufige Neigungswinkel ausbildet. Dadurch ergeben sich rautenförmige Öffnungen, die auch das Halleninnere mit Tageslicht versorgen. Das Dach wirkt leicht, fast schwebend, und stellt einen Kontrast zur Massivität des sonst dominierenden Betons dar.

Mittels geschickter Lichtführung bringen die Architekten seine unterschiedlichen Oberflächenqualitäten zur Geltung. Eine rauh und plastisch wirkende Brettschalung wird im unterirdischen Verkehrsweg glattgeschalten Flächen in den Lichtnischen gegenübergestellt, die Reflexionswirkung direkt einfallenden Tageslichts auf die vorgehängten Betonplatten an den Wänden der repräsentablen Erschließungsbereiche effektvoll genutzt.

Lageplan Site plan

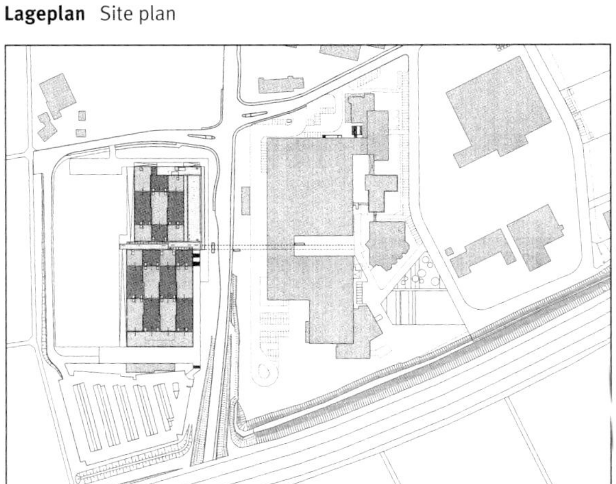

Aufsicht auf die Dachstruktur Perspective view of roof structure

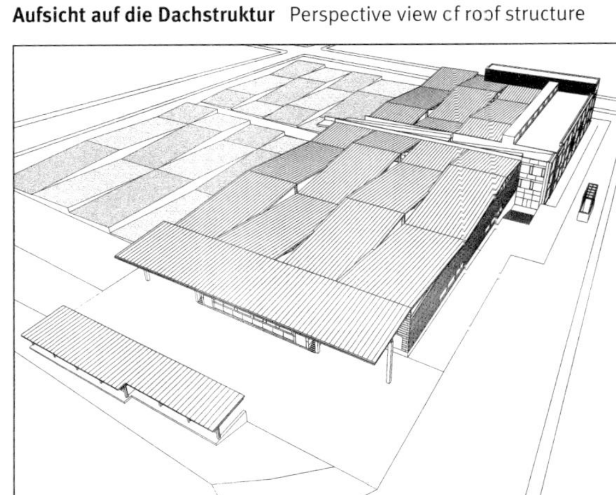

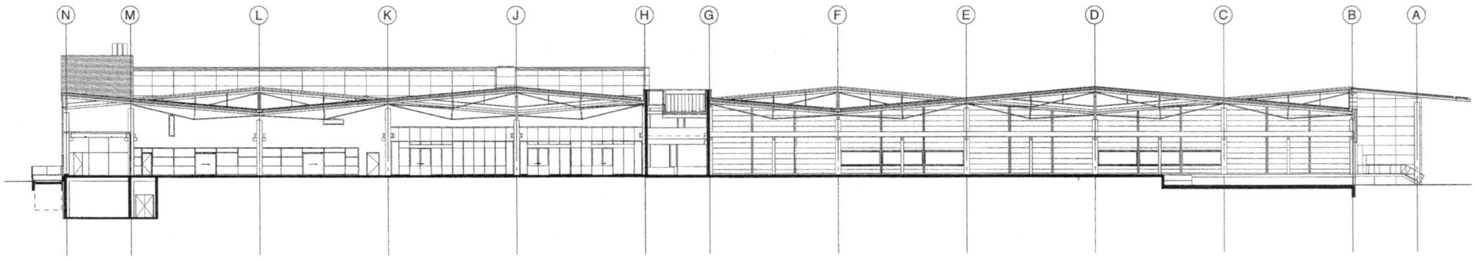

Längsschnitt
Longitudinal section

Glasfront an der Ostfassade des Verwaltungstraktes
Glazed east face of administration wing

Photo: Roland Halbe/Contur

Von außen wirkt der zentrale Eingangsbereich monumental, was durch ein aufgelagertes Technikgeschoß und schmale, über zwei Stockwerke durchlaufende Stützen vor der Glasfassade unterstrichen wird. Im Innern jedoch ist der hohe Raum einfach und still. Eine Treppe führt zu einem eingehängten Zwischengeschoß, das als weiterer Lobbybereich zu dem angrenzenden dreistöckigen Verwaltungstrakt überleitet.

Mit dem Eingangsbereich korrespondiert die Mittelspange, deren Verglasung am Kopfende durch einen Versprung der beiden Hallen möglich wurde. Auf der Gegenseite entstand dadurch ein Zugang für die Mitarbeiter, der als breite, den Gegebenheiten des Grundstücks folgende Treppe angelegt ist und vom Parkplatz im Süden in gerader Linie zu den über der Tunnelebene liegenden Eingängen und weiter zum Bürotrakt führt.

Die rationale Konzeption definiert klare Raumbereiche und erlaubt an ihren Grenzen und Überschneidungen Spielräume. Die Beschränkung auf materialeigene Farb- und Oberflächenqualitäten, die mittels unterschiedlicher Beleuchtung ausgelotet werden, bleibt dem Entwurf ebenso zuträglich wie die präzise ausgeführten konstruktiven Details.

Corinne Elsesser

Frank Barkow, Regine Leibinger

Laserfabrik und Logistikzentrum mit Verwaltung, Stuttgart

Ansicht von Nordosten
View from northeast

Analytische Isometrie
Analytical isometric of constructional elements

Grundriß
Floor plan

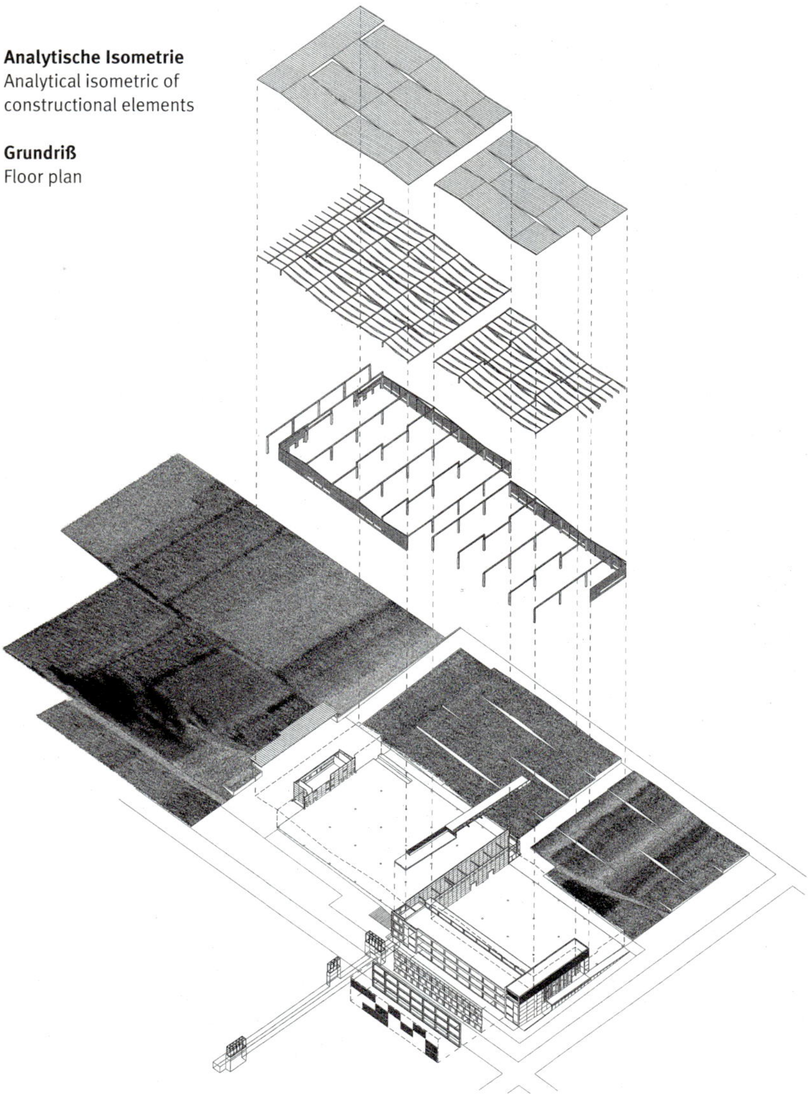

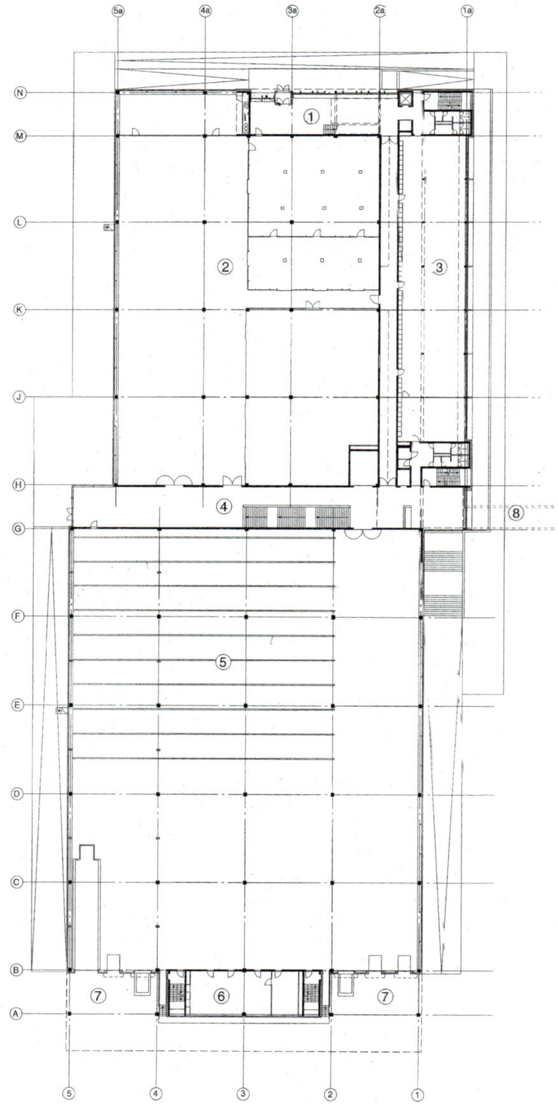

Ansicht von Westen
West face

Eingangsfoyer
Entrance foyer

Südfassade. Ausschnitt
South face. Detail

Photo: Roland Halbe/Contur

Verbindungsgang
Linking corridor

Treppe zur Mittelspange
Stairs to access tract

Halle
Production hall

Tageslichtschacht im Verbindungsgang
Lightwell in linking corridor

Rechte Seite:
Treppenaufgang

Opposite page:
staircase

Photos: Margherita Spiluttini
(wenn nicht anders angegeben)
(unless otherwise specified)

CASPAR DAVID FRIEDRICH

Der künstlerische Weg. Von Thomas Kellein.
160 Seiten mit 162 farbigen Abbildungen.
24,5 x 30 cm. ISBN 3-7913-1916-7.
Gebunden DM 78,-/ÖS 569,-/SFr 73,-

Der große Landschaftsmaler der Romantik in einer neuen Interpretation und Sicht. »Anhand vieler nur selten gezeigter Bilder läßt sich Friedrichs künstlerischer, eigener Weg verfolgen, wird der Betrachter hinter die Werke der Kunst zurück in das Atelier des Künstlers geführt.« *Berliner Zeitung*

DAS HEISSE RAUBTIER LIEBE

Erotik und Surrealismus. Herausgegeben von Heribert Becker. 128 Seiten mit 70 Abbildungen, 60 in Farbe. 16,5 x 24 cm. ISBN 3-7913-1783-0.
Gebunden DM 39,80/ÖS 291,-/SFr 38,80

Die Begierde und Liebe - Hauptthemen der Surrealisten - stehen im Zentrum dieses sehr vergnüglichen Bilder- und Lesebuchs.

HANDBUCH DER ITALIENISCHEN RENAISSANCEMALER

Von Carl Ludwig Gallwitz. 208 Seiten mit 106 einfarbigen Abbildungen und 8 graphischen Übersichtsdarstellungen der Meister und Schulen.
19,5 x 23 cm. ISBN 3-7913-1919-1.
Gebunden DM 49,80/ÖS 364,-/SFr 47,80

Ein zuverlässiger Begleiter und ein unentbehrliches Nachschlagewerk für alle Freunde der italienischen Renaissancemalerei sowie für Kunsthistoriker und Studenten.

ERNST HAECKEL KUNSTFORMEN DER NATUR

Vollständiger Nachdruck aller Tafeln in Faksimile und die kompletten Texte von Ernst Haeckel. Mit Beiträgen von Olaf Breidbach, Irenäus Eibl-Eibesfeldt und Richard P. Hartmann. 280 Seiten mit 100 Tafeln, 44 Vergleichsabbildungen und vier faksimilierten beiliegenden Blättern.
24 x 31,5 cm. ISBN 3-7913-1979-5. Subskriptionspreis Leinen DM 198,-/ÖS 1445,-/SFr 179,-
Ab 1.1.1999 DM 248,-/ÖS 1810,-/SFr 224,-
Sonderausgabe:
144 Seiten mit 100 Farbtafeln und 24 einfarbigen Abbildungen. 24 x 31,5 cm. ISBN 3-7913-1978-7.
Paperback DM 39,80/ÖS 291,-/SFr 38,80

Mit diesen beiden Ausgaben wird Ernst Haeckels grandioses Illustrationswerk, in dem sich auf geniale Weise die Erkenntnisse des Naturforschers mit seiner außerordentlichen künstlerischen Begabung verbinden – und das bis heute ein Geheimtip geblieben ist – erstmals einer breiten Öffentlichkeit zugänglich gemacht.

HERBSTWIND IN DEN KIEFERN

Japanische Kunst der Sammlung Langen.
Herausgegeben von Murase Miyedo.
Ca. 330 Seiten mit ca. 190 Abbildungen, 160 in Farbe. 24,5 x 31 cm. ISBN 3-7913-2011-4.
Leinen DM 98,-/ÖS 715,-/SFr 91,-

In einer für Deutschland einmaligen Bandbreite werden hochrangige Werke japanischer Malerei und Skulptur aus der Sammlung Viktor und Marianne Langen gezeigt.

ALBRECHT DÜRER REISEN NACH VENEDIG

Von Ludwig Grote.
112 Seiten mit 107 Abbildungen, 32 in Farbe.
24,5 x 30 cm. ISBN 3-7913-1702-4.
Leinen DM 78,-/ÖS 569,-/SFr 73,-

Ludwig Grotes Buch über Dürers Reisen nach Italien verbindet in idealer Weise fundiertes kunsthistorisches Wissen mit lebendig erzählter Kulturgeschichte. Der Autor schildert souverän – mit hervorragend reproduzierten Farbtafeln der herrlichen Bilder – diesen interessanten Abschnitt im Leben Albrecht Dürers, in dem einige seiner schönsten und bedeutendsten Werke entstanden sind.

MUSIK DER BILDER

Von Tom Phillips.
128 Seiten mit 130 Abbildungen, 120 in Farbe.
23 x 28 cm. ISBN 3-7913-1977-9.
Leinen DM 78,-/ÖS 569,-/SFr 73,-

Die faszinierende Wechselbeziehung zwischen der bildenden Kunst und der Musik wird an fünfzig Meisterwerken von Künstlern aller Epochen demonstriert und interpretiert. Der Autor versteht es hervorragend, die enge, oft leidenschaftliche Verbindung zwischen den beiden Künsten herauszuarbeiten und lebendig zu machen. »Phillips Geschichte der beiden Künste durch die Jahrhunderte ist subtil und sentimental zugleich.« *Süddeutsche Zeitung*

MARC CHAGALL

Ursprung und Wege. Von Roland Doschka.
232 Seiten mit 140 Abbildungen, 104 in Farbe.
24 x 30 cm. ISBN 3-7913-1915-9.
Leinen DM 98,-/715,-/SFr 91,-

Der große Malerpoet des 20. Jahrhunderts in einem faszinierenden Querschnitt mit z. T. bisher unveröffentlichten Werken. »Dieser Band ist eine Augenweide, die Farbtafeln sind hervorragend, die Texte stehen in direkt erfaßbarem Zusammenhang dazu. Hinzu kommt im Anhang eine ausführliche Biographie, die mit zahlreichen Fotografien aus dem Privatleben bereichert ist. Ein Œuvre, das durch seine Überfülle an Bildfindungen und Symbolkraft überwältigt.« *Gießener Allgemeine*

ERNST LUDWIG KIRCHNER

Seine Frauen, seine Modelle, seine Bilder.
Von Gerd Presler. 104 Seiten mit 99 Abbildungen, 42 in Farbe. 22,5 x 28 cm. ISBN 3-7913-1976-0.
Leinen DM 78,-/ÖS 569,-/SFr 73,-

Isabella, Dodo, Line, Paula, Fränzi, Emmy, Marcella, Milly, Nelly, Gerda, Erna, Nina, Fritzi, Catherina, Elisabeth ... Sie alle waren für Ernst Ludwig Kirchner Gefährtinnen, Liebschaften, Modelle oder Inspirationen. Hier wird von den Frauen berichtet, die entscheidenden Einfluß auf den Maler ausübten. Anhand von zahlreichen Gemälden, Zeichnungen, Graphiken und Aquarellen lassen sich überraschende Entdeckungen in Kirchners Leben und Werk machen.

BILDER, DIE DIE WELT BEWEGTEN

Von Lascaux bis Picasso.
Von Klaus Reichold und Bernhard Graf.
192 Seiten mit 254 Abbildungen, 199 in Farbe.
24,5 x 30 cm. ISBN 3-7913-1975-2.
Gebunden DM 49,80/ÖS 364,-/SFr 47,80

Bilder, die die Welt bewegten: Schlüsselwerke der Kunst. Anhand einer kritischen Auswahl von 90 weltberühmten Kunstwerken unternehmen die Autoren eine spannende und kurzweilige Kunstreise durch die Geschichte der Malerei. Für jeden leicht verständlich werden alle Bilder vorgestellt und die Geschichten erzählt, die sich um sie ranken. Eine kenntnisreiche und unterhaltsame Interpretation der Weltmalerei und zugleich ein ideales Geschenkbuch.

LOUISE BOURGEOIS

Das Geheimnis der Zelle.
Von Rainer Crone und Petrus Graf Schaesberg.
168 Seiten mit 200 Abbildungen, 85 in Farbe.
24,5 x 30 cm. ISBN 3-7913-1966-3.
Leinen DM 98,-/ÖS 715,-/SFr 91,-

Louise Bourgeois, die bedeutendste und einflußreichste Bildhauerin des 20. Jahrhunderts, wird hier in einer von ihr autorisierten Monographie vorgestellt. Die stilistische Vielfalt und Bandbreite ihres Werks zeigt sich insbesondere in den interessanten Rauminstallationen der ›Zellen‹. Diese werden in ihrer Gesamtheit behandelt, ergänzt durch eine ausführliche Biographie mit über 100 persönlichen Fotos.

LYONEL FEININGER

Von Ulrich Luckardt. 188 Seiten mit 160 Abbildungen, 60 in Farbe. 24 x 30 cm.
ISBN 3-7913-2041-6. Sonderausgabe.
Gebunden DM 39,80/ÖS 291,-/SFr 38,80

»Ein Amerikaner in Deutschland. Über Lyonel Feininger als einen der wichtigsten Protagonisten der modernen europäischen Malerei gibt es bisher weder deutsch noch englisch relativ wenig kunstwissenschaftliche Literatur. Der von Prestel sehr schön und sorgfältig mit 60 Farbtafeln sowie einem reichen biographischen Teil mit vielen Fotos ausgestattete Band füllt eine echte Lücke.« *Neue Zürcher Zeitung*

DANIEL SPOERRI

Biographie und Werk. Von Heidi E. Violand-Hobi. 144 Seiten mit 170 Abbildungen, 76 in Farbe. 23 x 30 cm. ISBN 3-7913-2033-5.
Gebunden DM 98,-/ÖS 715,-/SFr 91,-

Daniel Spoerri gehört zu den originellsten Künstlern und schillerndsten Persönlichkeiten der zweiten Jahrhunderthälfte. Sein Werk hat die unterschiedlichsten Phasen durchlaufen und weist so viele spannende Facetten auf, daß Etikettierungen wie ›Eat Art‹ oder ›Fallenbilder‹ nur begrenzt hilfreich sind. Der Objektkünstler, Schriftsteller, Tänzer, Schauspieler, Regisseur, Choreograph, Akademieprofessor und Kochkünstler wird von der Autorin in seiner Komplexität einfühlsam vorgestellt.

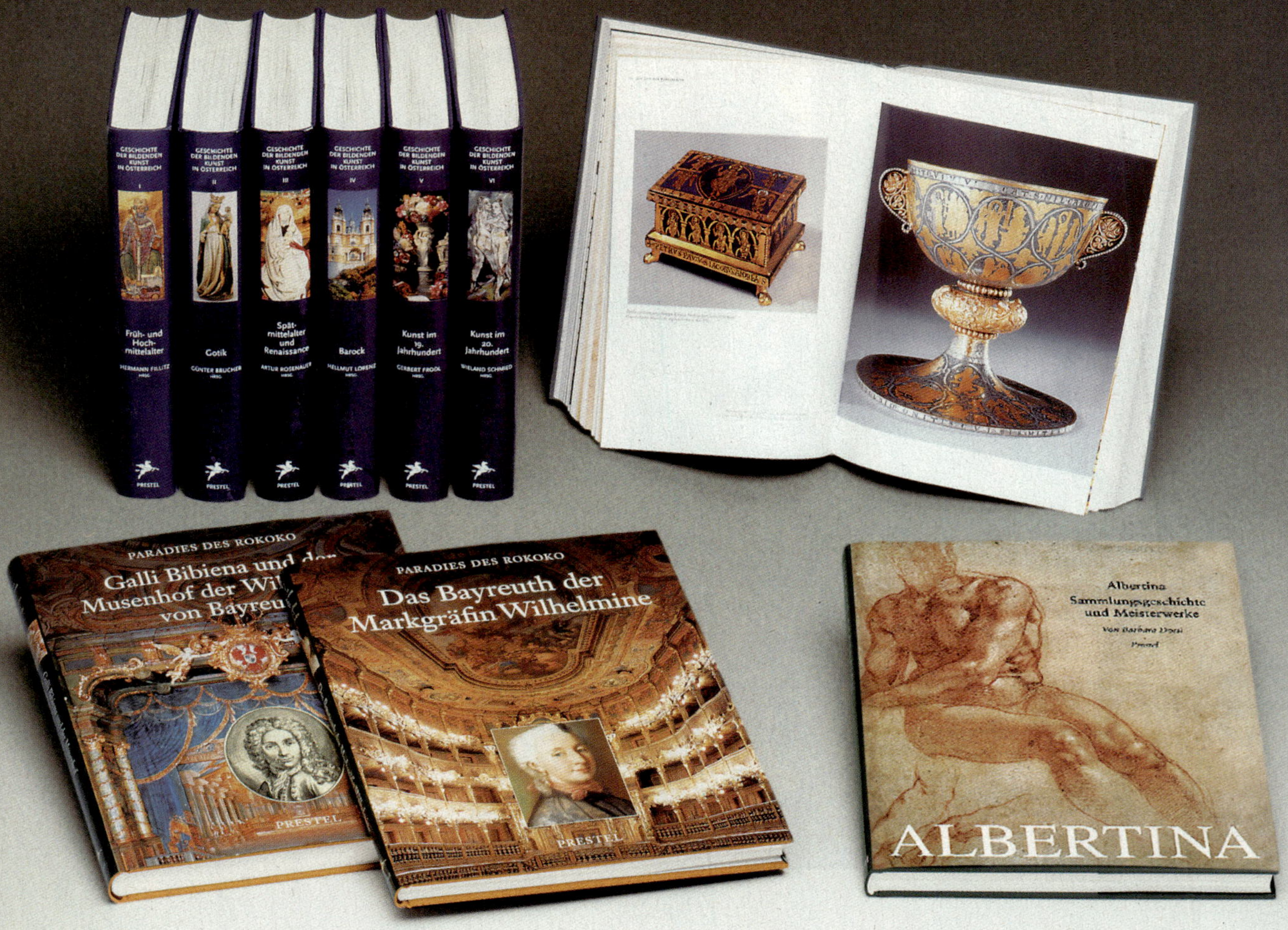

GESCHICHTE DER BILDENDEN KUNST IN ÖSTERREICH

Sechs Bände. Herausgegeben von der Kommission für Kunstgeschichte der Österreichischen Akademie der Wissenschaften.

Zur Gesamtedition:
Mit diesem umfangreichen, sechsbändigen Nachschlagewerk wird erstmals eine wissenschaftlich fundierte Kunstgeschichte Österreichs vorgelegt. Hervorragendes Bildmaterial und informationsreiche Texte zeigen die reichen Kunstschätze Österreichs. Die Edition behandelt das künstlerische Schaffen in Österreich vom 8. Jahrhundert bis zur Kunstszene der Gegenwart. Ein umfassend informierendes Standardwerk und zugleich ein optisches Erlebnis.

Der Aufbau der Bände:
Jeder Band umfaßt eine in sich abgeschlossene künstlerische Epoche. Er enthält fundierte, gut verständliche einleitende Aufsätze zu den jeweiligen Gattungen – Architektur, Skulptur, Malerei, Graphik und Kunsthandwerk – und umfangreiche Beschreibungen der einzelnen Objekte. Der Tafelteil zeigt die schönsten und bedeutendsten Kunstwerke, zum Teil erstmals in repräsentativen Farbaufnahmen.

Die Ausstattung:
Jeder Band ist reich mit farbigen und einfarbigen Abbildungen ausgestattet. Leineneinband mit farbigem Schutzumschlag.

BAND I: FRÜH- UND HOCHMITTELALTER

Herausgegeben von Hermann Fillitz.
616 Seiten mit 650 Abbildungen, 135 in Farbe.
19,5 x 26,5 cm. ISBN 3-7913-1918-3.
Leinen DM 168,-/ÖS 1220,-/SFr 152,-
Subskriptionspreis auf Anfrage beim Verlag

Band I ist der Epoche des Früh- und Hochmittelalters gewidmet. Er behandelt in fundierten Beiträgen die Bereiche Architektur, Skulptur, Wandmalerei, Buchmalerei und Schatzkunst und zeigt in erstklassigen Reproduktionen die schönsten Beispiele. Der einleitende Text von Hermann Fillitz beschreibt die komplexe Entstehungsgeschichte österreichischer Kunst in ihren historischen Rahmenbedingungen.

Band II: Gotik
Herausgegeben von Günter Brucher
(Frühjahr 2000)

Band III: Spätmittelalter und Renaissance
Herausgegeben von Artur Rosenauer
(Herbst 2001)

Band IV: Barock
Herausgegeben von Hellmut Lorenz
(Frühjahr 1999)

Band V: Kunst im 19. Jahrhundert
Herausgegeben von Gerbert Frodl
(Herbst 2000)

Band VI: Kunst im 20. Jahrhundert
Herausgegeben von Wieland Schmied
(Frühjahr 2001)

PARADIES DES ROKOKO

Band I: Das Bayreuth der Markgräfin Wilhelmine. Von Peter O. Krückmann.
144 Seiten mit 209 Abbildungen, 142 in Farbe.
24 x 30 cm. ISBN 3-7913-1905-1.
Leinen DM 78,-/ÖS 569,-/SFr 73,-

Band II: Galli Bibiena und der Musenhof der Wilhelmine von Bayreuth. Hrsg. von Peter O. Krückmann. 288 Seiten mit 396 Abbildungen, 20 in Farbe. 24 x 30 cm. ISBN 3-7913-1963-9.
Leinen DM 86,-/ÖS 628,-/SFr 80,-

Bd I/II im Schuber: ISBN 3-7913-1964-7.
DM 148,-/ÖS 1080,-/SFr 137,-

Unter der Markgräfin Wilhelmine erlebte Bayreuth seine glanzvollste Epoche. Die Publikation zur großen Ausstellung 1998 zum 250. Jubiläum des Markgräflichen Opernhauses würdigt erstmals umfassend die Geschichte, Kunst und Kultur Bayreuths zur Zeit Wilhelmines – eines Juwels des Rokoko von europäischem Rang.

»Zwei vorzüglich bebilderte Bände.« *SZ*

ALBERTINA

Sammlungsgeschichte und Meisterwerke.
Von Barbara Dossi. 192 Seiten mit 187 Abbildungen, 100 in Farbe. 24 x 30 cm. ISBN 3-7913-1924-8.
Bütten DM 98,-/ÖS 715,-/SFr 91,-

Die Albertina in Wien ist eine der renommiertesten und umfangreichsten Graphiksammlungen der Welt. Dieses erstrangige Schatzhaus der Zeichnung und Druckgraphik präsentiert aus seinen unermeßlichen Beständen die Meisterwerke.

Neue Fotografiebücher

HELEN LEVITT

Herausgegeben von Peter Weiermair.
112 Seiten mit 74 Abbildungen, 62 in Duoton und 12 in Farbe. 24,5 x 30 cm. ISBN 3-7913-1974-4.
Gebunden DM 68,-/ÖS 496,-/SFr 64,-

Helen Levitt, eine der bedeutendsten amerikanischen Fotografinnen, wird erstmals mit ihren intensiven New-York-Bildern vorgestellt. Ihre vitalen Straßen-Fotos, vorwiegend aus den 40er Jahren, bewahren Augenblicke, die Zeitgeschichte erzählen.
»Bilder zwischen Poesie und Ironie: Die Straßen von New York fotografiert die 85jährige Helen Levitt noch heute. Eine Werkschau mit ca. hundert ebenso poetischen wie lebensprallen Bildern der amerikanischen Fotografin.« *Der Spiegel*

DAS VERSPRECHEN DER FOTOGRAFIE

Die Sammlung der DG BANK. Herausgegeben von Luminita Sabau. 392 Seiten mit 165 Duoton-Abbildungen. 24 x 30 cm. ISBN 3-7913-2021-1.
Gebunden DM 128,-/ÖS 934,-/SFr 119,-

Die Fotografie gehört zu den Sparten innerhalb der Kunst, die in den letzten Jahren die innovativsten Veränderungen durchlaufen haben. Die außerordentliche Dynamik dieses Mediums und die vielfachen Wechselwirkungen mit anderen Gattungen gaben den Anstoß zum Aufbau einer der größten fotografischen Privatsammlungen, aus deren reichem Fundus erstmals die interessantesten Arbeiten von etwa 150 Künstlern gezeigt werden.

LEWIS W. HINE

The Empire State Building. Herausgegeben von Freddy Langer. Englische Originalausgabe.
96 Seiten mit ca. 70 Duoton- Abbildungen.
24 x 30 cm. ISBN 3-7913-1996-5.
Gebunden DM 68,-/ÖS 496,-/SFr 64,-

Der berühmte amerikanische Fotograf Lewis W. Hine hat in seinen Aufnahmen vom Bau des 381 Meter hohen Empire State Building in New York bestechende Studien aus der Arbeitswelt der 30er Jahre hinterlassen. Nach wie vor üben die vorwiegend in luftiger Höhe entstandenen Fotos eine ungeheure Faszination aus. Immer steht der Mensch im Mittelpunkt: Die Entstehung eines modernen Mythos aus der Perspektive der beteiligten Arbeiter.

SNAP ME ONE

Studiofotografen in Afrika. Herausgegeben von Tobias Wendl und Heike Behrend.
144 Seiten mit 180 Abbildungen, 25 in Farbe.
24 x 30 cm. ISBN 3-7913-2035-1.
Gebunden DM 98,-/ÖS 715,-/SFr 91,-

Daß Afrika mit einer bereits über 100jährigen Fotogeschichte aufwarten kann, ist für viele überraschend. ›Schieß ein Bild von mir!‹ gibt erstmals einen exemplarischen Überblick über die Fotografie in Afrika seit der Jahrhundertwende. Mit der ›schwarzen‹ Fotografie – von Afrikanern für Afrikaner ins Bild gesetzt – erschließt sich uns erstmals das Selbstbildnis dieses Kontinents.

ELLEN AUERBACH

Berlin · Tel Aviv · London · New York.
Zweisprachige Ausgabe in Deutsch und Englisch.
108 Seiten mit 80 Duoton-Abbildungen.
24,5 x 30 cm. ISBN 3-7913-1972-8.
Gebunden DM 68,-/ÖS 496,-/SFr 64,-

Erstmals ein Überblick über das zwischen 1929 und 1965 entstandene fotografische Œuvre von Ellen Auerbach.
»Ellen Auerbachs Metier ist das geduldige Erkunden der Wesenhaftigkeit von Mensch, Stadt und Natur. Jedes ihrer perfekt inszenierten Schwarzweißbilder ist ein Zeichen von Hoffnung, ein Loblied auf die unergründlichen Geheimnisse des Lebens.« *FAZ*

AKTFOTOGRAFIE

Meisterwerke aus 150 Jahren. Auf den Spuren weiblicher Schönheit. Herausgegeben von Peter-Cornell Richter. 136 Seiten mit 65 Farbabbildungen. 24,5 x 30 cm. ISBN 3-7913-2020-3.
Paperback DM 49,80/ÖS 364,-/SFr 47,80

Dieser Querschnitt durch 150 Jahre Aktfotografie versammelt namhafte Fotografen mit ihren schönsten Aufnahmen weiblicher Akte. Vom Pionier Daguerre über Stieglitz, Man Ray und Brassaï bis zu den Zeitgenossen Mapplethorpe, Newton und Duane Michals sind die wichtigsten Künstler vertreten. Eine Foto-Galerie, die die Schönheit der Frau und die Entwicklung der Aktfotografie eindrucksvoll vor Augen führt.

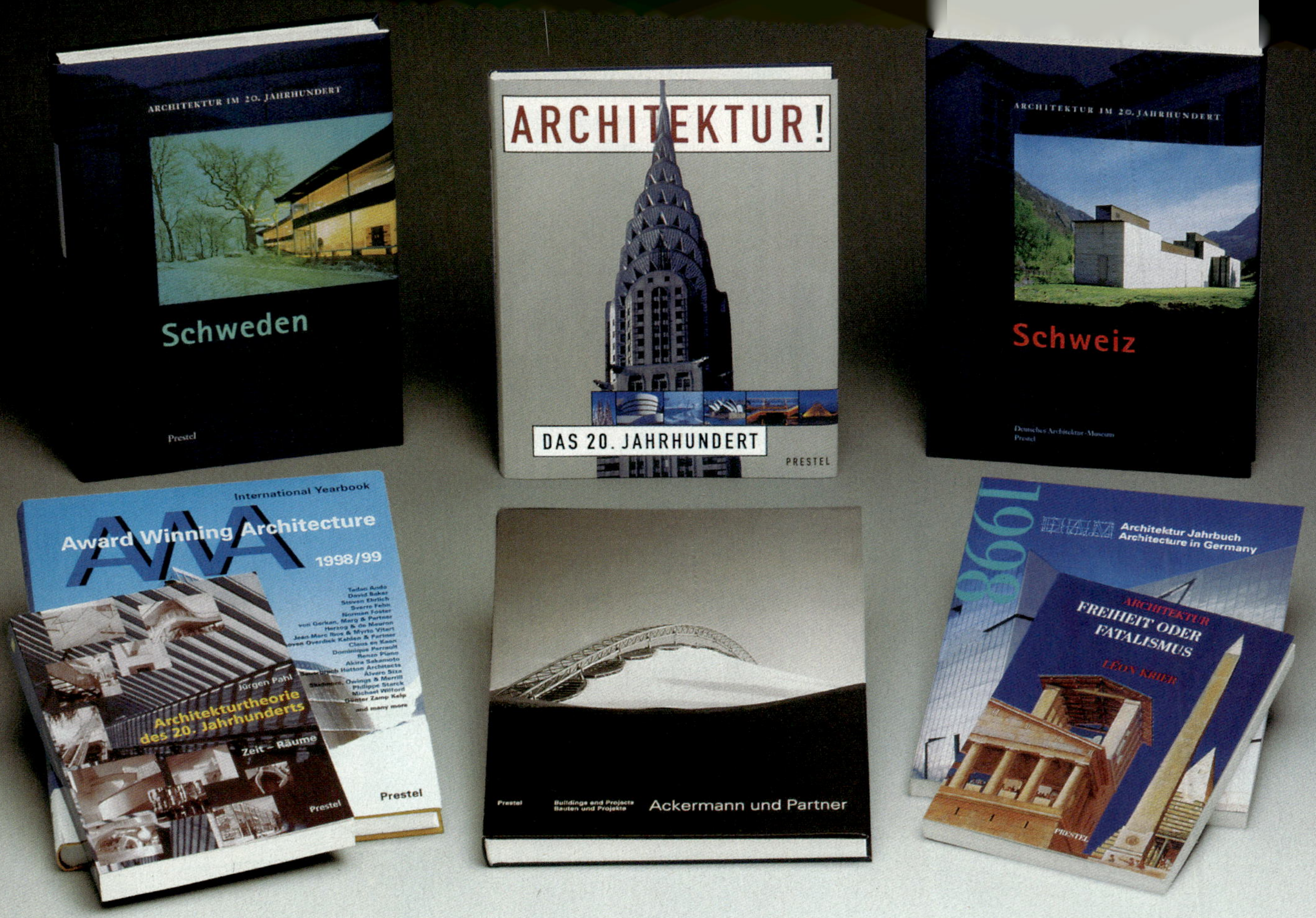

AWA – AWARD WINNING ARCHITECTURE 1998/99

International Yearbook. Herausgegeben von Frantisek D. Sedlacek mit Christine Waiblinger-Jens. Englische Originalausgabe.
216 Seiten mit 536 Abbildungen, 381 in Farbe.
24,5 x 31 cm. ISBN 3-7913-1992-2.
Gebunden DM 98,-/ÖS 715,-/SFr 91,-

Die opulente Dokumentation der preisgekrönten Bauwerke aus den wichtigsten Architekturnationen: »Only the best!«
AWA zeigt jährlich die Bauten aus aller Welt, die von den jeweiligen Landesverbänden der Architektenschaft selbst als die besten eines Jahres preisgekrönt wurden. Eine reichhaltige, aktuelle Informationsquelle und ein ideales Geschenkbuch. Mit der Erweiterung des farbigen Projektteils und einer aufwendigeren Gestaltung ist dieses Jahrbuch jetzt nicht nur informativ, sondern auch repräsentativ.

DAM – ARCHITEKTUR JAHRBUCH 1998

Hrsg. vom Deutschen Architektur-Museum, Frankfurt a.M., Wilfried Wang und Annette Becker. Mit Zusammenfassungen der Beiträge in Englisch. 192 Seiten mit ca. 400 Abbildungen, ca. 100 in Farbe. 22 x 28 cm. ISBN 3-7913-2014-9.
Paperback DM 68,-/ÖS 469,-/SFr 64,-

Der erfolgreiche Klassiker unter den Architektur-Jahrbüchern: Das Hauptthema 1998 ist ›Die Spur der Hand im Werk‹.

ARCHITEKTUR!

Das 20. Jahrhundert.
Herausgegeben von Sabine Thiel-Siling.
192 Seiten mit 522 Abbildungen, 307 in Farbe.
24 x 31. ISBN 3-7913-2013-0.
Gebunden DM 49,80,-/ÖS 364,-/SFr 47,80

Eine repräsentative Auswahl mit Meisterwerken der Baukunst unseres Jahrhunderts aus aller Welt. Diese Gebäude, heute Ikonen der Architektur, werden chronologisch auf jeweils einer Doppelseite mit Fotos und Plänen sowie einem anschaulichen Text vorgestellt, der auf die Besonderheiten und architekturhistorische Bedeutung eingeht. Die opulente Bebilderung mit Aufnahmen der besten Architekturfotografen machen den Band auch optisch zu einem Genuß: ein Buch zum Schwelgen.

ACKERMANN UND PARTNER

Bauten und Projekte 1978-1998. Herausgegeben von Ingeborg Flagge. Text in Deutsch und Englisch. 320 Seiten mit 588 Abbildungen, 78 in Farbe, 290 in Duoton. 24 x 30 cm. ISBN 3-7913-1935-3. Leinen DM 148,-/ÖS 1080,-/SFr 137,-

Weit entfernt von kurzlebigen Architekturmoden schaffen die Münchner Architekten Ackermann und Partner vielbeachtete und zahlreich mit Preisen ausgezeichnete Bauten, die durch Klarheit der Konstruktion und Funktionalität überzeugen. Ausgewählte Bauten der letzten 20 Jahre werden mit Fotos, Plänen, Details und Baubeschreibungen eindrucksvoll vorgestellt.

ARCHITEKTUR IM 20. JAHRHUNDERT SCHWEIZ

Herausgegeben von Anna Meseure, Martin Tschanz und Wilfried Wang. Ca. 352 Seiten mit ca. 820 Abbildungen, ca. 160 in Farbe. 23 x 32 cm. ISBN 3-7913-2015-7. Subskriptionspreis Leinen DM 128,-/ÖS 934,-/SFr 119,-.
Ab 1.1.1999 DM 148,-/ÖS 1080,-/SFr 137,-

Der fünfte Band der Reihe ›Architektur im 20. Jahrhundert‹ zeigt die Geschichte der Baukunst in der Schweiz. 120 Beispiele dokumentieren die große Bandbreite des Bauens in der Schweiz zwischen internationalen Strömungen und regionalistischen Tendenzen. (Weitere Bände siehe Seite 15)

ARCHITEKTURTHEORIE DES 20. JH.

Zeit-Räume. Von Jürgen Pahl. Ca. 380 Seiten mit ca. 360 einfarbigen Abbildungen.
16,5 x 23,5 cm. ISBN 3-7913-2019-X.
Paperback DM 49,80/ÖS 364,-/SFr 47,80

Ein grundlegender, reich bebilderter Überblick über die wichtigsten Bewegungen in der Architektur und Architekturtheorie.

LÉON KRIER – ARCHITEKTUR

Freiheit oder Fatalismus.
208 Seiten mit 228 einfarbigen Abbildungen.
16,5 x 23,5 cm. ISBN 3-7913-2017-3.
Paperback DM 49,80/ÖS 364,-/SFr 47,80

Zündstoff: die Ideen, Visionen und Theorien eines der umstrittensten Architekten unserer Zeit erstmals in deutscher Sprache.

Die PEGASUS *Bibliothek* ist Lesegenuß und ein Fest fürs Auge. Faszinierende Themen oder persönliche Aspekte im Schaffen berühmter Künstler werden von anerkannten Autoren neu und lebendig vorgestellt. Jeder Band ist seinem Thema entsprechend gestaltet und opulent farbig ausgestattet, so daß sich hier große Kunst im Buch mit Buchkunst in idealer Weise verbindet. Die bunte und variantenreiche Palette der Themen spiegelt sich jetzt auch in der äußeren Gestalt dieser beliebten Buch-Reihe: Die PEGASUS *Bibliothek* bekennt Farbe.

»Diese sorgfältig gestalteten Kunstbände präsentieren sich nobel mit dem Pegasus als beflügelndem Motto für eine Reihe, die sich nicht dem Gesamt-Œuvre, sondern einzelnen Aspekten im Künstler-Leben und -Werk widmet.« *SZ*

»Die Pegasus-Bände wollen mehr die Freude an der Kunst fördern, als neue Schätze heben. Es sind Augenbücher.« *Die Welt*

Je DM 39,80/ÖS 291,-/SFr 38,80
Alle Titel sind zum gleichen Preis in englischen Ausgaben lieferbar

MAX BECKMANN Die Suche nach dem Ich
Von Wendy Beckett. ISBN 3-7913-1793-8

BOTTICELLI Toskanischer Frühling
Von Frank Zöllner. ISBN 3-7913-2025-4

CÉZANNE IN DER PROVENCE
Von Evmarie Schmitt. ISBN 3-7913-1444-0

CHAGALL - DAPHNIS UND CHLOE
ISBN 3-7913-1347-9

DALÍS BEGIERDEN
Von Ralf Schiebler. ISBN 3-7913-1710-5

EDGAR DEGAS Ballett und Boudoir
Von Lillian Schacherl. ISBN 3-7913-1791-1

PAUL GAUGUIN Bilder aus der Südsee
Von Eckhard Hollmann. ISBN 3-7913-1648-6

VAN GOGH Das Drama von Arles
Von Alfred Nemeczek. ISBN 3-7913-1479-3

GOYA UND DIE HERZOGIN VON ALBA
Von Susann Waldmann. ISBN 3-7913-2026-2

EDWARD HOPPER Bilder aus Amerika
Von Wieland Schmied. ISBN 3-7913-1480-7

KANDINSKY UND GABRIELE MÜNTER
Von Annegret Hoberg. ISBN 3-7913-1348-7

PAUL KLEE Malerei und Musik
Von Hajo Düchting. ISBN 3-7913-1853-5

GUSTAV KLIMT Maler der Frauen
Von Susanna Partsch. ISBN 3-7913-1404-1

KOKOSCHKA UND ALMA MAHLER
Von Alfred Weidinger. ISBN 3-7913-1711-3

LUXUS DES LEBENS Die Très Riches Heures
Von Lillian Schacherl. ISBN 3-7913-1851-9

MANET Pariser Leben
Von Hajo Düchting. ISBN 3-7913-1445-9

MIRÓ AUF MALLORCA
Von Barbara Catoir. ISBN 3-7913-1478-5

AMEDEO MODIGLIANI Akte und Porträts
Von Anette Kruszynski. ISBN 3-7913-1649-4

MONET IN GIVERNY
Von Karin Sagner-Düchting. ISBN 3-7913-1394-0

PABLO PICASSO Die Welt der Kinder
Von Werner Spies. ISBN 3-7913-1346-0

RENOIR Augenblicke des Glücks
Von Karin Sagner-Düchting. ISBN 3-7913-1712-1

RODIN UND CAMILLE CLAUDEL
Von J. A. Schmoll. ISBN 3-7913-1392-4

HENRI ROUSSEAU Träume vom Dschungel
Von Werner Schmalenbach. ISBN 3-7913-1951-5

EGON SCHIELE Eros und Passion
Von Klaus Albrecht Schröder. ISBN 3-7913-1393-2

TIZIAN Nymphe und Schäfer
Von John Berger und Katya Berger Andreadakis.
ISBN 3-7913-1650-8

TOULOUSE-LAUTREC Der Maler vom Montmartre
Von Reinhold Heller. ISBN 3-7913-1792-x

TURNER AUF REISEN
Von Inge Herold. ISBN 3-7913-1852-7

Abenteuer Kunst

»Diese Reihe ist ein schönes Beispiel dafür, wie man Kinder für Kunst begeistern kann«

Der Tagesspiegel

1997 **Paul Klee**
ISBN 3-7913-1694-X

Tiepolo
ISBN 3-7913-1752-0

Der Blaue Reiter
ISBN 3-7913-1751-2

Claude Monet
ISBN 3-7913-1696-6

Franz Marc
ISBN 3-7913-1822-5

René Magritte
ISBN 3-7913-1797-0

Keith Haring
ISBN 3-7913-1823-3

Der Herzog und die Bauern
ISBN 3-7913-1798-9

Pieter Bruegel
ISBN 3-7913-1858-6

Afrikanische Masken
ISBN 3-7913-1824-1

Henri Rousseau
ISBN 3-7913-1857-8

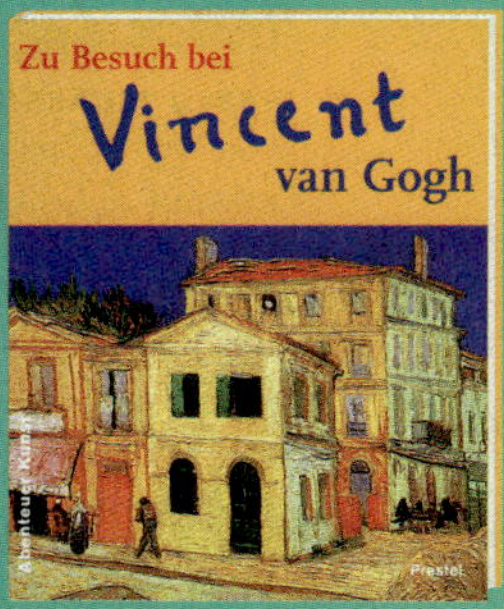

Vincent van Gogh
ISBN 3-7913-1856-X

Georges Seurat
ISBN 3-7913-1902-7

Marc Chagall
ISBN 3-7913-1953-1

Paul Gauguin
ISBN 3-7913-1952-3

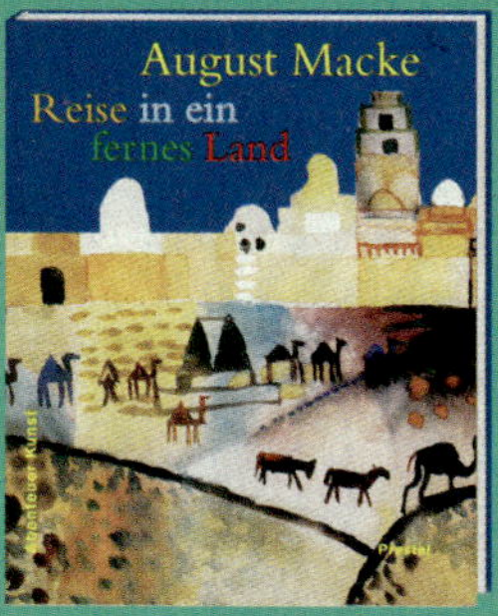

August Macke
ISBN 3-7913-2036-X

Albrecht Altdorfer
ISBN 3-7913-2028-9

Als CD-ROM sind außerdem lieferbar:

Fr. Preis je DM 39,80
ÖS 291,-/SFr 38,80

Paul Klee
Bilder träumen
deutsch: ISBN 3-7913-1959-0
englisch: ISBN 3-7913-1943-4

Claude Monet
Der Farbzauberer
deutsch: ISBN 3-7913-2031-9
englisch: ISBN 3-7913-1988-4

›Afrikanische Masken. Der Tanz der Tiere‹: Nominiert für den ›Deutschen Jugendliteraturpreis 1998

Format 24 x 28 cm. Jeder Band gebunden DM 22,80 / ÖS 166,- / SFr 22,-

Die meisten Titel sind auch in einer englischen Ausgabe lieferbar

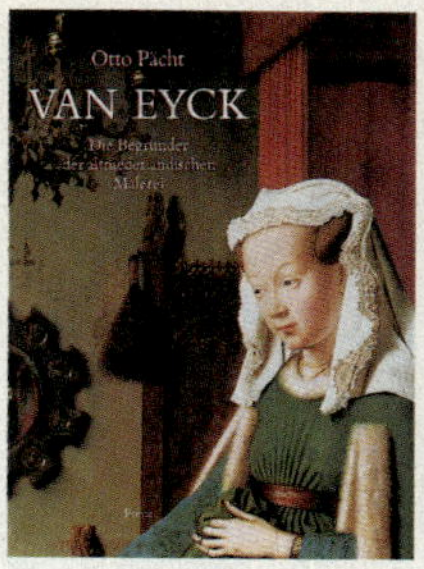

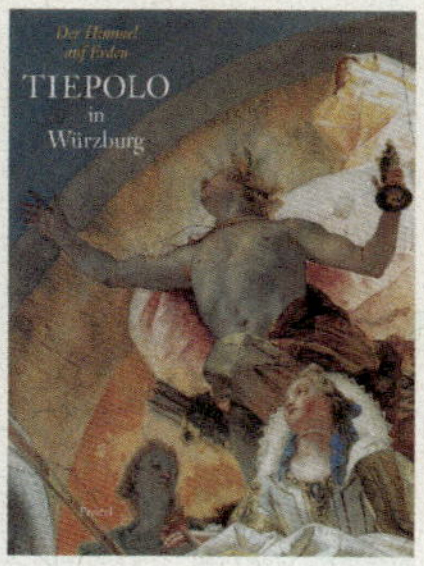

AUF DEN FOLGENDEN SEITEN FINDEN SIE EINE AUSWAHL AUS UNSEREM UMFANGREICHEN PROGRAMM LIEFERBARER TITEL ZUR KUNST UND ARCHITEKTUR, ZUM DESIGN UND KUNSTHANDWERK

ALTNIEDERLÄNDISCHE MALEREI

Von Rogier van der Weyden bis Gerard David.
Von Otto Pächt. Hrsg. von Monika Rosenauer.
264 Seiten mit 221 Abb., 33 in Farbe.
20,5 x 28 cm. ISBN 3-7913-1389-4.
Leinen DM 118,–/ÖS 861,–/SFr 110,–
»Der Band ist für ein Publikum bestimmt, das bereit ist, sich um das ›Reifen des Sehens‹ zu bemühen. Methodisch fundierte Stilanalyse auf höchstem Niveau.« *Neue Zürcher Zeitung*

COSMAS DAMIAN ASAM

Hrsg. von Bruno Bushart und Bernhard Rupprecht. 360 Seiten mit 317 Abb., 61 in Farbe.
22,5 x 30 cm. ISBN 3-7913-0767-3.
Leinen DM 98,–/ÖS 715,–/SFr 91,–

KUNST DES BIEDERMEIER 1815–35

Von Georg Himmelheber.
320 Seiten mit 598 Abb., 174 in Farbe.
22,5 x 30 cm. ISBN 3-7913-0885-8.
Leinen DM 128,–/ÖS 934,–/SFr 119,–
»Eine Epoche wird rehabilitiert: mit diesem vorzüglichen Buch, das den Stilwandel in dieser Zeit exakt beschreibt, wird dem Biedermeier ein neues Profil gegeben.« *Süddeutsche Zeitung*

CARL BLECHEN

Hrsg. von Peter-Klaus Schuster. 309 Seiten mit 702 Abb., 222 in Farbe. 24 x 30 cm. ISBN 3-7913-1084-4.
Leinen DM 118,–/ÖS 861,–/SFr 110,–

VAN EYCK

Die Begründer der altniederländischen Malerei.
Von Otto Pächt. 224 Seiten mit 154 Abb., 28 in Farbe. 20,5 x 28 cm. ISBN 3-7913-1033-X.
Leinen DM 98,–/ÖS 715,–/SFr 91,–
»Ein Meilenstein in der Van Eyck-Forschung.« *FAZ*
»Pächts Spurensuche ist ein wahres Lesevergnügen. Sie ist anspruchsvoll und dennoch gut lesbar.« *art*

CASPAR DAVID FRIEDRICH

Von Helmut Börsch-Supan. 207 Seiten mit 132 Abb., 68 in Farbe. 23,5 x 29,5 cm.
ISBN 3-7913-0835-1.
Leinen DM 98,–/ÖS 715,–/SFr 91,–

VON FÜSSLI BIS MENZEL

Aquarelle und Zeichnungen der Goethezeit.
Von Hinrich Sieveking.
208 Seiten mit 169 Abbildungen, 93 in Farbe.
24,5 x 30 cm. ISBN 3-7913-1803-9.
Leinen DM 98,-/ÖS 715,-/SFr 91,-

GOYA

Das druckgraphische Werk.
Von Alfonso E. Pérez Sánchez und Julián Gállego.
264 Seiten mit 298 einfarbigen Abb.
24 x 30 cm. ISBN 3-7913-1475-0.
Bütten DM 118,–/ÖS 861,–/SFr 110,–
»Ein Kunstbuch mit gedruckten Meisterwerken von Goya: der Band bündelt alle graphischen Zyklen und Einzelblätter, sowohl die radierten als die lithographierten samt der zusätzlichen Blätter, die Goya dann nicht in die Bildfolgen einreihte.« *Die Welt*

DIE GROSSEN IMPRESSIONISTEN

Von Fritz Novotny. Mit einer Einführung von Artur Rosenauer. 152 Seiten mit 102 Abb., 78 in Farbe.
24 x 30 cm. ISBN 3-7913-1440-8
Gebunden DM 78,–/ÖS 569,–/SFr 73,–
»Ein Standardwerk, das den Bogen von Manet über Van Gogh bis Gauguin und Matisse spannt und die formalen und inhaltlichen Aspekte des Impressionismus gut beleuchtet.« *Berliner Morgenpost*

REMBRANDT

Von Otto Pächt. Hrsg. von Edwin Lachnit.
256 Seiten mit 245 Abb., 64 in Farbe. 24 x 30 cm.
ISBN 3-7913-1156-5.
Leinen DM 98,–/ÖS 715,–/SFr 91,–
»Behutsam wie ein Außenseiter nähert sich der Wiener Kunsthistoriker Otto Pächt dem Thema Rembrandt. Ein großzügig bebildertes Buch, das vor allem eine Schule des Sehens ist.« *FAZ*

RODIN – EROS UND KREATIVITÄT

Hrsg. von Rainer Crone und Siegfried Salzmann.
240 Seiten mit 357 Abb., 32 in Farbe, 140 in Duoton. 24 x 31 cm. Sonderausgabe ISBN 3-7913-1770-9.
Gebunden DM 49,80/ÖS 364,–/SFr 47,80
»Das große Rodin-Buch erfüllt hohe Ansprüche. Die brillante Präsentation vermittelt ein ungemein sinnliches Erlebnis.« *Augsburger Allgemeine*

TIEPOLO IN WÜRZBURG

Der Himmel auf Erden. Zwei Bände.
Hrsg. von Peter O. Krückmann. 24 x 30 cm.
Band I : 208 Seiten mit 337 Abb., 139 in Farbe.
ISBN 3-7913-1639-7.
Leinen DM 78,–/ÖS 569,–/SFr 73,–
Band II: 192 Seiten mit 205 Abb., 52 in Farbe.
ISBN 3-7913-1640-0. DM 86,-/ÖS 628,-/SFr 80,-
Bd. I und II im Schuber: ISBN 3-7913-1660-5.
DM 148,-/ÖS 1080,-/SFr 137,-
»Tiepolos Deckenfresko in der Würzburger Residenz gilt als eines der größten Kunstwerke des Abendlands. Der ausführliche Katalog erhellt politische wie kunsthistorische Hintergründe des Werks und referiert überraschende maltechnische Einsichten einer jüngeren gründlichen Untersuchung. Wie Tiepolo dieses Riesenwerk bewältigte, wird nach all dem ein Stück klarer.« *Der Spiegel*

TITIAN (TIZIAN)

Englische Originalausgabe. 452 Seiten mit 311 Abb., 207 in Farbe. 21,5 x 29,5 cm.
ISBN 3-7913-1102-6.
Leinen DM 148,–/ÖS 1080,–/SFr 137,–
»Ehrung für das Genie der Farbe: dies ist die bislang größte Werkschau des berühmten Renaissance-Meisters Tizian.« *art*

WILLIAM TURNER

Retrospektive. Hrsg. von David B. Brown und Klaus Albrecht Schröder. 352 Seiten mit 208 Abb., 138 in Farbe. 22,5 x 28 cm. ISBN 3-7913-1821-7.
Leinen DM 98,–/ÖS 715,–/SFr 91,–

TURNER IN DEUTSCHLAND

Hrsg. von Manfred Fath. 276 Seiten mit 276 Abb., 111 in Farbe. 24 x 30 cm. ISBN 3-7913-1490-4.
Gebunden DM 98,–/ÖS 715,–/SFr 91,–
»Turner gilt als der größte englische Maler überhaupt: Die Landschaftsmalerei erhob er zur Königsdisziplin. Dieser Band zu Turners sieben Deutschland-Reisen bietet 150 Blätter – wasserfarbenes Wunderland – und profunde Betrachtungen.« *FAZ*

VIKTORIANISCHE MALEREI

Von Turner bis Whistler. Hrsg. von Robin Hamlyn, Christoph Heilmann, Christopher Newall und Julian Treuherz. 232 Seiten mit 140 Abb., 94 in Farbe. 24 x 30 cm. ISBN 3-7913-1244-8.
Leinen DM 98,–/ÖS 715,–/SFr 91,–
»Der aufwendig gestaltete Band besitzt den Charakter eines Handbuches.« *Süddeutsche Zeitung*

FERDINAND GEORG WALDMÜLLER

Von Klaus Albrecht Schröder. 256 Seiten mit 240 Abb., 146 in Farbe. 24 x 30 cm. ISBN 3-7913-1078-X.
Leinen DM 118,–/ÖS 861,–/SFr 110,–
»Diese Retrospektive befreit Waldmüller vom Ruch des biedermeierlichen Idyllenmalers.« *art*

ZEICHNUNGEN AUS DER TOSKANA

Das Zeitalter Michelangelos. Hrsg. von Ernst-Gerhard Güse und Alexander Perrig.
312 Seiten mit 170 Abb., 100 in Farbe.
24,5 x 29,5 cm. ISBN 3-7913-1697-4.
Leinen DM 128,–/ÖS 934,–/SFr 119,–
Die Auswahl von Zeichnungen spiegelt eindrucksvoll den künstlerischen Glanz der Toskana wider.

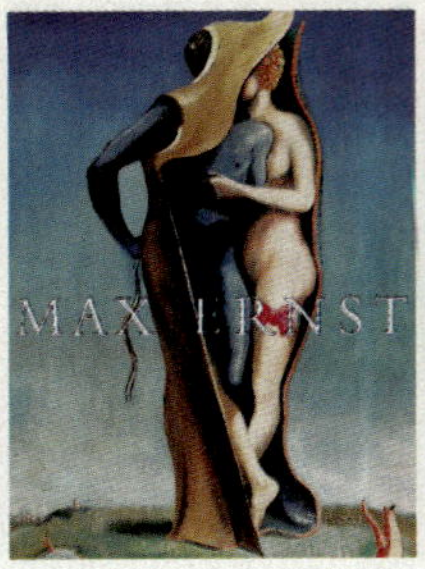

FRANCIS BACON

Von Wieland Schmied. 200 Seiten mit 272 Abb., 89 in Farbe. 24,5 x 31 cm. ISBN 3-7913-1637-0. Leinen DM 98,–/ÖS 715,–/SFr 91,–
Die verständliche und anschauliche Darstellung eines Œuvres von unvergleichlicher Kraft und Intensität, das unter die Haut geht. Die gültige Monographie über Bacon, einen der bedeutendsten und eigenwilligsten Maler unserer Zeit.

MAX BECKMANN

Retrospektive. Hrsg. von Carla Schulz-Hoffmann und Judith C. Weiss. 480 Seiten mit 563 Abb., 165 in Farbe. 22,5 x 30cm. ISBN 3-7913-0607-3. Leinen DM 118,-/ÖS 861,–/SFr 110,-
»Die große Beckmann-Retrospektive: reich wie nie zuvor bietet dieses Lebenswerk sich als Panorama ohnegleichen dar.« *Der Spiegel*

FERNANDO BOTERO

Bilder, Zeichnungen, Skulpturen. Hrsg. von Werner Spies. 196 Seiten mit 161 Abb., 85 in Farbe. 22,5 x 28 cm. ISBN 3-7913-0774-6. Leinen DM 49,80/ÖS 364,–/SFr 47,80

LOVIS CORINTH

Hrsg. von Peter-Klaus Schuster, Christoph Vitali und Barbara Butts. 392 Seiten mit 380 Abb., 252 in Farbe. 24,5 x 30 cm. ISBN 3-7913-1645-1. Leinen DM 118,–/ÖS 861,–/SFr 110,–
»Das Lebenswerk des großen Lovis Corinth: diese Monographie von Prestel ist seine bisher umfangreichste Würdigung.« *Handelsblatt*

SALVADOR DALÍ DAS DRUCKGRAPHISCHE WERK

Hrsg. von Ralf Michler und Lutz W. Löpsinger.
Band I: Œuvrekatalog der Radierungen und Mixed-Media-Graphiken 1924-1980. 272 Seiten mit 1070 Abb., 79 in Farbe. 24 x 30 cm. ISBN 3-7913-1285-5. Leinen DM 198,–/ÖS 1445,–/SFr 179,–
Band II: Œuvrekatalog der Lithographien und Holzstiche 1956-1980. 188 Seiten mit 693 Abb., 85 in Farbe. 24 x 30 cm. ISBN 3-7913-1492-0. Leinen DM 178,–/ÖS 1299,–/SFr 161,–
»Die Benutzung dieses zweibändigen Dalí-Katalogs, dem Unentbehrlichkeit zukommt, ist im Handel und Auktionswesen, bei Sammlern und Verlegern dringend anzuraten.« *Die Weltkunst*

DEUTSCHE KUNST IM 20. JAHRHUNDERT

Malerei und Plastik 1905-1985. Hrsg. von Christos M. Joachimides, Norman Rosenthal und Wieland Schmied. 504 Seiten mit 629 Abb., 336 in Farbe. 22,5 x 30 cm. ISBN 3-7913-1462-9. Paperback DM 49,80,–/ÖS 364,–/SFr 47,80

DEEP STORAGE

Arsenale der Erinnerung. Hrsg. von Ingrid Schaffner und Matthias Winzen. 304 Seiten mit 400 Abb., 154 in Farbe. 21 x 30 cm. ISBN 3-7913-1847-0. Leinen DM 98,–/ÖS 715,–/SFr 91,–
Die spannende Publikation belegt die Bedeutung des Sammelns, Speicherns und Archivierens als künstlerische Strategie der Gegenwart. Werke von 50 internationalen Künstlern dreier Generationen.

MAX ERNST

Hrsg. von Werner Spies. 388 Seiten mit 444 Abb., 250 in Farbe. 24 x 30 cm. ISBN 3-7913-1122-0. Leinen DM 128,–/ÖS 934,–/SFr 119,–
»Die umfassende Werkübersicht dokumentiert eindrucksvoll sämtliche Werkphasen dieses Zauberers der kaum spürbaren Verrückungen.« *art*

EXIL: FLUCHT UND EMIGRATION EUROPÄISCHER KÜNSTLER 1933-45

Hrsg. von Stephanie Barron. 432 Seiten mit 393 Abb., 123 in Farbe. 24,5 x 30 cm. ISBN 3-7913-1837-3. Leinen DM 128,–/ÖS 934,–/SFr 119,–

FONDATION BEYELER

364 Seiten mit 224 Abb., 181 in Farbe. 24,5 x 31 cm. ISBN 3-7913-1885-3. Leinen DM 98,–/ÖS 715,–/SFr 91,–
Die singuläre Sammlung Beyeler hat in einem großartigen Museumsbau von Renzo Piano in der Nähe von Basel ihre adäquate Heimat gefunden.

ALBERTO GIACOMETTI

Skulpturen, Gemälde, Zeichnungen. Hrsg. von Angela Schneider. 224 Seiten mit 216 Abb., 31 in Farbe und 114 in Duoton. 24 x 30 cm. ISBN 3-7913-1335-5. Leinen DM 98,–/ÖS 715,–/SFr 91,–
»Nicht nur die Kunst, auch der Mensch wird vorgestellt in Beiträgen renommierter Autoren.« *art*

KEITH HARING

Hrsg. von Germano Celant. 210 Seiten mit 227 Abb., 179 in Farbe. 24 x 30 cm. ISBN 3-7913-1363-0. Paperback DM 39,80/ÖS 291,–/SFr 38,80
»Eine Haring-Anthologie mit einem fast filmischen Querschnitt durch ein Werk von atemberaubender Sicherheit und pulsierender Vitalität.« *FAZ*

DAVID HOCKNEY

Gemälde. Von Paul Melia und Ulrich Luckhardt. 200 Seiten mit 190 Abb., 74 in Farbe. 24 x 31 cm. ISBN 3-7913-1388-6. Leinen DM 98,–/ÖS 715,–/SFr 91,–
»Das differenzierte Bild eines vielseitigen Malers, der sich kontinuierlich entwickelt hat.« *Die Welt*

HORST JANSSEN

Zeichnungen. Hrsg. von Walter Koschatzky. 192 Seiten mit 149 Abb., 77 in Farbe. 22,5 x 28 cm. ISBN 3-7913-1693-1. Gebunden DM 49,80/ÖS 364,–/SFr 47,80

JASPER JOHNS

Retrospektive. Hrsg. von Kirk Varnedoe. 408 Seiten mit 498 Abb., 278 in Farbe. 23 x 30,5 cm. ISBN 3-7913-1774-1. Leinen DM 128,–/ÖS 934,–/SFr 119,–

VOM KLANG DER BILDER

Die Musik in der Kunst des 20. Jahrhunderts. Hrsg von Karin v. Maur. 488 Seiten mit 821 Abb., 223 in Farbe. 22,5 x 30 cm. ISBN 3-7913-0727-4. Leinen DM 98,–/ÖS 715,–/SFr 91,–
»Dieser Überblick ist gigantisch! Eine unerschöpfliche Fundgrube weit über die engen Grenzen von Musik und Malerei hinaus.« *FAZ*

KLANGKUNST

Hrsg. von der Akademie der Künste, Berlin. 304 Seiten mit 322 Abb., 18 in Farbe. 25 x 30 cm. ISBN 3-7913-1699-0. Gebunden mit einer CD DM 98,–/ÖS 715,–/SFr 91,–
Das Abenteuer einer faszinierenden Grenzerfahrung: Kunst und Musik – zum Sehen und Hören. Das längst fällige Nachschlagewerk zu diesem Thema für Kunst- und Musikinteressierte.

PAUL KLEE

Die Zeit der Reife. Hrsg. von Manfred Fath. 184 Seiten mit 166 Abb., 121 in Farbe. 24 x 28 cm. ISBN 3-7913-1638-9. Leinen DM 98,–/ÖS 715,–/SFr 91,–.
»Hier ist die einmalige Möglichkeit, Arbeiten zu sehen, die Paul Klee seit 1919 zurückgehalten und für seinen Nachlaß bestimmt hatte.« *SZ*

OSKAR KOKOSCHKA

Hrsg. von Klaus Albrecht Schröder und Johann Winkler. 230 Seiten mit 189 Abb., 103 in Farbe. 24 x 30 cm. ISBN 3-7913-1123-9. Leinen DM 98,–/ÖS 715,–/SFr 91,-,–
»Ein sehr übersichtlicher und ausgewogener Kunstband, der das malerische Werk in einer qualitätsbewußten Auswahl darstellt.« *FAZ*

KUNST!

Das 20. Jahrhundert. Hrsg. von Jürgen Tesch und Eckhard Hollmann. 216 Seiten mit 300 Abb., 202 in Farbe. 24 x 30 cm. ISBN 3-7913-1834-9. Gebunden DM 49,80/ÖS 364,–/SFr 47,80

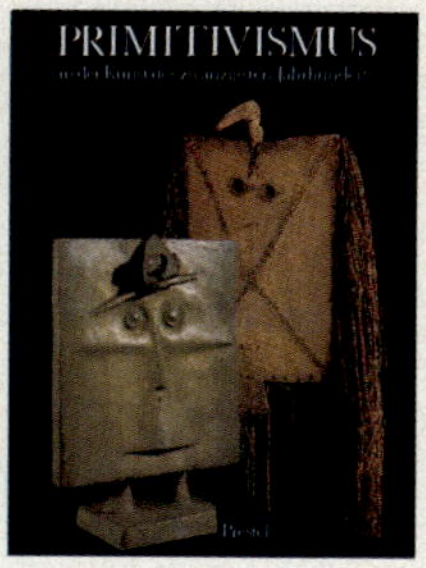

100 Schlüsselwerke der Kunst dieses Jahrhunderts. Ein unverzichtbarer Band für alle, die sich für die moderne Kunst begeistern. Zugleich ein ideales Geschenkbuch zur Einführung in die Kunst des 20. Jahrhunderts.

KUNST DER GEGENWART

Museum für Neue Kunst, ZKM – Zentrum für Kunst und Medientechnologie Karlsruhe. Von Heinrich Klotz. 340 Seiten mit 427 Abb., 390 in Farbe.
24 x 30 cm. ISBN 3-7913-1835-7.
Leinen DM 98,–/ÖS 715,–/SFr 91,–

MAX LIEBERMANN

Gartenparadies am Wannsee. Von Anna Teut.
112 Seiten mit 104 Abb., 73 in Farbe.
25 x 28 cm. ISBN 3-7913-1784-9.
Leinen DM 68,–/ÖS 496,–/SFr 64,–
Eine Auswahl aus dem einzigartigen Werkkomplex der in Liebermanns Berliner Haus entstandenen, meisterhaften Gartenbilder dieses Wegbereiters des deutschen Impressionismus.

RICHARD LINDNER

Gemälde und Aquarelle 1948-1977. Von Judith Zilczer. 172 Seiten mit 121 Abb., 73 in Farbe.
24 x 30 cm. ISBN 3-7913-1772-5.
Leinen DM 98,–/ÖS 715,–/SFr 91,–

AUGUST MACKE
DIE TUNISREISE

Von Magdalena M. Moeller. 128 Seiten mit 32 Farbtafeln und 83 einfarbigen Abb. sowie 52 Photographien von August Macke.
23 x 30 cm. ISBN 3-7913-0990-0.
Bütten DM 58,–/ÖS 423,–/SFr 55,–
»Hier ist Mackes berühmte ›Tunisreise‹ zu einem Fest fürs Auge geworden. Ein Buch für Kunstgenießer und Kenner.« *Der Tagesspiegel*

RENÉ MAGRITTE

264 Seiten mit 272 Abb., 163 in Farbe.
24 x 30 cm. ISBN 3-7913-1747-4.
Leinen DM 98,–/ÖS 715,–/SFr 91,–
Das Buch öffnet den Zugang zum vielschichtigen, rätselhaften Werk des großen belgischen Malers.

ARISTIDE MAILLOL

Hrsg. von Ursel Berger und Jörg Zutter.
232 Seiten mit 265 Abb., 57 in Farbe.
24 x 28 cm. ISBN 3-7913-1641-9.
Leinen DM 98,–/ÖS 715,–/SFr 91,–
»Ein exzellenter Katalog, der mit vielen neuen Forschungsergebnissen aufwartet.« *FAZ*

MANET BIS VAN GOGH

Hugo von Tschudi und der Kampf um die Moderne. Hrsg. von Johann Georg Prinz von Hohenzollern und Peter-Klaus Schuster.
464 Seiten mit 512 Abb., 170 in Farbe.
24 x 30 cm. ISBN 3-7913-1748-2.
Leinen DM 138,–/ÖS 1007,–/SFr 128,–
»Dieses Katalogbuch ist ein Prachtstück.« *art*

FRANZ MARC

Von Mark Rosenthal. 160 Seiten mit 94 Abb., 71 in Farbe. 24 x 29 cm. ISBN 3-7913-1215-4.
Leinen DM 78,–/ÖS 569,–/SFr 73,–
»Die Monographie des amerikanischen Experten gibt einen repräsentativen Querschnitt durch das Werk von Marc.« *Bayerischer Rundfunk*

FRANZ MARC
ELSE LASKER-SCHÜLER

»Der Blaue Reiter präsentiert Eurer Hoheit sein Blaues Pferd.« Karten und Briefe. Hrsg. von Peter-Klaus Schuster. 168 Seiten, 43 Farbtafeln und 74 Abb. 16 x 24 cm. ISBN 3-7913-0825-4.
Gebunden DM 39,80/ÖS 291,–/SFr 38,80
»Ein schönes und exzellent gedrucktes Dokument einer legendären Künstlerfreundschaft.« *FAZ*

HENRI MATISSE

Zeichnungen und Skulpturen. Hrsg. von Ernst-Gerhard Güse. 256 Seiten mit 108 Abb., 98 in Duoton. 23,5 x 31,5 cm. ISBN 3-7913-1124-7.
Leinen DM 98,–/ÖS 715,–/SFr 91,–
»Diese Blätter zu entschlüsseln ist ein ebenso sinnliches wie intellektuelles Vergnügen.« *FAZ*

MEDIEN – KUNST – GESCHICHTE

Museum für Neue Kunst, ZKM – Zentrum für Kunst und Medientechnologie Karlsruhe.
Hrsg. von Hans-Peter Schwarz. 192 Seiten mit 232 Abb., 72 in Farbe und einer CD-ROM.
24 x 30 cm. ISBN 3-7913-1836-5.
Leinen DM 98,–/ÖS 715,–/SFr 91,–
Inspiriert vom elektronischen Impuls der Zeit entfaltet sich ihre schöpferische Phantasie: Medienkunst ist die adäquate kreative Ausdrucksform unserer über Computer vernetzten Gesellschaft. Das Medienmuseum präsentiert die spektakulärsten Werke der internationalen Avantgarde.

CLAUDE MONET

Von Stephan Koja. 224 Seiten mit 239 Abb., 126 in Farbe. 24 x 30 cm. ISBN 3-7913-1643-5.
Leinen DM 98,–/ÖS 715,–/SFr 91,–
»Ein vorzüglicher Katalog, der einen breiten Querschnitt durch Monets Œuvre präsentiert.« *Focus*

HENRY MOORE

Ursprung und Vollendung. Hrsg. von Manfred Fath. 200 Seiten mit 189 Abb., 78 in Farbe.
24,5 x 30 cm. ISBN 3-7913-1662-1.
DM 98,–/ÖS 715,–/SFr 91,–

PERFORMANCE – RITUAL – PROZESS

Handbuch der Aktionskunst in Europa.
Von Elisabeth Jappe. 220 Seiten mit 173 Abb., 36 in Farbe. 19,5 x 27,2 cm. ISBN 3-7913-1300-2.
Gebunden DM 78,–/ÖS 569,–/SFr 73,–
»Ein umfassendes Kompendium zum Thema Performance. Von der besten Expertin erfährt auch der Neuling ganz konkret, was sich abgespielt hat in diesem neuen Medium.« *art*

PICASSOS WELT DER KINDER

Hrsg. von Werner Spies. 256 Seiten mit 270 Abb., 127 in Farbe. 24 x 30 cm. ISBN 3-7913-1491-2.
Leinen DM 78,–/ÖS 569,–/SFr 73,–
»Werner Spies, der wohl gründlichste Kenner von Picassos Werk, hat aus dem Thema Kinderbilder ein Buch gemacht, das nicht nur vom Sujet her attraktiv und zum Publikumserfolg prädestiniert ist, sondern auch Entdeckungen offeriert, die kaum mehr möglich schienen.« *Die Zeit*

PRIMITIVISMUS IN DER KUNST
DES ZWANZIGSTEN JAHRHUNDERTS

Hrsg. von William Rubin. 742 Seiten mit 1056 Abb., 369 in Farbe.
22,5 x 30 cm. ISBN 3-7913-1716-4.
Paperback DM 128,–/ÖS 934,–/SFr 119,–
»Eine umfangreiche, blendend illustrierte Publikation, auf die niemand verzichten kann, der sich mit der Kunst unseres Zeit beschäftigt.« *FAZ*

NIKI DE SAINT PHALLE

Bilder, Figuren, Phantastische Gärten. Hrsg. von Carla Schulz-Hoffmann. 160 Seiten mit 181 Abb., 66 in Farbe. 22,5 x 28 cm. ISBN 3-7913-1820-9.
Gebunden DM 39,80/ÖS 291,–/SFr 38,80
»Ein herausragendes Werk, dessen bunte Naivität und eruptive Phantastik uns in diesem Band weit mehr beschert als ein ›Kunsterlebnis‹.« *DU*

JEAN TINGUELY

Biographie und Werk. Von Heidi E. Violand-Hobi.
180 Seiten mit 170 Abb., 67 in Farbe.
24 x 31 cm. ISBN 3-7913-1473-4.
Gebunden DM 78,–/ÖS 569,–/SFr 73,–
»Im Maschinenzauber: die ausführliche Monographie ist dem 1991 verstorbenen großen Schweizer Künstler gewidmet.« *Neue Zürcher Zeitung*

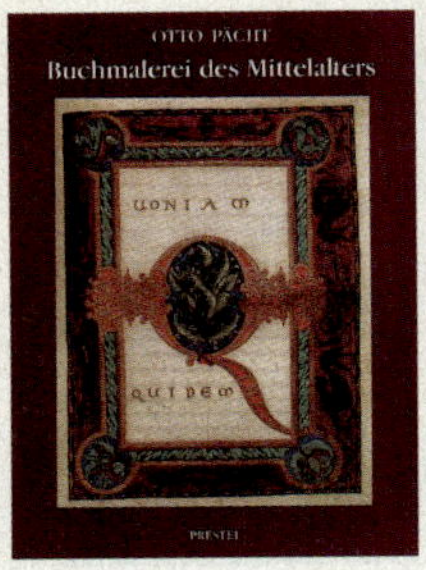

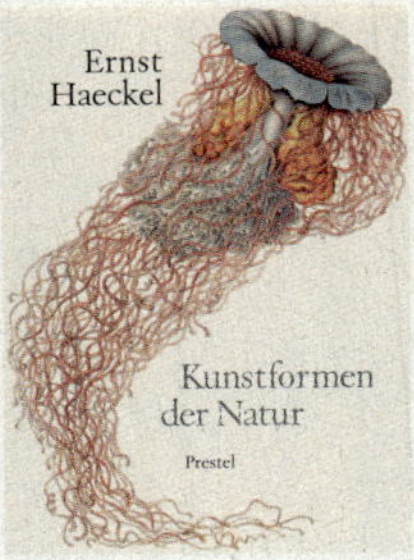

DAS MITTELALTERLICHE HAUSBUCH

Limitierte Faksimile-Ausgabe mit Kommentarband in 750 numerierten Exemplaren.
Hrsg. von Christoph Graf zu Waldburg Wolfegg.
19,7 x 29,9 cm.
Faksimileband: 130 fünffarbig faksimilierte Seiten. Ganzledereinband mit Goldprägung.
Kommentarband: zweisprachig Deutsch und Englisch. 236 Seiten mit 48 einfarbigen Abb. Halbledereinband. ISBN 3-7913-1838-1.
Beide Bände im Schmuckschuber
DM 2.980,–/ÖS 21.754,–/SFr 2980,–
Das erste farbige Faksimile des ›Mittelalterlichen Hausbuchs‹: eine besondere Kostbarkeit für alle Sammler und Liebhaber der Buchmalerei. Dieses Hauptwerk mittelalterlicher Zeichenkunst bietet ein lebendiges Zeugnis vom Leben und Gedankengut der Welt vor 500 Jahren.

VENUS UND MARS

Das Mittelalterliche Hausbuch aus der Sammlung der Fürsten zu Waldburg Wolfegg.
Von Christoph Graf zu Waldburg Wolfegg.
116 Seiten mit 80, z.T. doppelseitigen Abbildungen, 32 in Farbe. 20 x 30 cm cm. ISBN 3-7913-1839-X. Leinen DM 78,–/ÖS 569,–/SFr 73,–
Das Begleitbuch zur Ausstellung des ›Mittelalterlichen Hausbuchs‹ macht diese weltberühmte Handschrift in seinem ganzen Zauber erstmals einem breiten Publikum zugänglich.

BUCHMALEREI DES MITTELALTERS

Eine Einführung. Von Otto Pächt. Hrsg. von Dagmar Thoss und Ulrike Jenni. 224 Seiten mit 32 Tafeln in Farbe und Gold und 210 einfarbigen Abb. 20,3 x 28 cm. ISBN 3-7913-0668-5.
Leinen DM 98,–/ÖS 715,–/SFr 91,–
»Wer diesen Band aufmerksam gelesen hat, der dürfte sich ein Rüstzeug erworben haben, Werken der mittelalterlichen Buchmalerei mit vertieftem Verständnis zu begegnen.« *FAZ*

THE PAINTED PAGE

Italian Renaissance Book Illumination 1450–1550.
Englische Originalausgabe.
280 Seiten mit 215 Abb., 198 in Farbe.
24 x 30 cm. ISBN 3-7913-1385-1.
Leinen DM 148,–/ÖS 1080,–/SFr 137,–
»Ein herrlicher Querschnitt durch die italienische Buchmalerei der Renaissance.« *Illustration 63*

REGENSBURGER BUCHMALEREI

Von frühkarolingischer Zeit bis zum Ausgang des Mittelalters. 320 Seiten mit 180 Tafeln, 80 in Farbe. 21 x 28 cm. ISBN 3-7913-0802-5.
Leinen DM 118,–/ÖS 861,–/SFr 110,–
»Ein mit vorzüglichen farbigen Reproduktionen versehener einführender Band.« *SZ*

**ERNST HAECKEL
KUNSTFORMEN DER NATUR**

Vollständiger Nachdruck aller Tafeln in Faksimile und die kompletten Texte von Ernst Haeckel. Mit Beiträgen von Olaf Breidbach, Irenäus Eibl-Eibesfeldt und Richard P. Hartmann.
280 Seiten mit 100 Tafeln, 44 Vergleichsabbildungen und vier faksimilierten beiliegenden Blättern. 24 x 31,5 cm. ISBN 3-7913-1979-5.
Subskriptionspreis Leinen
DM 198,–/ÖS 1445,–/SFr 179,–
Ab 1.1.1999 DM 248,-/ÖS 1810,-/SFr 224,-
Sonderausgabe: 144 Seiten mit 100 Farbtafeln und 24 einfarbigen Abb. ISBN 3-7913-1978-7.
Paperback.DM 38,80/ÖS 291,-/SFr 38,80
In den ›Kunstformen der Natur‹ verbinden sich auf geniale Weise die wissenschaftlichen Erkenntnisse des Naturwissenschaftlers Ernst Haeckel mit seiner außerordentlichen künstlerischen Begabung.
Die vielfältigen Kunstformen aus der Natur sind von Haeckel mit äußerster Delikatesse gezeichnet und lithographiert. Die aufwendige große Neuausgabe des grandiosen Werks, das bis heute ein Geheimtip geblieben ist, erfolgt in Faksimile.

**JACOPO BELLINI
DER ZEICHNUNGSBAND DES LOUVRE**

Hrsg. von Bernhard Degenhart und Annegrit Schmitt. 200 Seiten mit 119 Farbtafeln.
26,8 x 39 cm. ISBN 3-7913-0669-3.
Leinen im Schuber DM 298,–/ÖS 2175,–/SFr 269,–

GOETHE – FAUST (Zweiter Teil)
ZEICHNUNGEN: MAX BECKMANN

Text in Handsatz aus der Weiß-Antiqua, 143 faksimilierte Federzeichnungen von Max Beckmann. 412 Seiten. 24 x 29 cm. ISBN 3-7913-0328-7.
Leinen DM 198,–/ÖS 1445,–/SFr 179,–

**DAS GEBETBUCH
KAISER MAXIMILIANS**

Mit Randzeichnungen von Albrecht Dürer und Lucas Cranach d. Älteren. Der Münchner Teil in rekonstruierter Wiedergabe. Einführung von Hinrich Sieveking. 168 Seiten mit 124 zwölffarbigen Tafeln. 21 x 32 cm. ISBN 3-7913-0823-8.
Samtband mit Goldprägung im Schmuckschuber DM 148,–/ÖS 1080,–/SFr 137,–

DAS LORSCHER EVANGELIAR

Faksimilie der karolingischen Handschrift. Hrsg. von Wolfgang Braunfels. 473 ganzseitige, randlose Reproduktionen, 54 in sechsfarbigem Buchdruck mit Silber und Gold. 26,8 x 36,8 cm.
ISBN 3-7913-0110-1. Halbpergament
in Kassette DM 840,–/ÖS 6132,–/SFr 756,–

DAS WITTELSBACHER ALBUM

Hrsg. von Hans Ottomeyer. Bibliophile Ausgabe von 700 numerierten Exemplaren. 160 Seiten. 40 x 30 cm. ISBN 3-7913-0475-5.
Seideneinband mit Echtgoldprägung im Schmuckschuber DM 840,–/ÖS 6132,–/SFr 756,–

**DIE REISEN DES RITTERS
JOHN MANDEVILLE**

Achtundzwanzig kolorierte Silberstiftzeichnungen auf Pergament. Hrsg. und kommentiert von Josef Krása. 136 Seiten, 28 Faksimileseiten in Farbe und Gold. 17,6 x 22,5 cm. ISBN 3-7913-0606-5. Samt im Schmuckschuber DM 98,–/ÖS 715,–/SFr 91,–

**MUHAMMEDS WUNDERBARE
REISE DURCH HIMMEL UND HÖLLE**

Das Miradschname des Schah Ruch. Eine timuridische Handschrift des 15. Jahrhunderts. Einführung und Bildkommentare von Marie-Rose Séguy.
160 Seiten, die Miniaturen in Farbe und Gold. 20,5 x 29,5 cm. ISBN 3-7913-0412-7. Kunstleder mit Goldprägung DM 248,–/ÖS 1810,–/SFr 224,–

**HARTMANN SCHEDELS
WELTCHRONIK**

Das größte Buchunternehmen der Dürerzeit.
Von Elisabeth Rücker.
236 Seiten mit 158 einfarbigen, 37 doppelseitigen farbigen Stadtansichten sowie einer beiliegenden Mappe mit 6 farbig faksimilierten Ausfalttafeln.
24 x 32 cm. ISBN 3-7913-0877-7.
Leinen DM 198,–/ÖS 1445,–/SFr 179,–
»Pracht und Anspruch der mittelalterlichen Drucke spiegeln sich auch im Erscheinungsbild dieser Publikation: Ein aufwendig ausgestattetes, vorzüglich gedrucktes, sorgfältig gestaltetes, lesbares und allen wissenschaftlichen Ansprüchen gerecht werdendes Buch: Eine zentrale Veröffentlichung über ein Spitzenwerk der Buchkunst – selbst Buchkunst.« *Süddeutsche Zeitung*

**DIE TRÈS RICHES HEURES
DES JEAN DUC DE BERRY**

Im Musée Condé in Chantilly. Begleittext von J. Longnon und R. Cazelles. Vorwort von M. Meiss. 139 faksimilierte Seiten mit 65 ganzseitigen und 65 Textminiaturen in Farbe und Gold. 21 x 29 cm. ISBN 3-7913-0061-X. Leinen im Schmuckschuber DM 298,–/ÖS 2175,–/SFr 269,–
Sonderausgabe: 200 Seiten mit 131 Farbabb.
20,5 x 29 cm. ISBN 3-7913-1717-2.
Leinen DM 49,80/ÖS 364,–/SFr 47,80
»Ein Festbuch in Hinsicht auf die Malerei, die hier vorstellt wird, ist die Prestel-Edition der ›Très Riches Heures‹. Millard Meiss leitet die Ausgabe mit einem Vorwort ein, wie es nur ein souveräner Kenner schreiben kann.« *Neue Zürcher Zeitung*

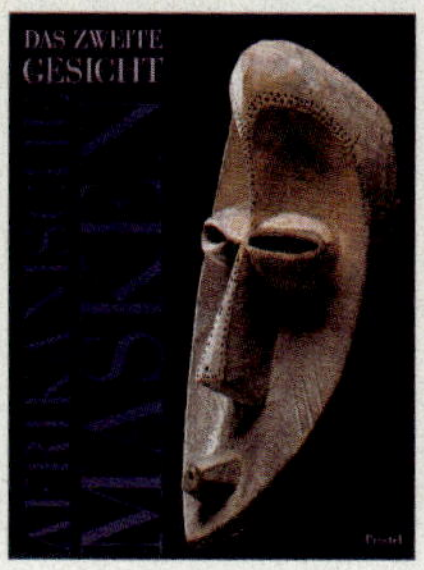

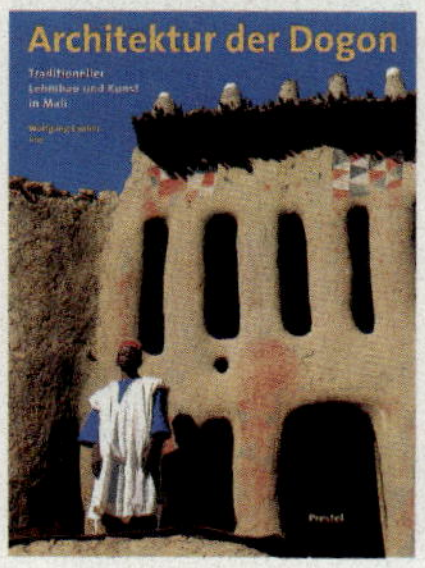

AFRIKA

Die Kunst eines Kontinents. Hrsg. von Tom Phillips. 620 Seiten mit 854 Abb., davon 801 in Farbe. 24,5 x 30 cm. ISBN 3-7913-1692-3.
Leinen DM 148,–/ÖS 1080,–/SFr 137,–
»Die Auswahl überzeugt durch die Ausstrahlung und formale Meisterschaft der Stücke, die in diesem prächtigen Band ausführlich kommentiert und sachkundig vorgestellt werden.« *Die Weltwoche*

AFRIKANISCHE KUNST

Hrsg. von Werner Schmalenbach. 320 Seiten mit 295 Abb., 71 in Farbe und 134 in Duoton. 22,5 x 30 cm. ISBN 3-7913-0848-3.
Leinen DM 118,–/ÖS 861,–/SFr 110,–
»Kompetent würdigt dieser mustergültige Band die hervorragenden und international bekannten Werke afrikanischer Kunst.« *Neue Zürcher Zeitung*

AFRIKANISCHE KUNST

Verborgene Schätze aus dem Museum Tervuren. Hrsg. von Gustaaf Verswijver, Els de Palmenaer, Viviane Baeke und Anne-Marie Boutiaux-Ndiaye. 200 Seiten mit 251 Abb., 126 in Farbe. 23 x 30 cm. ISBN 3-7913-2012-2.
Gebunden DM 98,–/ÖS 715,–/SFr 91,–
Erstmals wird eine Auswahl von 125 Meisterwerken aus dem immensen Bestand des Musée Royal de l'Afrique Centrale in Tervuren präsentiert: Spitzenstücke der Kunst aus Zentralafrika.

AFRIKANISCHE MASKEN

Das zweite Gesicht. Aus der Sammlung Barbier Müller. Von Ingrid Hahner-Herzog, Maria Kecskési und László Vajda. 288 Seiten mit 488 Abb.,100 in Farbe. 24 x 31 cm. ISBN 3-7913-1773-3.
Leinen DM 98,–/ÖS 715,–/SFr 91,–
»Viele der gezeigten Masken von außergewöhnlicher Qualität haben erlesene Stammbäume. Denn im Kosmos afrikanischer Kunst gibt es kaum ein edleres Etikett als ›Sammlung Barbier-Müller‹.« FAZ

AFRIKANISCHE SITZE

Hrsg. von Sandro Bocola. 200 Seiten mit 414 Abb., 123 in Farbe. 23 x 29,7 cm. ISBN 3-7913-1386-X.
Leinen DM 98,–/ÖS 715,–/SFr 91,–
»Bei dieser Auswahl afrikanischer Sitze steht die künstlerische Dimension im Vordergrund: die hohe Kunstfertigkeit, der Einfallsreichtum und die große Formenvielfalt.« *Stuttgarter Nachrichten*

AFRIKANISCHES GOLD

Schmuck, Insignien und Amulette aus Ghana, Mali, dem Senegal und von der Elfenbeinküste. Von Timothy F. Garrard. 248 Seiten mit 225 Abb., 196 in Farbe. 23,5 x 30 cm. ISBN 3-7913-0913-7.
Leinen DM 118,–/ÖS 861,–/SFr 110,–

BENIN

Kunst einer afrikanischen Königskultur. Von Armand Duchâteau. 136 Seiten mit 132 Abbildungen, 74 in Farbe. 24 x 30 cm. ISBN 3-7913-1448-3.
Leinen DM 78,–/ÖS 569,–/SFr 73,–
»Eine ausgewogene und informative Einführung in die Kunst einer ausgelöschten afrikanischen Königskultur.« *Foglio*

ARCHITEKTUR DER DOGON

Traditioneller Lehmbau und Kunst in Mali.
Hrsg. von Wolfgang Lauber.
Zweisprachige Ausgabe in Deutsch und Englisch.
176 Seiten mit 318 Abb., 113 in Farbe.
24,5 x 30 cm. ISBN 3-7913-1914-0.
Leinen DM 98,–/ÖS 715,–/SFr 91,–

DAS GEHEIMNIS DER MUMIEN

Ewiges Leben am Nil. Von Ranate Germer.
144 Seiten mit 150 Abb., 92 in Farbe.
24 x 30 cm. ISBN 3-7913-1782-2.
Gebunden DM 68,–/ÖS 496,–/SFr 64,–

ANIMALS IN AFRICAN ART

From the Familiar to the Marvelous. Von Allen F. Roberts. Katalog von Carol Thompson. Englische Originalausgabe. 192 Seiten mit 180 Abb., 150 in Farbe. 23 x 30 cm. ISBN 3-7913-1455-6.
Leinen DM 98,–/ÖS 715,–/SFr 91,–

AFRICA EXPLORES

20th Century African Art. Hrsg. von Susan Vogel. Engl. Originalausgabe. 300 Seiten mit 400 Abb., 228 in Farbe. 23 x 30 cm. ISBN 3-7913-1143-3.
Leinen DM 128,–/ÖS 934,–/SFr 119,–

CHOKWE

Art and Initiation among Chokwe and Related Peoples. Hrsg. von Manuel Jordán und Gary van Wyk. Englische Originalausgabe. 192 Seiten mit ca. 200 Abb., 100 in Farbe. 24 x 30 cm. ISBN 3-7913-1997-3. Leinen DM 98,–/ÖS 715,–/SFr 91,–

FACE OF THE GODS

Art and Altars of Africa and the African Americas. Von Robert Faris Thompson. Englische Originalausgabe. 336 Seiten mit 309 Abb., 282 in Farbe. 23 x 30 cm. ISBN 3-7913-1281-2.
Leinen DM 118,–/ÖS 861,–/SFr 110,–

SENEGAL BEHIND GLASS

Images of Religious and Daily Life.
Von Anne-Marie Bouttiaux-Ndiaye.
Englische Originalausgabe. 168 Seiten mit 181 Abb., 154 in Farbe. 24 x 30 cm. ISBN 3-7913-1424-6.
Leinen DM 108,–/ÖS 788,–/SFr 100,–

CHINESISCHE TUSCHMALEREI IM 20. JAHRHUNDERT

Herausgegeben von Heike Kotzenberg.
144 Seiten mit 200 Abbildungen, 79 in Farbe.
24,5 x 31 cm. ISBN 3-7913-1703-2.
Leinen DM 78,–/ÖS 569,–/SFr 73,–

DAS ALTE JAPAN

Spuren und Objekte der Siebold-Reisen.
Hrsg. von Peter Noever, MAK. 212 Seiten mit 259 Abb., 71 in Farbe. 21 x 28 cm. ISBN 3-7913-1850-0.
Gebunden DM 98,–/ÖS 715,–/SFr 91,–

MEISTERWERKE AUS CHINA, JAPAN UND KOREA

Aus dem Museum für Ostasiatische Kunst, Köln.
Hrsg. von Adele Schlombs.
296 Seiten mit 168 Abb., 163 in Farbe.
24,5 x 30 cm. ISBN 3-7913-1494-7.
Leinen DM 98,–/ÖS 715,–/SFr 91,–

HERBSTWIND IN DEN KIEFERN

Japanische Kunst der Sammlung Langen.
Hrsg. von Murase Miyeko.
256 Seiten mit 134 Farbabb.
24,5 x 31 cm. ISBN 3-7913-1494-7.
Leinen DM 98,–/ÖS 715,–/SFr 91,–

MEISTERWERKE DES JAPANISCHEN FARBHOLZSCHNITTS

Die Sammlung Otto Riese. Von Rose Hempel.
136 Seiten mit 182 Abb., 73 in Farbe.
24,5 x 30 cm. ISBN 3-7913-1846-2.
Leinen DM 98,–/ÖS 715,–/SFr 91,–

HIROSHIGE

Prints and Drawings. Von Matthi Forrer. Englische Originalausgabe. 256 Seiten mit 162 Abb., 142 in Farbe. 24,5 x 28 cm. ISBN 3-7913-1860-8.
Leinen DM 98,–/ÖS 715,–/SFr 91,–

HOKUSAI

Von Matthi Forrer. Englische Originalausgabe.
224 Seiten mit 154 Abb., 126 in Farbe.
23 x 26,5 cm. ISBN 3-7913-1131-X.
Leinen DM 98,–/ÖS 715,–/SFr 91,–
»Ein Muß für alle Hokusai-Freunde.« *SZ*

JAMES COOK

Gaben und Schätze aus der Südsee. Hrsg. von Brigitta Hauser-Schäublin und Gundolf Krüger. Zweisprachig Deutsch/Englisch. 24 x 30 cm. 352 Seiten mit 528 Abb., 51 in Farbe. ISBN 3-7913-1868-3.
Leinen DM 118,-/ÖS 861,–/SFr 110,–

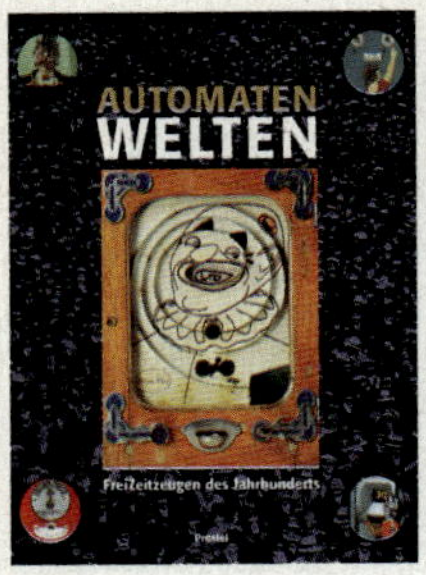

AUTOMATENWELTEN

FreiZeitzeugen des Jahrhunderts.
Hrsg. von Wilhelm Hornbostel und Nils Jockel.
160 Seiten mit 178 Abb., 72 in Farbe.
24,5 x 30 cm. ISBN 3-7913-2022-X.
Gebunden DM 78,–/ÖS 569,–/SFr 73,–
Wenn der Schlitz den Groschen schluckt: Die bunte und ideenreiche Welt der Automaten im 19. und 20. Jahrhundert. Eine amüsante, abwechslungsreiche Kulturgeschichte der besonderen Art.

KÄFER: DER ERFOLKSWAGEN

Nutzen, Alltag, Mythos. Hrsg. von Wilhelm Hornbostel. 144 Seiten mit 300 Abb., 165 in Farbe.
24,5 x 30 cm. ISBN 3-7913-1891-8.
Gebunden DM 58,–/ÖS 423,–/SFr 55,–
»Der üppig bebilderte Band schildert nicht nur die Geschichte des VW-Käfers und seiner Werbekampagnen. Ein schönes kulturhistorisches Grundlagenwerk.« *Abendzeitung/München*

ERWIN BRAUN 1921-1992

Mut zum Aufbrauch. Von Hans Wichmann.
292 Seiten mit 282 Abb., 32 in Farbe.
24 x 30 cm. ISBN 3-7913-2023-8.
Leinen DM 98,–/ÖS 715,–/SFr 91,–
Die Biographie eines großen Industriellen der Nachkriegszeit, der die Firma Braun weltweit zum Inbegriff von Qualität und gutem Design machte.

DESIGN HEUTE

Maßstäbe: Formgebung zwischen Industrie und Kunst-Stück. Hrsg. von Volker Fischer.
28 Seiten mit 759 Abb., 308 in Farbe.
22,5 x 30 cm. ISBN 3-7913-0854-8.
Leinen DM 98,–/ÖS 715,–/SFr 91,–

EIN STUHL MACHT GESCHICHTE

Von Werner Möller und Otakar Máčel.
128 Seiten mit 126 einfarbigen Abb.
22 x 28 cm. ISBN 3-7913-1192-1.
Pappband DM 78,–/ÖS 569,–/SFr 73,–

DAS KLASSENZIMMER

Schulmöbel im 20. Jahrhundert.
Hrsg. von Thomas Müller und Romana Schneider.
208 Seiten mit 531 Abb., 218 in Farbe.
24,5 x 30 cm. ISBN 3-7913-1890-X.
Leinen DM 98,–/ÖS 715,–/SFr 91,–

JUGENDSTILMÖBEL

Katalog der Möbelsammlung des Münchner Stadtmuseums. Von Hans Ottomeyer.
200 Seiten mit 291 Abb., 41 in Farbe.
22,5 x 26 cm. ISBN 3-7913-0855-6.
Leinen DM 178,–/ÖS 1299,–/SFr 161,–

MÖBEL DES NEOKLASSIZISMUS UND DER NEUEN SACHLICHKEIT

Katalog der Möbelsammlung des Münchner Stadtmuseums. Von Hans Ottomeyer und Alfred Ziffer.
236 Seiten mit 276 Abb., 51 in Farbe.
22,5 x 26 cm. ISBN 3-7913-1287-1.
Leinen DM 198,–/ÖS 1445,–/SFr 179,–

ZOPF- UND BIEDERMEIERMÖBEL

Katalog der Möbelsammlung des Münchner Stadtmuseums. Von Hans Ottomeyer. 240 Seiten mit 321 Abb., 57 in Farbe. 22,5 x 26 cm. ISBN 3-7913-1082-8.
Leinen DM 198,–/ÖS 1445,–/SFr 179,–

DIE MÖBEL DER RESIDENZ MÜNCHEN I: DIE FRANZÖSISCHEN MÖBEL DES 18. JAHRHUNDERTS

Hrsg. von Gerhard Hojer und Hans Ottomeyer.
328 Seiten mit 435 Abb., 114 in Farbe.
24 x 31 cm. ISBN 3-7913-1591-9.
Gebunden DM 228,–/ÖS 1664,–/SFr 206,–
»Der erste Band des dreibändigen Katalogwerks der Möbel der Residenz München ist historisch gründlich recherchiert, umfassend dokumentiert, technisch analysiert und endlich perfekt photographiert. In der langen Reihe der großen Bestandskataloge der Möbelsammlungen der Welt ist dieser die Krönung. Und außerdem auch eine Augenweide.« *FAZ*

DIE MÖBEL DER RESIDENZ MÜNCHEN II: DIE DEUTSCHEN MÖBEL DES 16. BIS 18. JAHRHUNDERTS

Hrsg. von Gerhard Hojer und Hans Ottomeyer.
312 Seiten mit 496 Abb., 137 in Farbe.
24 x 31 cm. ISBN 3-7913-1596-X.
Gebunden DM 228,–/ÖS 1664,–/SFr 206,–

DIE MÖBEL DER RESIDENZ MÜNCHEN III: MÖBEL DES EMPIRE, BIEDERMEIER UND SPÄTKLASSIZISMUS

Hrsg. von Gerhard Hojer und Hans Ottomeyer.
320 Seiten mit 532 Abb., 127 in Farbe.
24 x 31 cm. ISBN 3-7913-1842-X.
Gebunden DM 228,–/ÖS 1664,–/SFr 206,–

DIE HÜTE DER ADELE LIST

Von Gerda Buxbaum. 168 Seiten mit 202 Abb., 71 in Farbe. 24 x 31 cm. ISBN 3-7913-1442-4.
Leinen DM 78,–/ÖS 569,–/SFr 73,–
»Die Hüte der legendären Wiener Hutmacherin Adele List werden hier präsentiert wie Kunstwerke und sie sind es auch: kleine Plastiken.« *Die Zeit*

LEXIKON ANTIQUITÄTEN UND KUNSTHANDWERK

Von Hugh Honour und John Fleming.
687 Seiten mit über 4000 Stichworten und 1000 einfarbigen Abb. 19,5 x 26,5 cm. ISBN 3-7913-0677-4. Leinen DM 98,– /ÖS 715,– /SFr 91,–

GLASKUNST

Reflex der Jahrhunderte. Glasmuseum Hentrich des Kunstmuseums Düsseldorf im Ehrenhof.
Von Helmut Ricke. 384 Seiten mit 584 Abb., 351 in Farbe. 22,5 x 27,5 cm. ISBN 3-7913-1592-7.
Gebunden DM 148,–/ÖS 1080,–/SFr 137,–

ITALIENISCHES GLAS 1930–1970

Spitzenstücke aus Murano und Mailand. Die Sammlung der Steinberg Foundation. Hrsg. von Helmut Ricke und Eva Schmitt. 352 Seiten mit 324 Abb., 235 in Farbe. 24 x 30 cm. ISBN 3-7913-1709-1.
Leinen DM 128,–/ÖS 934,–/SFr 119,–

GLAS DES ART NOUVEAU

Die Sammlung Gerda Koepff. Hrsg. von Helmut Ricke und Eva Schmitt. 336 Seiten mit 627 Abb., 202 in Farbe. 24 x 30 cm. ISBN 3-7913-1923-X.
Gebunden DM 98,– /ÖS 715,– /SFr 91,–

HANDBUCH DES EUROPÄISCHEN PORZELLANS

Von Ludwig Danckert. 980 Seiten mit über 3200 Stichworten und 5800 Marken.
12,5 x 21 cm. ISBN 3-7913-1173-5.
Kunstleder DM 178,–/ÖS 1299,–/SFr 161,–
»Das Standardwerk und unentbehrliche Handbuch für alle Porzellanliebhaber und -sammler.« *SZ*

ORNAMENT UND DEKORATION

Vorlagenwerke des 19. und 20. Jahrhunderts. Von Dietrich Schneider-Henn. 176 Seiten mit 572 Abb., 44 in Farbe. 20 x 26 cm. ISBN 3-7913-1788-1.
Leinen DM 78,–/ÖS 569,–/SFr 73,–

GLANZSTÜCKE

Modeschmuck vom Jugendstil bis zur Gegenwart.
Hrsg. von Deanna Farneti Cera.
408 Seiten mit 768 Abb., 648 in Farbe.
25,5 x 28,5 cm. ISBN 3-7913-1176-X.
Leinen DM 128,–/ÖS 934,–/SFr 119,–

FILM UND MODE – MODE IM FILM

Hrsg. von Regine und Peter W. Engelmeier.
252 Seiten mit 379 einfarbigen Abb. 21 x 29,7 cm.
Sonderausgabe: ISBN 3-7913-2042-4.
Paperback DM 39,80/ÖS 291,–/SFr 38,80
»Die intime Verbindung zwischen Mode und Kino wird in einem hervorragenden Bildteil und kenntnisreichen Texten glänzend dokumentiert.« *FAZ*

ARCHITEKTUR!

Das 20. Jahrhundert. Hrsg. von Sabine Thiel-Siling. 192 Seiten mit 522 Abb., 307 in Farbe. 24 x 30 cm. ISBN 3-7913-2013-0. Gebunden DM 49,80/ÖS 364,–/SFr 47,80
Meisterwerke der Baukunst des 20. Jahrhunderts: für Einsteiger und Fortgeschrittene in der Architektur und zugleich ein Buch zum Schwelgen.

ARCHITEKTUR IM 20. JAHRHUNDERT: ÖSTERREICH

Von Otto Wagner bis Coop Himmelblau. Hrsg. von Wilfried Wang, Dietmar Steiner und Annette Becker. 352 Seiten mit 889 Abbildungen, 180 in Farbe. 23 x 32 cm. ISBN 3-7913-1613-3. Leinen DM 128,–/ÖS 934,–/SFr 119,–

ARCHITEKTUR IM 20. JAHRHUNDERT: IRLAND

Hrsg. von Annette Becker, John Olley und Wilfried Wang. 200 Seiten mit 539 Abbildungen, 176 in Farbe. 23 x 32 cm. ISBN 3-7913-1706-7. Leinen DM 128,-/ÖS 934,-/SFr 119,-

ARCHITEKTUR IM 20. JAHRHUNDERT: PORTUGAL

Hrsg. von Annette Becker, Anna Tostoes und Wilfried Wang. 352 Seiten mit 900 Abbildungen, 150 in Farbe. 23 x 32 cm. ISBN 3-7913-1910-8. Leinen DM 148,-/ÖS 1080,-/SFr 137,-

ARCHITEKTUR IM 20. JAHRHUNDERT: SCHWEDEN

Hrsg. von Claes Caldenby, Jöran Lindvall und Wilfried Wang. 400 Seiten mit 895 Abbildungen, 295 in Farbe. 23 x 32 cm. ISBN 3-7913-1927-2. Leinen DM 148,-/ÖS 1080,-/SFr 137,-

ARCHITEKTUR IN DEUTSCHLAND 1919–1939

Die Vielfalt der Moderne. Hrsg. von John Zukowsky. 256 Seiten mit 562 Abb. 23 x 30 cm. ISBN 3-7913-1339-8. Leinen DM 98,–/ÖS 715,–/SFr 91,–

ARCHITEKTURMODELLE DER RENAISSANCE

Die Harmonie des Bauens von Alberti bis Michelangelo. Hrsg. von Bernd Evers. 416 Seiten mit 325 Abb., 26 in Farbe. 23,5 x 30 cm. ISBN 3-7913-1396-7. Leinen DM 128,–/ÖS 934,–/SFr 119,–

ARCHITEKTURPHANTASIEN

Von Babylon bis zur virtuellen Architektur. Von Christian W. Thomsen. 192 Seiten mit 280 Abb., 154 in Farbe. 24 x 30 cm. ISBN 3-7913-1397-5. Leinen DM 98,–/ÖS 715,–/SFr 91,–

DIE ARCHITEKTURZEICHNUNG

Vom barocken Idealplan zur Axonometrie. Hrsg. von Winfried Nerdinger. 212 Seiten mit 159 Abb., 95 in Farbe, 45 in Duoton. 22,5 x 28 cm. ISBN 3-7913-0721-5. Bütten DM 98,–/ÖS 715,–/SFr 91,–

ARCHITEKTUR DER DOGON

Traditioneller Lehmbau und Kunst in Mali. Hrsg. von Wolfgang Lauber. Zweisprachige Ausgabe in Deutsch und Englisch. 176 Seiten mit 318 Abb., 113 in Farbe. 24 x 30 cm. ISBN 3-7913-1914-0. Leinen DM 98,-/ÖS 715,-/SFr 91,-

BAUEN FÜR DIE SINNE

Gefühl, Erotik und Sexualität in der Architektur. Von Christian W. Thomsen. 184 Seiten mit 302 Abb., 205 in Farbe. 24 x 30 cm. ISBN 3-7913-1707-5. Gebunden DM 98,-/ÖS 715,-/SFr 91,-

CASTEL DEL MONTE

Gestalt und Symbol der Architektur Friedrichs II. Von Heinz Götze. 200 Seiten mit 257 Abb., 38 in Farbe. 22 x 28 cm. ISBN 3-7913-1130-1. Leinen DM 98,–/ÖS 715,–/SFr 91,–

EUROPÄISCHE ARCHITEKTUR

Von Nikolaus Pevsner. 480 Seiten mit ca. 500 einfarbigen Abb. 16,5 x 23,5 cm. ISBN 3-7913-1376-2. Paperback DM 49,80/ÖS 364,–/SFr 47,80

FILM ARCHITEKTUR

Von Metropolis bis Blade Runner. Hrsg. von Dietrich Neumann. 208 Seiten mit 219 Abb., 75 in Farbe. 24 x 30 cm. ISBN 3-7913-1656-7. Gebunden DM 98,–/ÖS 715,–/SFr 91,–

GESCHICHTE DER ARCHITEKTUR

Von der Urhütte zum Wolkenkratzer. Von Heinrich Klotz. 264 Seiten mit 239 einfarbigen Abb. 16,5 x 23,5 cm. ISBN 3-7913-1487-4. Paperback DM 39,80/ÖS 291,–/SFr 38,80

DAS GLASHAUS

Ein Bautypus des 19. Jahrhunderts. Von Georg Kohlmaier und Barna von Sartory. 756 Seiten mit 745 einfarbigen Abb. 19 x 24 cm. ISBN 3-7913-1661-3. Paperback DM 98,–/ÖS 715,–/SFr 91,–

HALLE 13

Expo-Halle. Expo 2000 GmbH. Hrsg. von Peter Ackermann. Zweisprachige Ausgabe in Deutsch und Englisch. 64 Seiten mit ca. 100 Abb., 80 in Farbe. 24 x 31 cm. ISBN 3-7913-2018-1. Paperback DM 48,–/ÖS 350,–/SFr 46,–

HONG KONG ARCHITEKTUR

Die Ästhetik der Dichte. Hrsg. von Vittorio Magnago Lampugnani. 160 Seiten mit 209 Abb., 92 in Farbe. 23 x 30 cm. ISBN 3-7913-1298-7. Leinen DM 98,–/ÖS 715,–/SFr 91,–

DANIEL LIBESKIND

Radix – Matrix. Architekturen und Schriften. Hrsg. von Alois Martin Müller, Museum für Gestaltung Zürich. 192 Seiten mit ca. 250 Abb., 35 in Farbe. 23 x 30 cm, ISBN 3-7913-1341-X. Bütten DM 98,–/ÖS 715,–/SFr 91,–
Erweiterte englische Ausgabe: ISBN 3-7913-1727-X

NIEDERLÄNDISCHE ARCHITEKTUR DES 20. JAHRHUNDERTS

Von Hans Ibelings. 192 Seiten mit 218 Abb., 108 in Farbe. 22 x 28 cm. ISBN 3-7913-1599-4. Paperback DM 78,–/ÖS 569,–/SFr 73,–

PARIS

Architektur der Gegenwart. Von Andrea Gleiniger, Gerhard Matzig und Sebastian Redecke. 168 Seiten mit 262 Abb., 131 in Farbe. 23 x 30 cm. ISBN 3-7913-1655-7. Leinen DM 78,-/ÖS 569,-/SFr 73,-

PASSAGEN

Ein Bautyp des 19. Jahrhunderts. Von Johann Friedrich Geist. 560 Seiten mit 265 einfarbigen Abb., Katalog von 298 Passagen mit 200 Bauplänen. 19 x 24 cm. ISBN 3-7913-0487-9. Paperback DM 98,–/ÖS 715,–/SFr 91,–

SIEDLUNGSMODELLE

Ideen-Konzepte-Planungen. 136 Seiten mit 354 Abb., 243 in Farbe. 24 x 30 cm. ISBN 3-7913-1886-1. Gebunden DM 88,–/ÖS 642,–/SFr 82,–
12 Projekte zeigen neue Lösungen für den zukunftsorientierten Städte- und Wohnungsbau.

SOL POWER

Die Evolution der solaren Architektur. Von Sophia und Stefan Behling. 240 Seiten mit 800 Abb., 420 in Farbe. 24 x 31 cm. ISBN 3-7913-1651-6. Leinen DM 98,-/ÖS 715,-/SFr 91,-

PHILIPPE STARCK

Architektur. Von Franco Bertoni. 224 Seiten mit 207 Abb., 200 in Farbe. 25,5 x 28,5 cm. ISBN 3-7913-1398-3. Leinen DM 98,–/ÖS 715,–/SFr 91,–

U-BAHN-ARCHITEKTUR IN MÜNCHEN

Von Christoph Hackelsberger. Zweisprachig in Deutsch und Englisch. 144 Seiten mit 142 Abb., 52 in Farbe. 24,5 x 29 cm. ISBN 3-7913-1827-6. Leinen DM 78,–/ÖS 569,–/SFr 73,–

Günter Behnisch, Stefan Behnisch, Günther Schaller mit Christian Kandzia

Schwimmhalle, Leipzig-Grünau

Projektarchitekten **Andrea Crumbach, Christine Stroh-Mocek**

Mitarbeit **Martin Gremmel, Eva Höhle, Michael Schuch**

Wettbewerb 1996
Fertigstellung 1999

Swimming Pool

The Grünauer Welle is a public center for water sports and play in the Grünau suburb of Leipzig where 80,000 people live in prefabricated apartment blocks. This district is in stark contrast to the luxuriously restored historic city center half an hour's drive away. Behnisch's concept, integrating architecture and landscaping within a "Parkland," has injected an element of visual excitement into Grünau. Acting as a catalyst the project has created a focus for neighboring schools, a sports field, and youth center, and an animated public forum. More than a single building this is a new landscape.

Four partially overlapping aluminum clad roof sections are in perpetual suspension over a hilly landscape. Views of sky and park interchange with waterside scenes through full height glass walls. Mirrors have been extensively used to visually expand the total area of 5,160 square metres. Devices such as the polished steel roof

Grünauer Welle

Vier teilweise sich überlappende asymmetrische Aluminiumplatten schweben schwerelos über einem hügeligen Park. Schräg oder senkrecht herabstürzende Glasflächen fangen eine funkelnde Wasserwelt der Spiegelungen ein. Schwimmbecken mit Edelstahlumrandung, schlanke Betonsäulen, eine Wendeltreppe und eine spiralige Wasserrutsche, weiße Kacheln und nackte Betonwände, deren gewischte Lasurfarben Akzente in Babyblau, Zitronengelb und Orange setzen, und dazu verspiegelte Oberflächen – all das tritt an zu einem Lichtertanz.

Das also ist die Grünauer Welle, eine Schwimmhalle in einem Leipziger Vorort. Westdeutsche zeigen sich gerne entsetzt über die Tristesse von Plattenbausiedlungen; allerdings – und Architekten sollten das wissen – war es nicht nur die DDR, die sich in der Frage der Massenunterbringung für Containerarchitektur entschied. 80 000 Menschen, ein Sechstel der Einwohner von Leipzig, leben in Grünau, nur eine halbe Autostunde aber einen ganzen Kontinent entfernt vom historischen Zentrum mit seinen prunkenden Bankgebäuden und seinen Passagen vollgestopft mit internationalen Kettenläden. Heute stehen die unterschiedlich hohen, teilweise renovierten Wohnblocks, die zwischen 1976 und 1988 erbaut wurden, inmitten von Grünflächen und altem Baumbestand.

Luftaufnahme Aerial view Photo: Christian Kandzia

Im Vergleich zu der bunten Mischung von privatisiertem Luxus im Stadtzentrum ist Grünau funktionaler Minimalismus; praktische Wohnungen in immergleichen Schachteln ohne optischen Reiz. Was bisher fehlte, war ein ästhetischer Akzent überraschender Schönheit. Den liefert jetzt Günter Behnischs Grünauer Welle, die mehr ist als nur ein Ort zum Baden. Seit es sie gibt, fungiert die Schwimmhalle als Katalysator für das Entstehen eines öffentlichen Forums, als Mittelpunkt für drei angrenzende Schulen, einen Sportplatz sowie ein Jugendzentrum und als belebte Bühne mit ständig wechselnder Besetzung, die all jenen zur Unterhaltung dient, die die Stuttgarter Allee entlanggehen oder auf den Bänken vor dem als Platz gestalteten Eingangsbereich sitzen. Mehr als ein einzelnes Gebäude, ist hier eine ganz neue Landschaft entstanden.

Von Günter Behnisch wird die Meinung überliefert, technische Details seien zweitrangig, »räumliche Dinge viel wichtiger, sie spielen miteinander«. Bevor er an die Planung der konkreten Strukturen ging, entwickelte er das Konzept einer Parklandschaft, in der Gebäude und Landschaft ineinanderfließen sollten. Ausblicke auf den Himmel sowie auf Gras und Bäume, die bis dicht an die gläsernen Wände reichen, wechseln sich ab mit Einblicken in die Inszenierung der Wasserflächen. Nähert man sich den Drehtüren, sind die Eingangshalle, das 25 Meter lange Sportbecken, die Rundbecken zum Spielen und der anschließende Planschbereich für Kleinkinder von außen nur durch zwei Glaswände getrennt einzusehen. Das Café in der ersten Etage hat sowohl einen Außen- wie einen Innenbereich; aus der Vogelperspektive blickt man von einer vorspringenden Terrasse auf die Allee hinunter oder schaut vom offenen Balkon auf das Schwimmbecken. Die Badenden können die Passanten beobachten und umgekehrt. Verspiegelte Wände vergrößern und vervielfältigen den Innenraum von insgesamt 5160 Quadratmetern. Mit einem einfachen Trick – alle sichtbaren Balkenenden wurden mit Spiegeln verblendet – werden Lichtreflexe vervielfacht und springen wie Pingpongbälle im Raum hin und her. Weitere spielerische Details sind die gewinkelte Dacheinfassung aus poliertem Stahl, an der das Sonnenlicht entlangwandert, und die zitronengelbe ›akustische Wolke‹, die als Schalldämpfer das Hauptbecken überspannt und zur Projektionsfläche für eine fröhliche ›Lightshow‹ tanzender Wasserreflexe wird.

Farbkombinationen können ein Gebäude schnell altern lassen und waren bei einigen von Behnischs neueren Bauten Anlaß zur Kontroverse. Die Entscheidung für Pastelltöne läßt die fünfziger Jahre mit dem Einfluß der skandinavischen Moderne wieder

trim and an "acoustic cloud" suspended over the competitive pool play with changing light conditions, perception and perspectives. Color has been a controversial component in recent Behnisch buildings. Here blocks of pastel yellow, blue and orange, have been used to correct proportions, combine, or individualise standard components.

Günter Behnisch has said nuts and bolts are secondary to spatial design and his team's creative networking of volumes is a rarity in underfunded public programmes. Behnisch has remained loyal to post-1945 ideals of social justice and equality in architecture.

The building for 400 visitors, including landscaping, cost 25 million Marks.

Straßenfassade
Street face

Treppenaufgang zum Café
Stairs to café

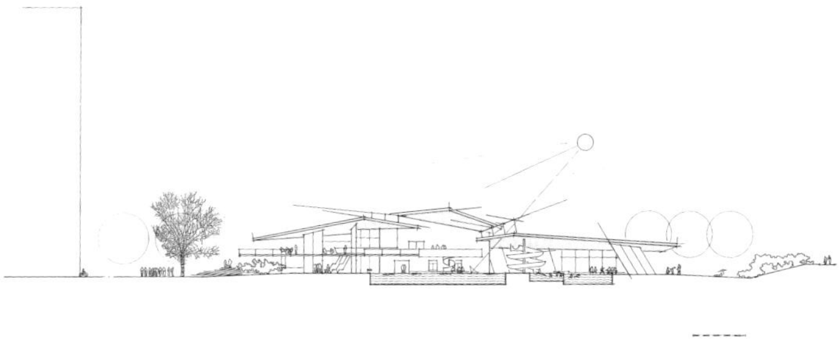

Schnitt
Section

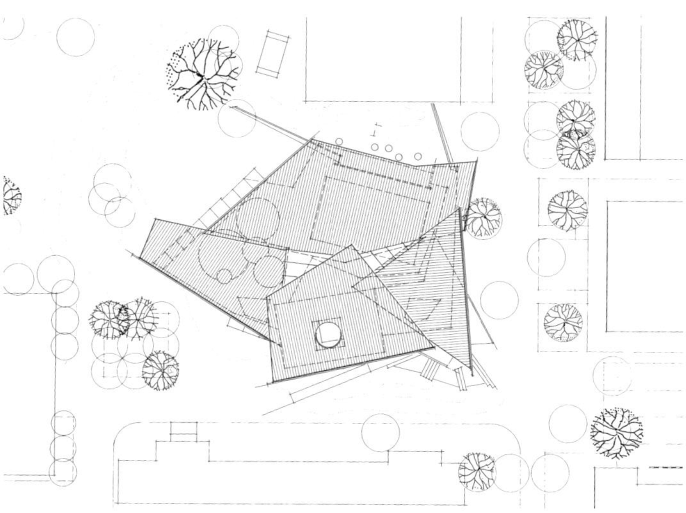

Dachaufsicht
Plan of roof

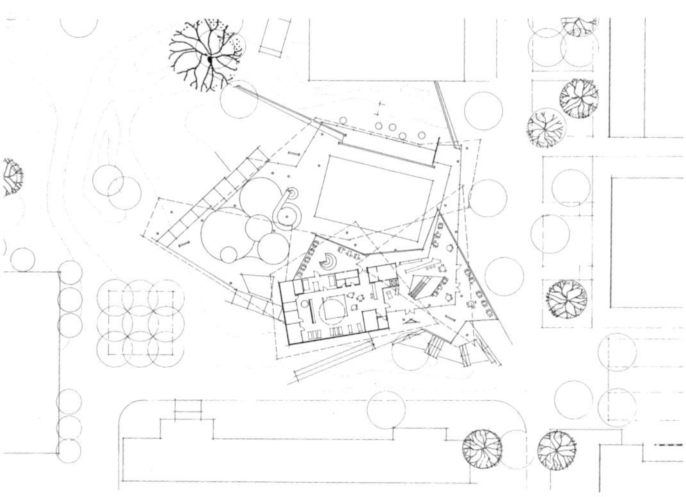

Grundriß Obergeschoß
Upper floor plan

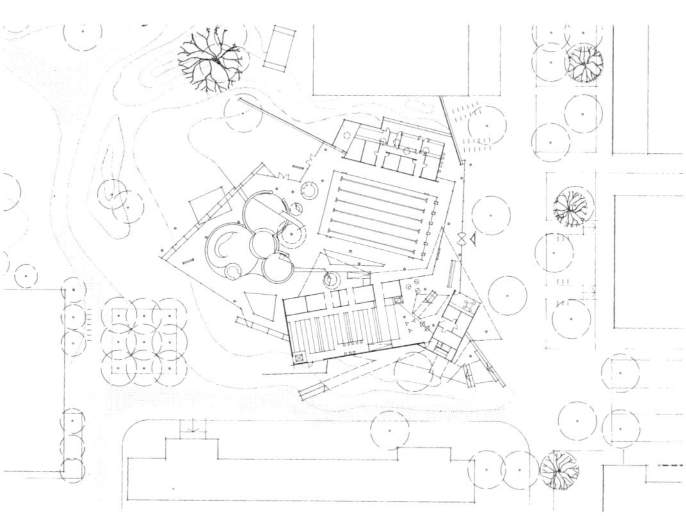

Grundriß Erdgeschoß
Ground floor plan

aufleben. Und das entspricht der aktuellen Mode. Solange die Flächen übermalt werden können, sollte das unproblematisch sein. Die Farbgebung jedoch erfüllt hier vielfältige Aufgaben. Erstreckt sie sich etwa über unterschiedliche Elemente, dient sie der Korrektur von Proportionen oder läßt einzelne Bestandteile miteinander verschmelzen, zum Beispiel eine Tür, ein Wandsegment und ein Fenster, wenn diese einheitlich Orange gehalten sind. Breite waagerechte Farbstreifen und große Ziffern machen aus Standardkabinen individuelle Räume.

Für eine Gesamtsumme von 25 Millionen Mark (Gebäude und Landschaftsgestaltung) hat das Büro Behnisch ein äußerst facettenreiches Projekt verwirklicht, an dem sich nicht nur die möglichen 400 Besucher erfreuen können. Die Wettkampf- und Freizeitschwimmbereiche lassen sich je nach Anlaß verbinden oder durch gläserne Barrieren voneinander trennen. Meß- und Videovorrichtungen für regionale Wettkämpfe sind vorhanden. Die Umkleideräume sind sowohl für Schulklassen und Gruppen wie für Einzelbenutzer eingerichtet. Im holzverkleideten Saunabereich und im Solarium unter einer kreisrunden Öffnung im Dach sollen sich Floridagefühle einstellen.

Energiesparende Technik einsetzen kann heute jeder. Doch wie hier die Leichtigkeit der Raumbehandlung gelingt – zum Beispiel in der kreativen Vernetzung von Perspektive und Volumen –, das ist bei finanziell schlecht ausgestatteten öffentlichen Vorhaben eine Seltenheit. Architekten sind keine Sozialwissenschaftler, und Architektur ist nicht, jedenfalls nicht mehr als Arbeitslosigkeit oder Armut, verantwortlich für asoziales Verhalten. Trotzdem sollte ein Gemeinwesen, das soziale Gerechtigkeit und Gleichheit verkündet, in der Lage sein, diese Ideen architektonisch Gestalt annehmen zu lassen. Günter Behnisch ist – und das ist bemerkenswert unter den deutschen Architekten – diesen Nachkriegsidealen treu geblieben.

Nachdem Politiker ihnen zwanzig Jahre lang Versprechungen gemacht haben, besitzen die Bewohner von Grünau nun endlich ihr Schwimmbad, und sie haben nur einen Einwand, es hätte größer sein dürfen.

Layla Dawson

Ausblick auf die Gebäude der Umgebung
View from swimming hall toward surrounding buildings

Außenfassade
View of facade

Schlanke Betonsäulen und die spiralige Wasserrutsche
Slender concrete columns and spiralling water slide

Günter Behnisch, Stefan Behnisch,
Günther Schaller
mit Christian Kandzia
Schwimmhalle, Leipzig-Grünau

Spaßbereich
Fun area

Photos: Jochen Helle
(wenn nicht anders angegeben)
(unless otherwise specified)

Offener Balkon des Cafés zum Schwimmbecken
Café gallery open to swimming pool

Heinz Bienefeld

Wohnhaus, Kierspe
Umbau

Mitarbeit **Nikolaus Bienefeld, Sándor Forgó, Jens Quellmalz**

Entwurf 1992
Realisierung 1995–1998

House

In Kierspe, a small town in the Sauerland region, we can find the successful embodiment of Charles Moore's maxim that the place one lives in should allow everyday life to be extraordinary. It is here that we find the Hefendehl house, erected in 1963 as a prefabricated Scandinavian house and then expanded and restructured in 1995–98 by Heinz and Nikolaus Bienefeld. The client originally wanted a conservatory. Bienefeld took this feature and turned it into a sweeping and consistently applied exercise in blending old and new. The existing layout was changed to create an open three-part floor plan facing towards the slope with a steel-framed conservatory. The floor-to-ceiling glazing with sliding doors linking the house and the extension draws the gaze out towards the blues and greens of the surrounding landscape.

The specific character of the materials use is underlined by their excellent finish and superb craftsmanship.

Der Ort, an dem man lebt, sollte es gestatten,
daß der Alltag außergewöhnlich wird.

Charles Moore

In Kierspe, einem kleinen Ort im Sauerland, kann man die geglückte Umsetzung dieses Postulats exemplarisch erleben. Hier steht das Haus von Hansfriedrich Hefendehl, 1963 als skandinavisches Fertighaus errichtet und 1995–98 von Heinz und Nikolaus Bienefeld erweitert und umgebaut. Die Planung hat Nikolaus Bienefeld nach dem Tod des Vaters umgesetzt und vor allem im Innenausbau, bei Details und der Farbgebung dessen Vorgaben ergänzt. Den ursprünglichen Wunsch des Bauherrn nach einem einfachen Wintergarten erweiterte Bienefeld zu einem Konzept, das Alt und Neu integriert, mit der Konsequenz umfangreicher Maßnahmen. Die vorhandene Gliederung des Fertighauses wurde in einen gleichmäßig dreigeteilten, zum Hang gerichteten und geöffneten Grundriß abgeändert. Der Mittelteil dient jetzt in beiden Geschossen als verbindender Bereich mit Aufenthaltsqualität, ein ›klassisches‹ Ordnungsmotiv Bienefeldscher Wohnbauten. Dem alten Gehäuse aus Wandflächen mit eingelassenen Öffnungen wurde ein mit Glas ausgefachtes, repetitives Stahlskelett als Gartensaal vorgestellt, das in seiner Höhe den alten Baukörper aufnimmt, dabei aber über die Länge des Hauses hinausragt. Gebäude und Grundstück sind durch Übergangszonen miteinander verzahnt: Haus, Gartensaal, überdachte Freiflächen und schließlich der große Garten bilden nunmehr eine parallele, erkennbare Schichtung am Hang. Die beschränkte Raumhöhe im originalen Haus wirkt mittlerweile großzügig dank der durchgängigen Verbindung aller angrenzenden Zimmer zum Anbau über eine geschoßhohe Verglasung mit Schiebetüren. Diese Schiebetüren gleichen zudem im Innern Dioramen und entführen den Blick in die Landschaft, mal Blau, mal Grün eingefaßt. Schon von der Eingangstür aus hat man durch das ganze Haus hindurch ausschnitthaft das Panorama vor Augen, ein gelungener Auftakt für die Verbindung von Architektur und Natur.

Der Charakter der eingesetzten Materialien wird beim Haus Hefendehl durch die Oberflächenbearbeitung und ihre perfekte Verarbeitung unterstrichen, kontrastiert durch einige wenige farbige Tupfer, wie etwa der roten Treppenwand im Eingangsbereich. Der Marmorputz bindet das Licht im Haus auf eine ganz eigene Weise. Alle Laibungen sind durch präzise Blechrahmen betont und wie alle Stahlprofile grau gehalten. Die Innentüren, die bis zur Decke reichen, zeigen sich als unbehandelte Tischlerplatten. Der Dielenboden ist weiß geölt, und quadratische Bodenplatten aus Grauwacke – einem Stein der Region mit zart changierenden Tönen – sind in den Übergangszonen von Eingang und Gartensaal großformatig mit offenen Fugen verlegt. Die Treppe von der Galerie in den Gartensaal ist ein Meisterstück in Sichtbeton und hat auch dem Tragwerksplaner einiges abgerungen. Höhepunkt der Handwerksarbeiten bildet schließlich das große Bad mit dem geometrisch verlegten, mehrfarbigen Kleinmosaik, dem Natursteinbecken und den eigens entwickelten Armaturen. Die Beleuchtungskörper in Haus und Gartensaal, ebenfalls eigene Entwürfe des Architekten, runden die detaillierte Planung ab.

Lediglich die Gestaltung der Freiflächen wurde nicht nach den Überlegungen von Heinz Bienefeld ausgeführt, der eine streng geordnete, labyrinthische Anlage aus Duftpflanzen und boskettierten Hecken vorsah. Das Haus steht heute zwanglos auf dem grünen Teppich des Rasens, umgeben von Bäumen und Büschen und ergänzt von einem Teich, der im übrigen vom Regenwasser der Dachflächen gespeist wird. Klimatisch funktioniert der Gartensaal bestens. Lochbleche bilden den Sonnenschutz über der gläsernen Dachfläche. Bei Temperaturen über 20° C werden die Oberlichtbänder automatisch geöffnet, und über Ansaugrohre am unteren Ende des Hanggrundstücks wird natürlich temperierte Luft über Bodenroste nachgeführt.

Die Bodenständigkeit früherer Bauten Heinz Bienefelds ist im Haus Hefendehl einer stärkeren Transparenz und Leichtigkeit gewichen, und das betont unspektakuläre Erscheinungsbild seiner Wohnhäuser wirkt selbstverständlicher. Die grundsätzliche Freude an der Form paarte sich bei Heinz Bienefeld immer mit der Gabe, für Ort und Bauherr eine spezifische Gestalt zu entwickeln, und in Kierspe wurde Gestalt unaufdringlich gesetzt. So adelt nun die Erweiterung auch den ursprünglichen Bestand. Ein Bienefeldhaus ist immer auch ein Experiment, nicht nur für den Bauherrn. Ein Merkmal aber verbindet alle Werke von Heinz Bienefeld: Sie berühren einen nicht erst, wenn man sie selbst berührt.

Walter Schoeller

Ansicht von der Straße
View from street

Seitenansicht
Side view

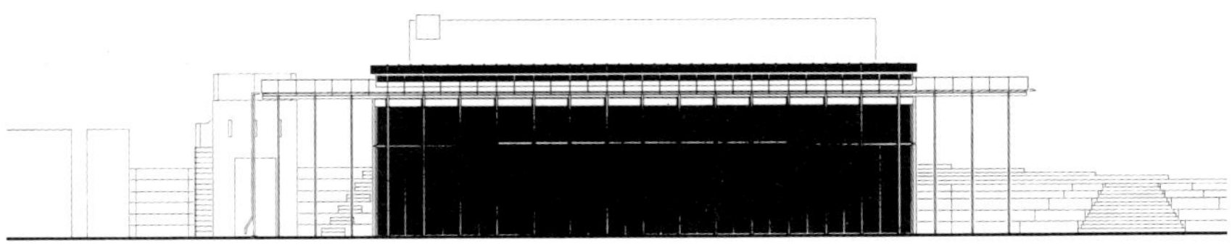

Ansicht vom Garten
View from garden

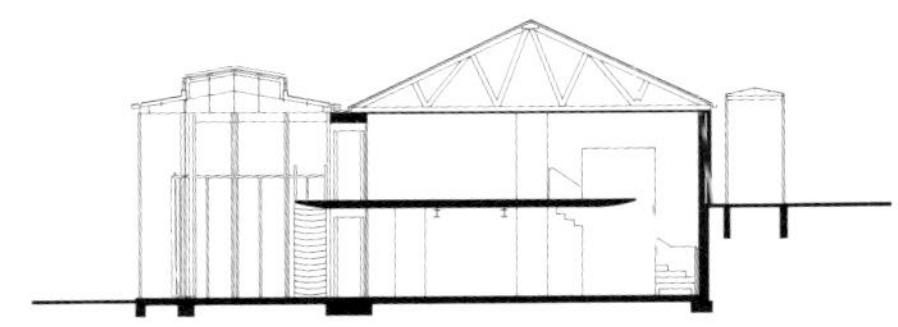

Querschnitt
Elevation

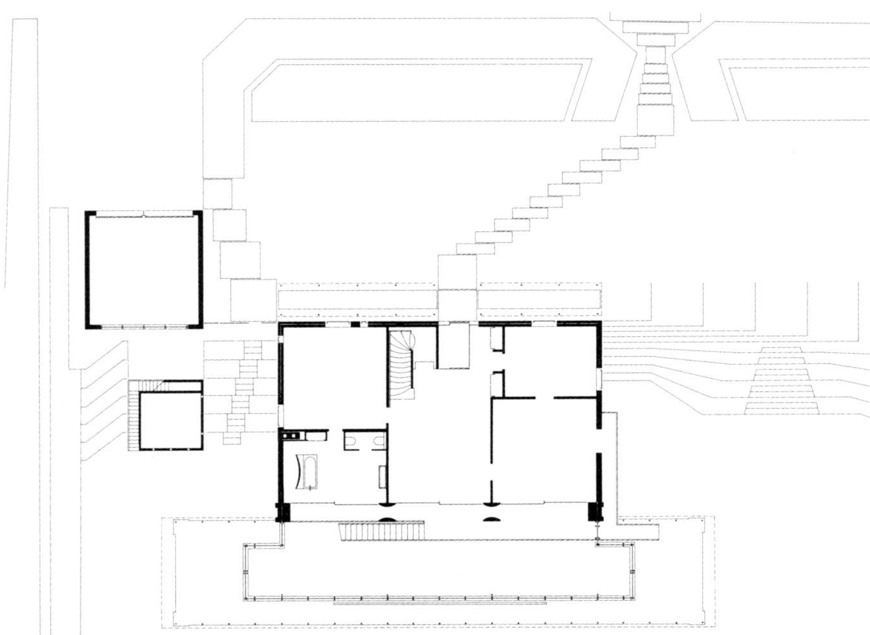

Grundriß Erdgeschoß
Ground floor plan

Grundriß Untergeschoß
Lower level floor plan

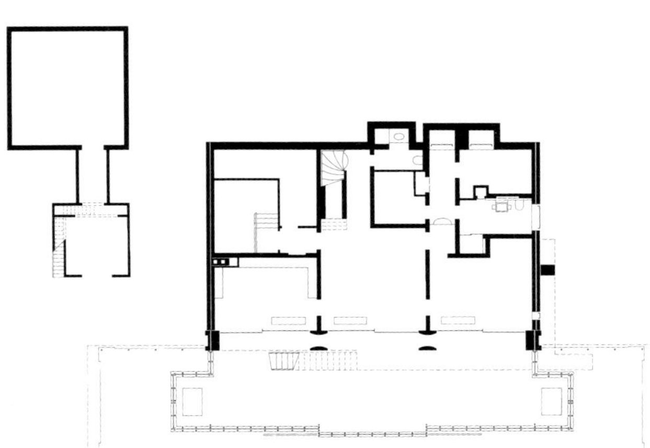

Glashalle
Glazed hall

Diele
Entrance hall

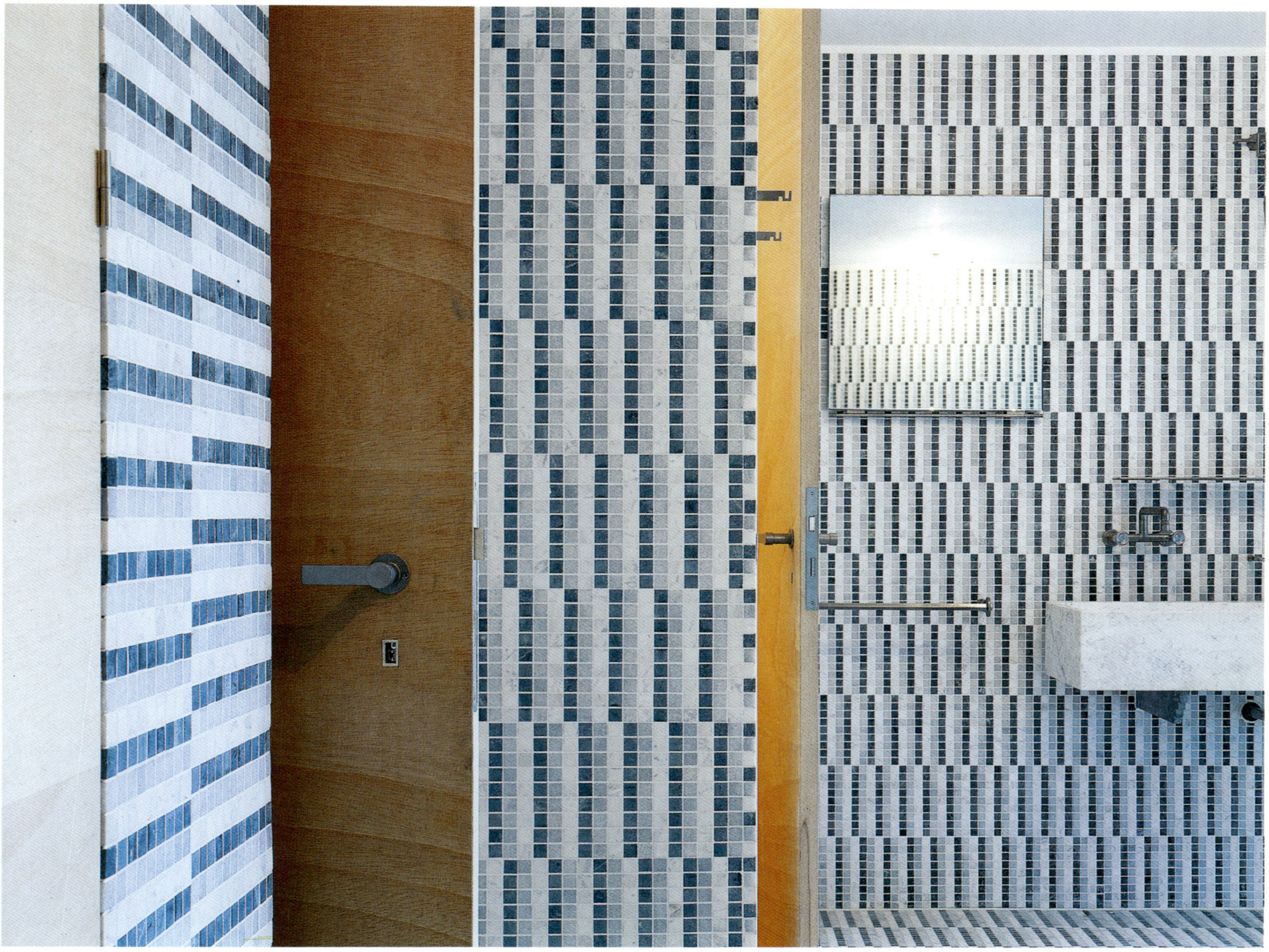

Badezimmer. Detail
Bathroom. Detail

Photos: Lukas Roth

Raum im Obergeschoß mit Blick durch die Glashalle
Room on upper level with view through glazed hall

Helge Bofinger

Verwaltungs- und Geschäftshaus, Saarbrücken

Mitarbeit (Wettbewerb) **Margret Bofinger, Detlev Buhlke, Martin Kuhn**

Mitarbeit (Planung) **Martin Kuhn, Florian Urbach, Felix Wassmann**

Wettbewerb 1992
Bauzeit 1996–1998

Office and Administration Building

Acting very much as an ensemble, this simple configuration of buildings, which clearly defines urban space, addresses very different and very complex questions of function and scale. The historic, U-shaped city-hall complex is closed off by a comparatively low, glazed linear tract that is open to the city-hall forecourt and inner courtyard on the ground floor. Hence, the courtyard is clearly visible across the forecourt from the street. In this way, the public spaces are defined and receive their individual identity.

The linear tract penetrates the rectangular city-hall block, set diagonally to it on Bahnhofstrasse. Two characteristic shapes arise, uniting on the one hand, and entering into a tense dialogue of scale on the other.

Chamäleon mit Rückgrat

Saarbrücken ist eine der wenig gekannten und meistverkannten Städte Deutschlands: Gebeutelt von einem Wiederaufbau, dessen sturer Internationalismus durch die Finanzschwäche des Landes das westdeutsche Maß bis zur Stupidität unterschritt, bot Saarbrücken sich als Wirrwar von Stadtautobahnen, Betoncontainern, Kaschierungsgrün über Bombenbrachen und hilflos herumstehenden Altstadtresten dar.

Änderung trat ein, als man im Lauf der achtziger Jahre die pittoresken Qualitäten der Doppelaltstadt wiederentdeckte. Beiderseits der Saar wurde restauriert und wurden Neubauten behutsam in die zerfledderten Ensembles eingepaßt.

Nun ist die Postmoderne siech, die Zweite Moderne undeutlich und die Architektur, die Alt und Neu eins werden läßt, ist zur Routine einer Simulationskunst geworden, die gerne überdimensionierte Neubauten mit den Attrappen historischer Fassaden kaschiert. Im günstigeren Fall wird auf den Dualismus zurückgegriffen, den einsichtige Bauherren und Architekten beim Wiederaufbau in den fünfziger und frühen sechziger Jahren bevorzugten: hier das restaurierte Alte, da das unmißverständlich Neue, allenfalls in Dimension und Proportion angeglichen.

Lageplan Site plan

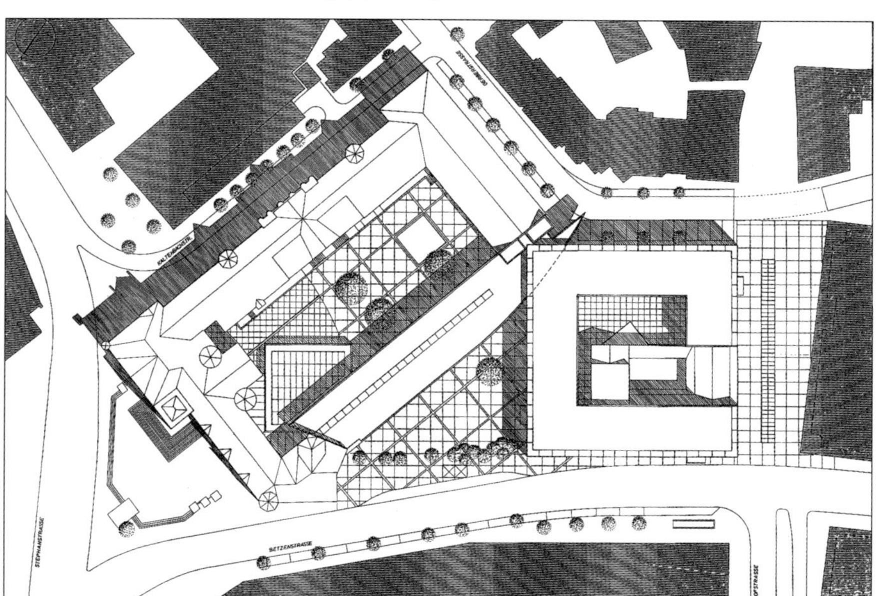

Diesem bipolaren Bauen verdanken wir einige der besten Ensembles der Wiederaufbaumoderne: das Leine-Schloß in Hannover, das neu-alte Pellerhaus in Nürnberg, auch das alte Gewandhaus am Leipziger Markt. Helge Bofinger mag an solche Beispiele gedacht haben, als er seine Erweiterungsbauten für das Rathaus in Saarbrücken als Trias aus dem verwinkelten Altbau, einer neuen ›Spange‹ und einem neuen Rathaus-Carré konzipierte. Achtzig Jahre Neu-, Um- und Wiederaufbau hatten ein heilloses Durcheinander hinterlassen: Den 1897–1900 von Georg Hauberisser entworfenen Kernbau, der mit neogotischen Giebeln, Erkern und einem hohen ›Beffroi‹ ausgestattet ist. Daneben sachliche, fast kärgliche Erweiterungsbauten von 1923 und daran anschließend ein hartkantiger, grob historisierender Anbau von 1937. Nach Teilzerstörung vereinfacht wiederhergestellt, rahmte dieses Ensemble U-förmig eine zum Parkplatz hergerichtete Brache, an deren Rand Brandmauern und belanglose Geschäftshausbauten der sechziger Jahre kümmerten, in ihrer Mitte ein ansehnliches Barockhaus, einer der spärlichen Reste der St.-Johannis-Altstadt.

Helge Bofingers Lösung ist fast ein Chamäleon geworden, das auf jede der disparaten Vorgaben reagiert. Aber nur fast. Denn immer wieder verweigern Trakte die vollständige Assimilation: Rüde beinahe ist die Nahtstelle zwischen Hauberissers Bau und der neuen Rathaus-Spange markiert. Der historistische, einwärts geknickte Treppengiebel des Altbaus ragt weiterhin als fast triumphales Rudiment auf. Nun aber krallt sich in Gestalt dreier spitzwinkliger dreieckiger Balkone die Stahl-Glas-Konstruktion der Spange in ihm fest; ein lauter, aber sinnvoller Akzent.

Völlig anders als die ostentativ neue Außenfassade der Spange ist ihre dem Innenhof zugewandte Seite. Dort sind die Rundstützen kompakt wie die Neogotik des Altbaus. Anstelle des Glasrasters bestimmen querrechteckige Natursteinrahmen das Bild. Die Unterteilung der raumhohen Verglasungen erinnert vage an Sprossenfenster. Nur die weit auskragende Ecke der Erweiterung setzt ein radikales Zeichen des Neuen.

Kommt insgesamt der Spange – trotz ihrer gelegentlichen Kompromisse – der Part des einschneidend Neuen zu, so spielt das Carré, diagonal als rektangulärer Baukörper vor das Ensemble gestellt, die Rolle des wendigen Vermittlers. Stadträume zu bilden, in denen sich die Verwirrung der Bauten ringsum beruhigt, ist seine Aufgabe.

Residenz-Fluidum glaubt man am neuen Rathausplatz zu spüren, den die Stirnseite des Carrés begrenzt. Maßgeblich daran beteiligt ist das kleine Barockhaus, das gottlob vom Abriß der vorherigen

Bebauung an dieser Stelle ausgenommen und sorgfältig restauriert wurde. Zu beiden Seiten wird es von den neuen Fassaden gefaßt und überragt. So, als sei das Carré ein Dreiflügelbau, der nach historischem Vorbild ein Torhaus rahmt. Der linke neue Trakt mit Rasterfassade und raumhohen Glaselementen wirkt neutral, ein Passepartout fast, mit dem hellen französischen Kalkstein, dem Villhoneur, wie man ihn am Schloß und barocken Großbauten Saarbrückens findet. Sein zweites Gesicht allerdings ist das der aktuellen Warenhausarchitektur: Mit solchen steinverkleideten Großrastern arbeitet man augenblicklich von C & A bis Woolworth, von Passau bis Ratzeburg. Doch was Weimar mit einem – Bofingers Carré fast zwillingshaft ähnlichen – Kaufhaus direkt neben dem Nationaltheater recht war, mußte Saarbrücken vermutlich billig sein.

Vielleicht ist das auch der Grund für den Capriccio-Charakter des linken Carré-Trakts: Sein unmittelbar an den Barockbau anschließender Teil variiert das Fassadenraster zu einer vertikalen Abfolge zweier gleichhoher Geschosse, über denen eine Art Mezzanin zurückspringt. Nach fünf Achsen bilden zwei Altane eine Zäsur, über denen, nun wieder in der vorherigen Flucht, das Obergeschoß der Seitenfront auftaucht, um dann, relingsartig gerundet, an die

Rathausvorplatz
Forecourt to city hall

Photo: Dieter Leistner/
Architekton

Ansicht von der Betzenstraße
View from Betzenstrasse

Photo: Jörg F. Müller

Die Spange vom Innenhof
Linear tract: courtyard face

Photo: Jörg F. Müller

Links und rechts:
Nahtstelle zwischen neogotischem Rathaus und der Spange
Above and top right:
junction between neo-Gothic city hall and linear tract

Photo: Jochen Helle

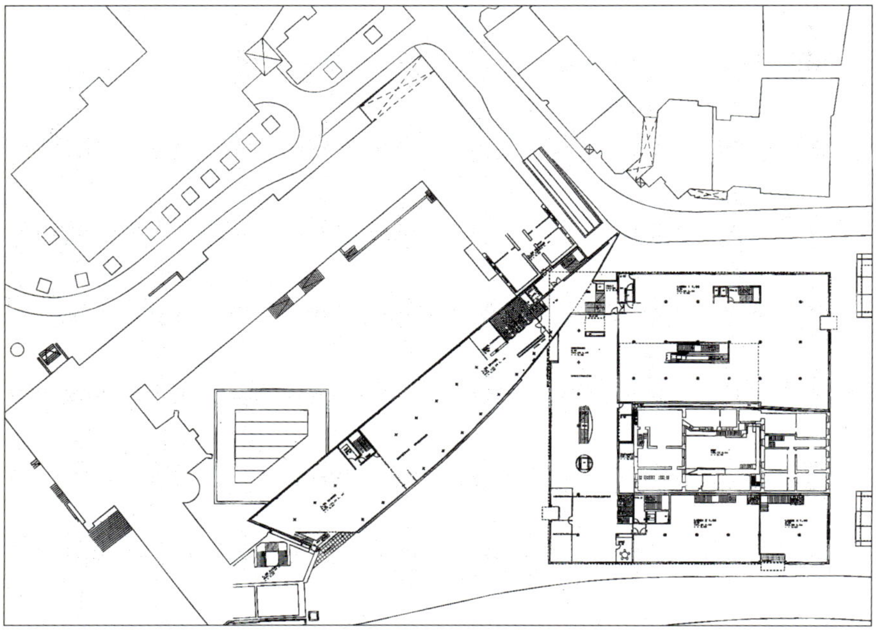

Grundriß 1. Obergeschoß
Second floor plan

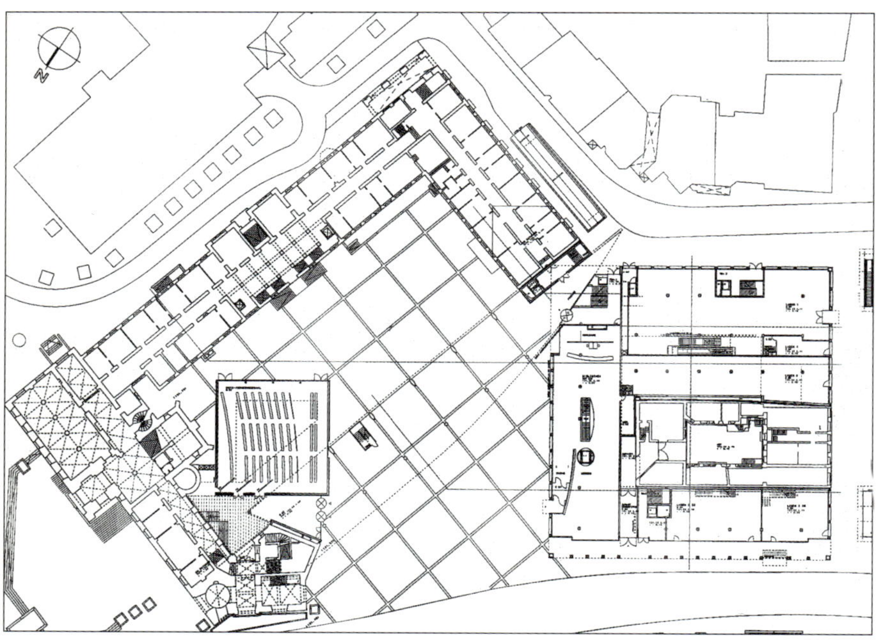

Grundriß Erdgeschoß
Ground floor plan

rückspringende Oberkante des Übrigen aufzuschließen. Unterhalb dieses Mendelsohn-Apercus greifen die beiden auskragenden Fensterbänder der Seitenfronten in die Fassade ein, diese so neu definierend, daß man unwillkürlich an einen zweiten Bau glaubt. Rettenden Zusammenhalt geben dem Ganzen die gleichgestalteten Laden- und Arkadengeschosse im unteren Bereich. In der Oberzone sorgt die Stereometrie des Glas-Stahl-Geschosses samt Dach für optische und proportionale Ruhe.

Auch das Carré bietet einen Innenhof, intim im Gegensatz zum großzügig geöffneten Rathaushof und L-fömig um die Rückbauten des Barockhauses angeordnet. Der stetige Wechsel von Intimität und repräsentativer Öffnung, von ruhigen und lebhaften Fassaden, markanten und unauffälligen Arealen, das Anpassungsvermögen also, mit dem das Ensemble auf jede Lage und Aufgabe reagiert, ist die Qualität dieser Architektur. Daß derlei Assimilation, die Ämter, Läden, Praxen und öffentliche Räume vereint, ohne sie zu vereinnahmen, auf Kosten der momentan hofierten großen Linien geht, versteht sich von selbst. Saarbrücken jedenfalls hat mit Helge Bofingers Spange eine Kammerspielversion aktueller architektonischer Kühnheit erhalten und insgesamt ein Ensemble, das mit raumbildender und maßstäblicher Architektur die geschundene Stadt wieder ein wenig mehr hat Stadt werden lassen.

Dieter Bartetzko

Helge Bofinger
Verwaltungs- und Geschäftshaus, Saarbrücken

Durchgang zum Innenhof an der Gerberstraße
Passage to courtyard from Gerberstrasse

Photo: Jörg F. Müller

This, then, is the completed city-hall ensemble, with the linear tract, which contains the public offices, and the multifunctional city-hall block. On the side facing the forecourt, the carrée contains the city library, while space for shops is provided on the ground floor facing the street and on the second floor. The upper floors contain offices. The buildings have a distinct architectural identity, resulting in a differentiated structuring of the public space.

The city-hall block on Bahnhofstrasse, incorporating the historic baroque building at Bahnhofstrasse 26 between Gerberstrasse and Betzenstrasse, faces out on all sides and encloses an intimate inner courtyard. The effective height is taken up by the eaves of the city hall. The new city-hall forecourt on Betzenstrasse is spatially defined by the front of the block, the gable-end of the city hall on Betzenstrasse (which, owing to its significance in the street space, quite independent of its historic quality, remains unaltered), and the glazed linear tract. The latter closes off the formerly open inner courtyard, while at the same time creating a space beneath for the public to linger.

Jürgen Böge,
Ingeborg Lindner-Böge

Gymnasium, Crivitz

Projektleitung **Peter Lehmann**

Mitarbeit **Arend Buchholz-Berger, Tilmann Grube, Thomas Haupt, Detlev Kozian, Sabine Scheicher, Morten Winding, Stefan Wirth**

Landschaftsplanung **Gustav Lange**

Wettbewerb 1993 (1. Preis)
Fertigstellung 1996

Secondary School

In 1993, Hamburg-based architects Böge/Lindner-Böge had the courage to interpret a competition brief so freely that they placed the planned secondary school on the crest of the Sonnenberg hill instead of at the foot of the slope. This means that the school, on the outskirts of Crivitz, is now set back at some distance from a major trunk road. The sports hall with its loggia-style porch forms the focal point of the complex, creating a kind of natural theatre that opens up toward the town.

The brick-clad components of the school with ribbon windows and precisely incised stairwells form a self-contained unit on the crest of the hill. What appears from a distance to be a two-storey building turns out to have two subterranean levels as well. An unusual feature of this architectural solution is that all four storeys can be seen from the inner courtyard. The courtyard with its metal-framed glazing forms a vibrant, even stark, contrast with the exterior. It houses the library tower and the main stairwell, whose dark red wall creates an almost theatrical backdrop against which the pupils can be seen ascending and descending the stairs.

The rooms on the two lower levels face the courtyard

Auf dem Sonnenberg

Daß eine Kleinstadt in Mecklenburg von einem, wenn auch kleinen, Hügel überragt wird, ist angesichts der ansonsten ebenen Landschaft schon überraschend. Daß auf diesem eine neu gebaute Schule weithin sichtbar fast eine kleine Stadtkrone bildet, ist noch ungewöhnlicher. Ein modernes Gebäude so zu exponieren und damit in Konkurrenz zum traditionellen Wahrzeichen, dem Kirchturm, treten zu lassen, war in Crivitz, von dem hier die Rede ist, nicht unumstritten. Heute scheint es akzeptiert zu werden: der Taxifahrer, der den Rezensenten zum Ziel brachte, drückte es kurz und knapp aus: »Is' ja ein schönes Ding da oben.«

Die Stadt verdankt dieses »Ding« den Hamburger Architekten Ingeborg Lindner-Böge und Jürgen Böge. Das Büro hatte den Mut, die Vorgaben des Realisierungswettbewerbs im Frühjahr 1993 mehr als auszureizen und das zu planende Gymnasium statt, wie gefordert und von allen anderen Teilnehmern befolgt, an den Fuß auf die Spitze des Sonnenberg genannten Hügels am Rande von Crivitz zu plazieren. Diese städtebauliche Idee erweist sich als außerordentlich produktiv: Die Schule ist nun von der den Weg zur Stadt querenden Bundesstraße abgerückt, die auch für öffentliche Veranstaltungen genutzte Sporthalle bildet mit ihrer vorgelagerten Loggia als Point de vue den Mittelpunkt der Anlage und ein vorhandenes Gebäude, der schlichte Klinkerbau der ehemaligen Berufsschule, schließt das großzügige Arrangement in angemessener Distanz nach Westen hin ab, so daß sich zwischen den drei Gebäuden eine geneigte gepflasterte Fläche aufspannt, die keinen gewöhnlichen Schulhof darstellt, sondern eher eine Art natürliches Theater zur Stadt hin öffnet. Der Übergang zur Landschaft und den historischen Bodenstrukturen der Stadt ist dabei überall fließend, von keinem Zaun und keiner Mauer gestört, und durch die wunderbar sensible und zurückhaltende Freiflächengestaltung von Gustav Lange besonders gelungen.

Um so entschiedener treten aus dieser Disposition die klaren Kuben der beiden Neubauten hervor. Der ziegelverkleidete Baukörper des Gymnasiums kragt an seiner der Stadt zugewandten Südwestecke scheinbar über einen von Holzlamellen umkleideten Glaskörper aus, eine Anordnung, die die labile Lage auf der Hangkante unterstreicht und das von keinem Sockel unterbrochene Aufwachsen der Ziegelwände aus dem Boden betont. Fensterbänder schneiden ebenso wie die in den Ecken liegenden Treppenhäuser präzise Öffnungen in diese Wände. Die Fenster sind außen mit Glaslamellen versehen, so daß ein bündiger Abschluß entsteht, der die Geschlossenheit des Volumens betont. Die Ziegel sind dabei von einer natürlich gewachsen wirkenden Qualität: Farbe und Brand sind weit von der preußischen Härte dunkler Klinker entfernt.

Der gesamte Baukörper steckt, wie man beim Näherkommen bemerkt, von der erwähnten Südwestecke abgesehen, mit seinen zwei unteren Geschossen in der Erde. Dadurch ergibt sich die ungewöhnliche Situation, daß die Schule auf ihrer Feldseite zweigeschossig erscheint und sich nur zum Innenhof hin alle vier Geschosse öffnen. Diesen Hof erreicht man durch einen zweigeschossigen Einschnitt im Westflügel. Dieser Einschnitt wird durch Materialwechsel hervorgehoben, die Ziegelschale tritt zurück, Sichtbeton und weiße Putzflächen dominieren, eine Holzbrücke quert rahmend den Eingang – leider fügt sich ein nachträglich angebrachtes Stahltor nicht in dieses Arrangement ein. In lebhaftem, fast hartem Kontrast zum Äußeren steht der Innenhof mit seinen Glasflächen, dunklen Metallprofilen und stahlverkleideten Rundstützen. Das Lamellenmotiv findet in einer dem Sonnenschutz dienenden Holzverkleidung der oberen zwei Geschosse seine Fortsetzung. Eingestellt in diesen Hof sind ein weißer betont kubischer Bibliotheksturm und das dem Südflügel vorgelagerte Haupttreppenhaus, das das Auf und Ab der Schüler vor einer dunkelroten Wand fast theatralisch inszeniert.

Die Räume der unteren zwei Geschosse orientieren sich notwendigerweise zum Hof. Sie werden von

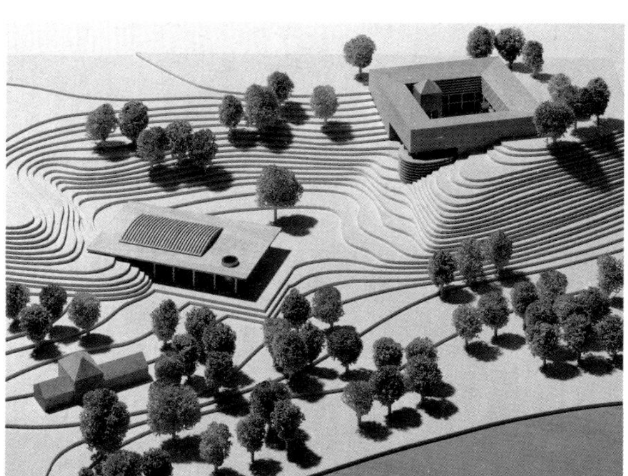

Modell
Model

einem außen umlaufenden Gang einbündig erschlossen, der an der Ost- und Nordseite durch Lichtgräben effektvoll belichtet wird. Deren geneigte Außenwand aus Sichtbeton widersteht dramatisch dem Erddruck. In den zwei oberen Geschossen ist die Anordnung exakt umgekehrt, hier liegt der Gang auf der Innenseite und die einzelnen Klassenräume sind mit einem wunderbaren Ausblick auf Stadt und Landschaft nach außen orientiert.

Im Innern setzt sich das Konzept der Materialkontraste fort: Stützen und Rippendecken aus Sichtbeton, feingliedrige Parkettböden in den Fluren, dunkle Natursteintreppen, die großen Glasflächen mit Metallprofilen und schützenden Holzlamellen auf den Hofseiten, die langgestreckten Holzfenster mit Glaslamellen in den oberen Klassenräumen, schlichte weiße Wände, Lochblechverkleidungen in den Dekken und schließlich die Untersicht des flachgeneigten Zinkdaches: Holzleimbinder mit dazwischenliegenden rötlichen Tonplatten. Dadurch sind Konstruktion und Fügung überall lesbar, auch an schwierigen Stellen wie an den Kehlsparren. Ein besonders schönes Detail sind die robusten Türeinfassungen der Klassenzimmer aus Sichtbeton, die auf der Raumseite auch eine kleine Nische mit Waschbecken aufnehmen. Die starke Plastizität dieser in den Gang vortretenden Einfassungen rhythmisiert die langen Flure und schafft natürliche Nischen für die Garderoben.

Damit taucht auch hier eine Haltung auf, die den ganzen Bau durchzieht: die klare Ordnung der Grunddisposition wird immer wieder durch Einfügen von Elementen und Abweichungen akzentuiert, ohne den Gesamtplan dadurch in Frage zu stellen. Am deutlichsten trifft dies auf den schon erwähnten Glaskörper an der Südwestecke zu, der mit seiner freien Umrißform aus dem rektangulären System ausbricht, damit aber zugleich eine Verbindung zur Landschaft herstellt. Zudem nimmt er die Pausenhalle auf, die sich damit schon durch ihre Form – ohne ins Verspielte abzugleiten – von den Klassenräumen unterscheidet.

Vielleicht liegt in diesem Arrangement von Ordnung und Abweichung ein Modell für Schule überhaupt, das weder längst antiquierte Pathosformen konserviert, sich aber auch nicht zeitgeistig der Auflösung in einen scheinbar kreativen Dekonstruktivismus hingibt. Daß die Schule dann auch noch so selbstbewußt ihre Bedeutung für die Stadt und damit die Gesellschaft demonstriert wie in Crivitz und zugleich den Traditionen des Ortes und der Landschaft verbunden bleibt, ist vielleicht kein »Ruck« à la Herzog, aber immerhin ein Schritt, der hoffnungsvoll stimmt.

Jörg Brauns

Ansicht von der Stadt
View from town

and are accessed by a single corridor running around the outside, lit from above by skylights. On the two upper levels, the corridor runs around the inside, and the rooms face outwards with magnificent views of the town and surrounding landscape.

The entire building is based on a single basic premise: the clarity of the overall structure is repeatedly underlined by material contrasts and the inclusion of certain elements. Perhaps this blend of order and variation can be seen as a universal model for a school—neither preserving antiquated pathos formula nor pandering to the fashionable fads of seemingly creative deconstructivism.

Die Loggia der Sporthalle – das Entree der Anlage
Sports hall porch—the focal point of the complex

Sporthalle. Längsschnitt
Longitudinal section through sports hall

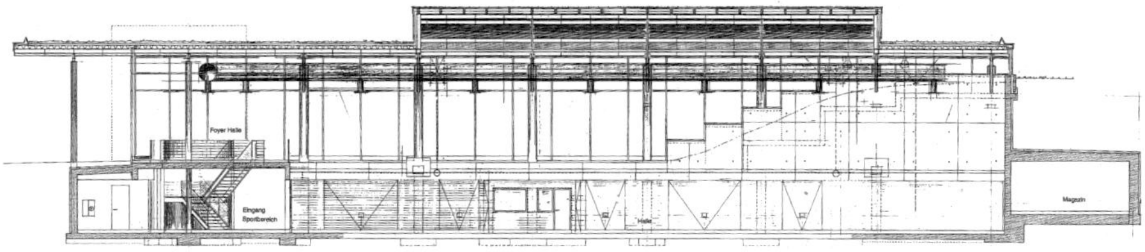

Sporthalle. Grundriß Erdgeschoß
Ground floor plan of sports hall

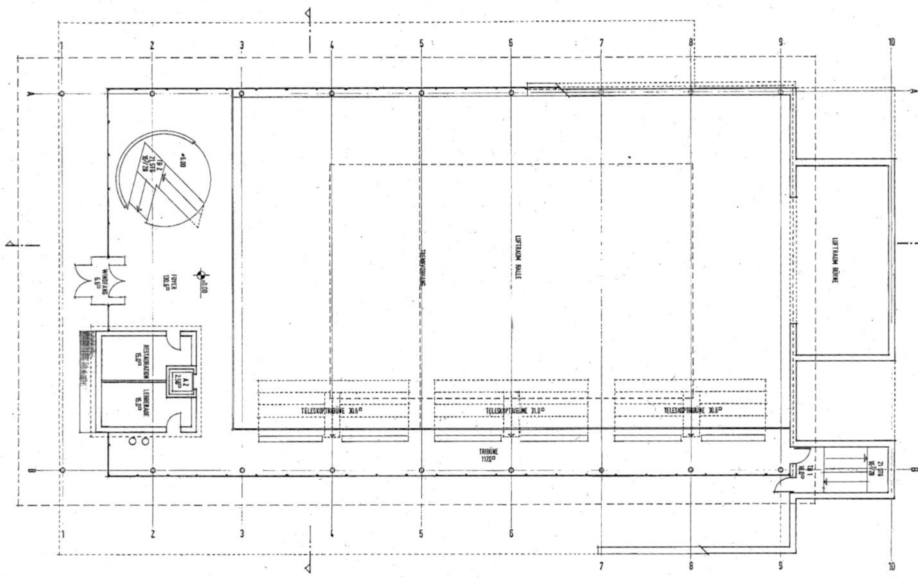

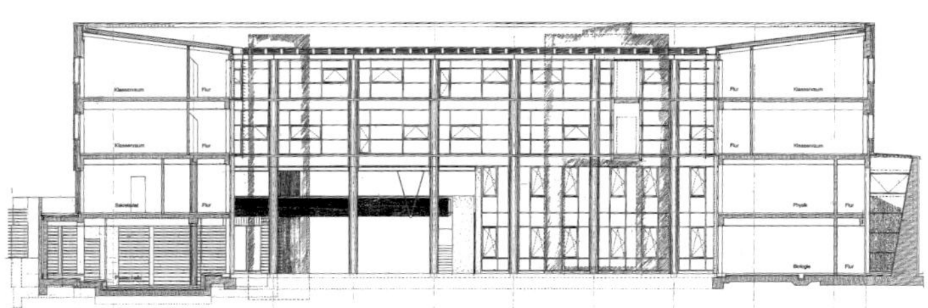

Süd-Nord-Schnitt
South-north section

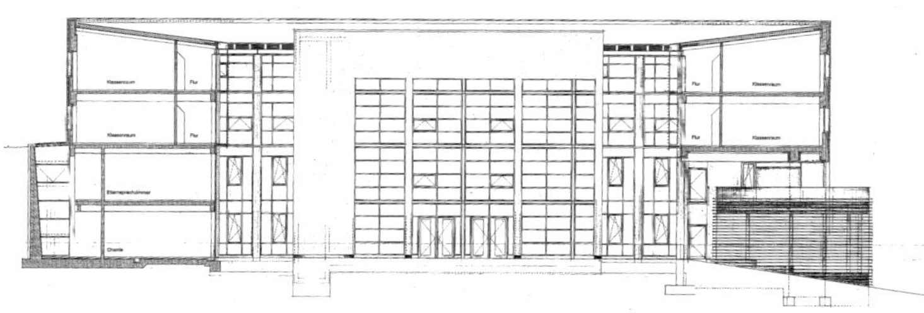

Ost-West-Schnitt
East-west section

Grundriß Erdgeschoß
Ground floor plan

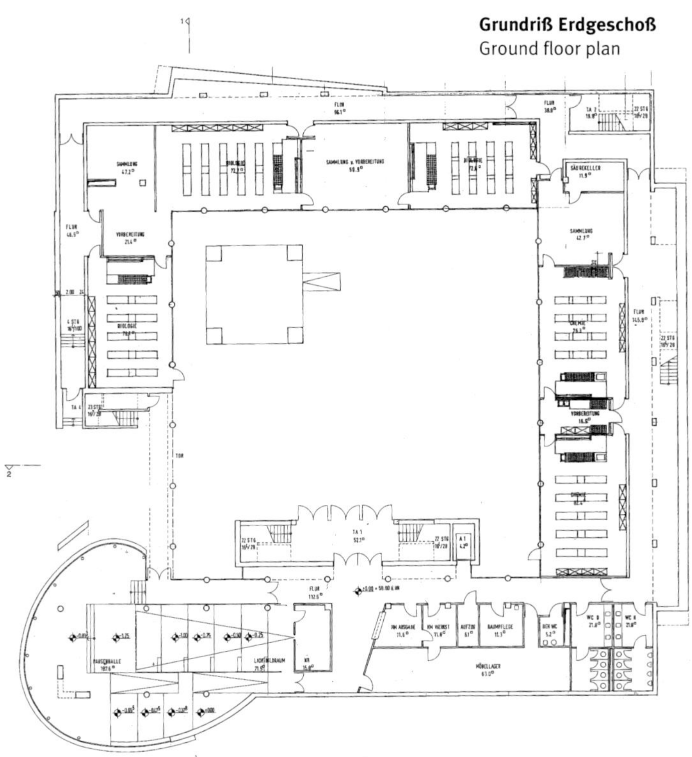

Grundriß 3. Obergeschoß
Fourth floor plan

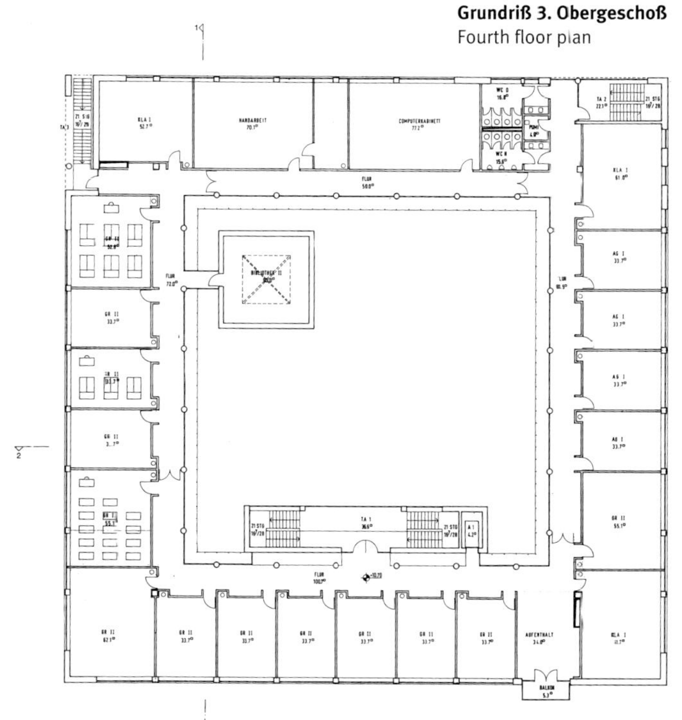

Eingangsseite mit dem Glaskörper der Pausenhalle
Entrace front with glazed recreation hall

Photos: Heiner Leiska und Anja Menzel

Fassade des Treppenhauses
Staircase facade

Licht- und Schattenspiele im Obergeschoß
Play of light and shade on upper floor

Rechte Seite:
Lichtgraben
Opposite page:
daylighting "trench"

Bibliotheksturm im Innenhof
Library tower on courtyard

Peter Böhm mit
Christopher Schroeer

Kirche, Hohenstein-Ernstthal

Mitarbeit **Anushka Nalbach-Posthoff**

1997–1998

Church

The church of St. Pius X, situated high on a hill in Hohenstein-Ernstthal, Saxony, opens up like a triptych to the city that lies in the valley. The omega-shaped glazed opening in the entrance front stresses the connection and unit between the Eucharistic parish and the act of creation. The church's one-roomed interior is convincing by way of its clarity, tranquility, and simple, precisely accommodated materials. For example, the bare walls of red-colored, fair-faced concrete recall quarry-stone walls. The carefully executed details and a dominant yet never intrusive framework, along with a perfect use of lighting, create a meditative, almost ascetic space that invites worshippers to encounter the Almighty.

Despite some errors in implementation, for which its architects are not to blame, this is a building that bears

Ob »Geist und Gemüt erhebend« (Hans Böhringer) oder jenes »undefinierbare Mehr« (Oskar Söhngen), das das liturgische vom profanen Gebäude unterscheidet: Der Kirchenbau der Moderne hat in den Augen seiner Kritiker so seine Schwierigkeiten, den geforderten sakralen Ausdruck zu realisieren. Besonders Materialien wie Stahl, Beton und Glas stoßen auch heute noch auf reichlich Skepsis bei Gläubigen, die lieber im Strom des Überlieferten treiben. Selbst ein Weltbürger wie Pablo Picasso soll, als er die von Henri Matisse ausgemalte und mit Glasfenstern ausgestattete Kapelle von Vence sah, gefragt haben: »Sehr schön, sehr schön, aber wo ist das Badezimmer?«

Neben Baustoffen ist es vor allem der Ort des Altars, der – in der katholischen Kirche – Auseinandersetzungen hervorgerufen hat. Im Lauf der Geschichte immer mehr in die Tiefe des Chors gerückt, war es die Liturgische Bewegung sowie die Architekten Dominikus Böhm und Rudolf Schwarz, welche den Altar zum Zentrum der zur Eucharistiefeier zusammengekommenen Gemeinde machten. Aber noch 1954 forderten die ›Richtlinien für die Gestaltung des Gotteshauses aus dem Geiste der römischen Liturgie‹ ausdrücklich die sogenannte Zweiraumkirche. Diese wurde mit der Notwendigkeit begründet, das Sanctuarium für den Altar deutlich vom übrigen Raum abzusondern. Im Gegensatz zur Einraumkirche soll das Gotteshaus in eine sakrale ›Altarkirche‹ und in eine profane ›Gemeindekirche‹ geschiedenen sein.

Peter Böhm, Enkel von Dominikus Böhm, hat nun mit seiner im vergangenen Jahr fertiggestellten Kirche St. Pius X im sächsischen Hohenstein-Ernstthal der Einraumkirche eine neue Variante hinzugefügt. Den etwa 12 Meter hohen liturgischen Raum teilt er mittels zweier hintereinandergestaffelter Wandscheiben in drei Bereiche: den Raum des Altars, des Ambos und des Allerheiligsten, den Raum der zum Gottesdienst versammelten Gemeinde, schließlich, als Teil des relativ engen Querschiffs, den Zugangsraum. Die Dreiteilung wird jedoch wieder aufgehoben mit gewaltigen omegaförmigen Öffnungen und – links und rechts – einem 1,20 Meter breiten Abstand zwischen Scheibe und Wand. Die Bereiche sind getrennt und doch durchlässig, als individuelle Räume erkennbar und doch vereint.

Unterstützt wird jenes sanfte Fließen zwischen Heiligem und Profanem durch die Fassade. Wie ein Triptychon mit einem transparenten, durch zwei raumhohe Fensterschlitze gerahmten Omega als Zentrum öffnet sich das an der Spitze eines Südhangs gelegene Gotteshaus spektakulär zur talseitigen Stadt. Theologisch gesprochen, wird mit der gläsernen Öffnung die Welt der Schöpfung in den Gnadenbereich der Kirche mit einbezogen. Zusätzliche Spannung erzeugt der Materialkontrast zwischen Glas, Stahlseilen und dem rötlich eingefärbten Sichtbeton. Dessen zwischen schmutzigem Braun und kräftigem Orangerot je nach Sonnenstand und Perspektive oszillierende Einfärbung ist angeregt von der stark lehmhaltigen Erde dieser Gegend. Bei solcher Bodenständigkeit kommt der Gedanke an eine Ecclesia triumphans, wie sie vielleicht der Standort nahelegen mag, gar nicht erst auf. Sie thront nicht, sondern schmiegt sich bescheiden, aber nicht beflissen an den Hang.

Auch im Innern wird die Kirche, deren Grundriß einem stämmigen T gleicht, vom erdfarbenen Beton Brut geprägt. Die hohen, nackten Wände erinnern eher an Bruchsteinmauern, denn an den derzeit so modischen Sichtbeton. Die Details wie etwa die am bloßen Kabel herunterhängenden Leuchten oder der versteckte Beichtstuhl im Querschiff ordnen sich dem Konzept eines klaren Raums unter. Kein Schmuckstückchen heischt um Aufmerksamkeit. Das alles bestimmende und doch nicht aufdringliche rechteckige Raster bei Sichtbeton und Fenstern (1 x 2 m) mahnt zur Geschlossenheit und Disziplin. Die Lichtführung wirkt nicht inszeniert – obwohl sie es freilich ist.

Von einem Glasstreifen in der Decke und raumhohen Fenster im Längsschiff flach einfallendes Licht erhellt die monumentale Wand im Rücken des Altars. Dieser, das Allerheiligste und das Kreuz stehen nicht im geheimnisumwitterten Halbdunkel, sondern präsentieren sich offen – nur in Licht gehüllt – der Ge-

Lageplan
Site plan

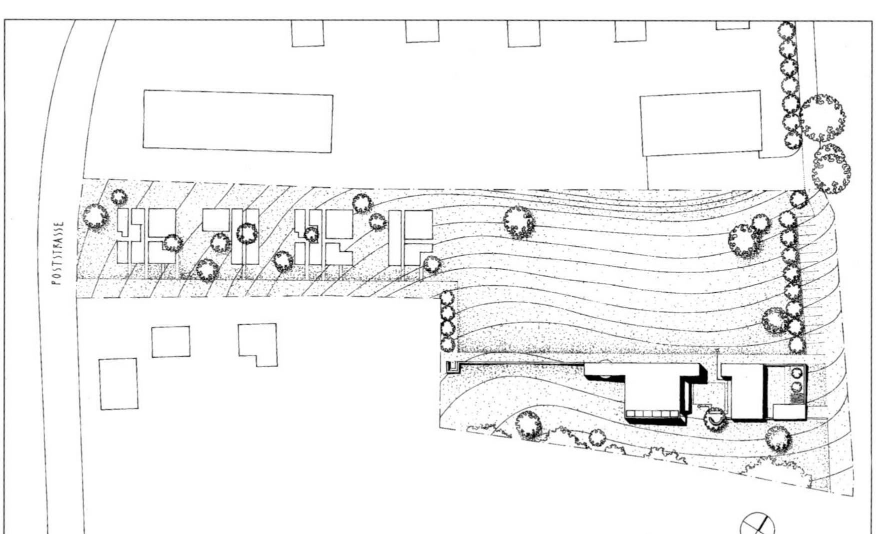

comparison to the modern church designs of Rudolf Schwarz and Dominikus Böhm early this century, while at the same time representing an independent contribution at the end of the millennium.

Eingangsseite
Entrance front

Ansicht von Südwesten
View from southwest

Photos: Lukas Roth

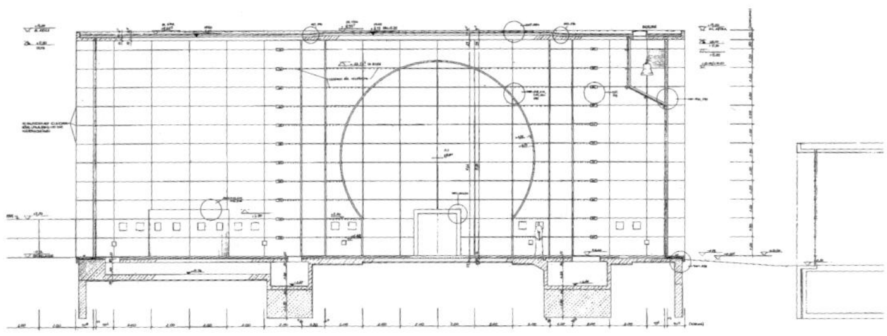

Schnitt Section

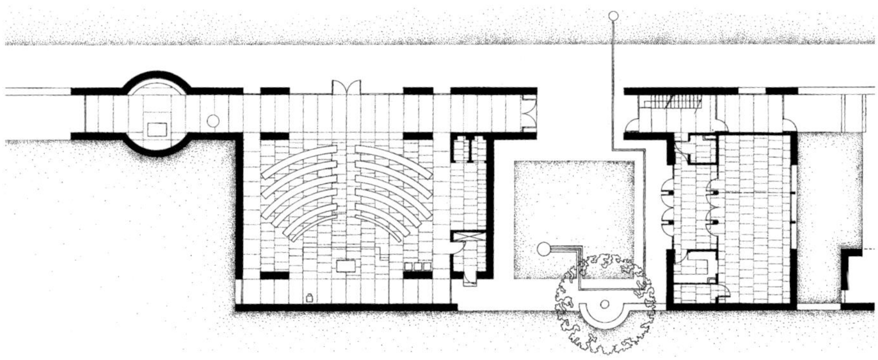

Grundriß
Plan

Nische im Querschiff
Recesses in transept

meinde. Der ruhige, konzentrierte, auch strenge, dennoch freundliche Kirchenraum ist erfüllt von jener Leere, von der Romano Guardini einmal schrieb, daß sie – richtig geformt – vom Heiligen das ausdrücke, »was über Gestalt und Begriff geht«. Jene Abwesenheit alles Überflüssig-Ornamentalen, in welcher wohl nicht nur der Gläubige die Anwesenheit des Numinosen zu spüren vermag. Gerade beim Kirchenbau wird die Nähe der rationalen Moderne zur franziskanischen Askese deutlich.

Daß die Liturgie beim Bau einer Kirche der eigentliche Bauherr sei, schrieb einst Cornelius Gurlitt nicht nur Architekten, auch Pfarrern, Gemeinden und Diözesanbauämtern ins Stammbuch. Sein Diktum scheint heute vergessen zu sein. Peter Böhms Konzept wurde beinahe entstellt. Als Teil eines Gemeindezentrums sollte die Kirche mit einem Pfarrhaus einen etwas klösterlich wirkenden Platz umfassen, eine lange Mauer, ebenfalls in erdfarbenem Sichtbeton, die Baugruppe sanft in die Landschaft einbinden. Stattdessen wurde hangabwärts ein belangloses Gebäude für den Pfarrer errichtet und das Gotteshaus rund 20 Meter nach Osten gerückt. Darüber hinaus werden derzeit auf dem Kirchenvorplatz ziemlich mißratene Wohnhäuser gebaut, so daß das Konzept eines an mittelalterliche Kirchhügel erinnernden Ensembles auch für die Zukunft unrealisierbar bleibt.

Aber nicht nur außen, auch innen hat man einiges verwässert. Der horror vacui hat offensichtlich so manchen ergriffen, allzu eilig hat man Holzfiguren bestellt. Der ursprünglich geplante, mit einer entsprechenden Verfugung die Stimmung steigernde Estrichboden wurde durch graugrüne Sandsteinplatten ersetzt. Statt eigens entwickelter Sitzmöbel hat man handelsübliches ›Gebänk‹ beschafft. Statt einer vom Architekten vorgeschlagenen Deckenperforierung zur Schallabsorption wurden – aus Kostengründen, hieß es – rot eingefärbte Weichschaumplatten auf den rohen Beton geklebt. In einer Nische in der Ostfassade, dort wo die Orgel ihren Platz finden sollte, hat man einen Abstellraum und – Picasso hätte vielleicht seine Freude daran – Sanitärzellen untergebracht. Trotz alledem: Die Architektur von St. Pius erweist sich als stark genug, um solche Verschlimmbesserungen nicht zu beachten. Die Kirche ist ein leise klingender Ort des Friedens sowohl der konzentrierten Feier als auch der spirituellen Begegnung geworden. Nicht mehr, aber auch nicht weniger.

Enrico Santifaller

Hintereinandergestaffelte Wandscheiben im Innenraum
Sequence of cross-walls internally

Altarraum
Sanctuary

Details von Wand- und Lichtgestaltung
Details of walls and lighting design

Helmut Braun,
Dieter Köhler,
Martin Schlockermann

Konzerthalle, Halle

Mitarbeit **Thomas Bub, Harald Fay, Marcus Hofmann, Carsten Schlimbach, Sybille Stoklossa, Andreas Switalla, Stefan Theuer, Andreas Vogt**

Fertigstellung 1998

Concert Hall

A concert hall of the highest quality has been built in Halle to house the Philharmonisches Staatsorchester and for use as a venue for the internationally famous Händel Festival.

The architects have made a virtue of necessity by adopting the form of the difficult triangular site as the basic form of the building. The foyer, situated at the apex of the triangle, is fully glazed and is protected by a cantilevered roof. Above this glass wedge soars a tripartite, staggered wall of natural stone, behind which the upper balcony seats are located.

The auditorium itself is elegant in its simplicity. Canadian maple, white plaster walls and royal blue seating create a light and harmonious atmosphere. In order to achieve an ideal sound, the roof has been fanned out using rectangular sails of white plasterboard. Sharply angled wooden panels on the side walls serve as sound reflectors.

Halles Spitze hat eine neue Spitze – die Georg-Friedrich-Händel-Halle

Seit 1922 finden in Halle an der Saale alljährlich Anfang Juni die Händel-Festspiele statt. Für die international bekannten Musiktage und für das Philharmonische Staatsorchester Halle ließ die Stadt eine anspruchsvolle Konzerthalle errichten. Diese läßt sich nicht nur für musikalische Großereignisse aller Art nutzen, sondern auch für Kongresse. So hofft man, in der strukturschwachen Region und im Schatten von Leipzig zu einer Musik- und Kongreßstadt zu wachsen.

Die Konzert- und Kongreßhalle ist Teil eines aufstrebenden neuen Quartiers westlich der Marktkirche, am Übergang von der Alt- zur Neustadt. Dieses als Spitze bezeichnete Areal um den Salzgrafenplatz wird im Osten vom Mühlbachgraben umschlossen, der mit seinen malerischen historischen Speicherbauten auch die westliche Platzkulisse bildet. Die nördliche Platzseite flankiert nun das Konzerthaus, während die Südseite von dem neuen Bürokomplex der Stadtwerke eingenommen wird. Dazwischen liegen, als östliches Platzhalbrund gestaltet, die neuen Hörfunkstudios des Mitteldeutschen Rundfunks. Im Moment wird erwogen, diese städtebauliche Trias durch einen Hotelkomplex unmittelbar an der Nordflanke der Konzerthalle zu komplettieren und mittels einer Ladenpassage eine direkte Verbindung zum Hallmarkt und damit zur Altstadt herzustellen. Aber vorerst klafft dort eine tiefe Baugrube. Und irritiert blickt der Besucher auf ein ›gestyltes‹ Graffito, das die direkt an die Grube grenzende Brandwand der Händel-Halle ziert: der Maestro mit volltönendem Transistorradio.

Über die Brandmauer ragen die grau-grünen ›Zacken‹, Wahrzeichen des neuen Konzertgebäudes, in den Hallenser Himmel. Ihre volle expressionistische Form gewahrt man aber erst vom Salzgrafenplatz aus. Eine dreifach, scharfkantig gefaltete Natursteinwand aus Schweizer Verde Salvan Gneis sitzt auf einem gläsernen Keil. Diese wider das Empfinden vom schweren Sockel und luftigen Oberbau gerichtete Architektur löst im ersten Augenblick Befremden aus. An manieristische Architekturen des frühneuzeitlichen Italiens erinnert das tektonische Verwirrspiel, das sich hier aber nicht zu den tollkühnen Dekonstruktionen unserer Tage aufschwingt, sondern solide Bodenhaftung wahrt.

Der schwierige Grundstückszuschnitt in Form eines spitzwinkligen Dreiecks wurde von den Architekten geschickt zur Grundform des Gebäudes gemacht. Das Foyer legten sie an die exponierte, zum Salzgrafenplatz gerichtete Spitze. Es ist in voller Höhe verglast und wird von einem schmalen weit vorkragenden Dach geschützt, das von schlanken Pfeilern getragen wird. Die beiden Glasfronten sind aus verschieden großen Scheiben montiert, wobei die größten mit einer Fläche von etwa zehn Quadratmetern eine extreme Spanne aufweisen, die eine neuartige Konstruktion erforderte. An den Schwertern der Stahlpfosten im Innern des Foyers sitzen Gußknotenprofile, an denen die Scheiben angeklotzt wurden. Die unterschiedlichen Größen der Glasflächen ermöglichten einen unregelmäßigen Pfostenabstand und damit ein abwechslungsreiches Rastersystem, das vor allem am Abend, wenn das Foyer von innen beleuchtet ist, die Glaswände belebt.

Kasse und Informationstheke werden von einem einfachen Betonrahmen umfangen, der in die Glasfront eingesetzt ist. An ihnen vorbei gelangt man in den Garderobenbereich des Hauses. Er ist gleichsam dem Konzertsaal untergeschoben und wirkt etwas drückend und beengt. Die Decke ist hier in unterschiedliche spitzwinklige Segmente zerteilt, um das Thema Spitze wieder anklingen zu lassen. Verstärkt

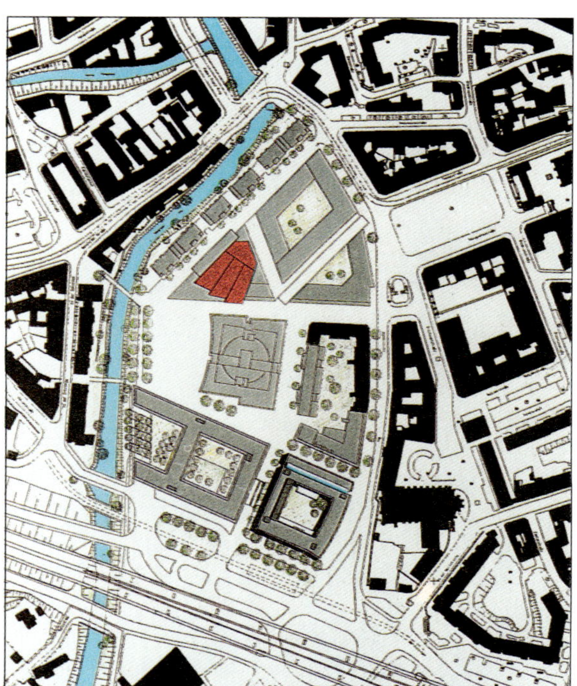

Lageplan
Site plan

Ansicht vom Salzgrafenplatz
View from Salzgrafenplatz

wird aber eher – auch durch das teilweise Abhängen der Deckenelemente – der kryptische Charakter des Eingangs. Um so befreiender erlebt man die gläserne Foyerspitze, in der sich eine Sprossentreppe zum Podest vor dem Rang emporschwingt. Der Besucher wird selber zum Akteur: Hier wird er gesehen, von der Pausenbar aus im Innern wie vom Salzgrafenplatz außen, und von hier beobachtet er das Geschehen drinnen und draußen.

Eine Reihe von schlanken Säulen und schmalen Rechteckstützen strebt zur Decke des Foyers. Schaut man genau hin, so erkennt man, daß die Rechteckstützen eigentlich die ›stehengebliebenen unteren Mauerreste‹ der geschlossenen Gneiswand sind, die durch das Dach des Foyers stößt. Dieser spannende tektonische Zusammenhang wird leider durch den gleichmäßigen weißen Anstrich aller Stützen verunklärt. Die Gneiswand ummantelt den eigentlichen Konzertsaal, und ihre dreifache Staffelung spiegelt außen die Anordnung der Sitzreihen im Innern wider.

Der Konzertsaal selber ist von schlichter Eleganz. Der schöne Farbdreiklang aus hellem kanadischem Ahornholz, weiß geputzten Wandflächen und kaiserblauer Bestuhlung schafft eine lichte, harmonische Atmosphäre. Maximal 1500 Besucher können hier Platz nehmen. Durch verschiedene Hubvorrichtungen ist der Bühnenbereich je nach Bedarf für Konzerte, Musicals, Bälle oder Kongresse variabel zu gestalten. Zu diesem Zweck lassen sich auch im Rang jeweils zwei Stufenpodeste zu einer Ebene schalten.

Um einen optimalen Klang zu erreichen, stellen Decken in Konzertsälen an Akustiker und Architekten hohe Anforderungen. In Halle entschied man sich für eine gleichmäßige Abfolge schmaler, rechteckiger Segel aus weißem Gipskarton. An den Seitenwänden sind hohe scharfkantig gefaltete Holzpaneelen als Schallreflektoren angebracht. Die Lüftungsanlagen wurden zu Objekten stilisiert. Ihre fein säuberliche Anordnung in hohen Wandscheiben zwischen Bühnenbereich und Parkett wirkt aber eher störend im Gesamteindruck des Raums.

Die Segmente des mächtigen Orgelprospekts wurden in glatte, breite Holzrahmen gefaßt. Ihre Staffellung greift noch einmal das Thema der gefalteten Wand auf. Um die klare dreiteilige Schichtung der Saalrückwand nicht zu verunklären, ›klebt‹ die Regie-

Photos:
Dieter Leistner/Architekton

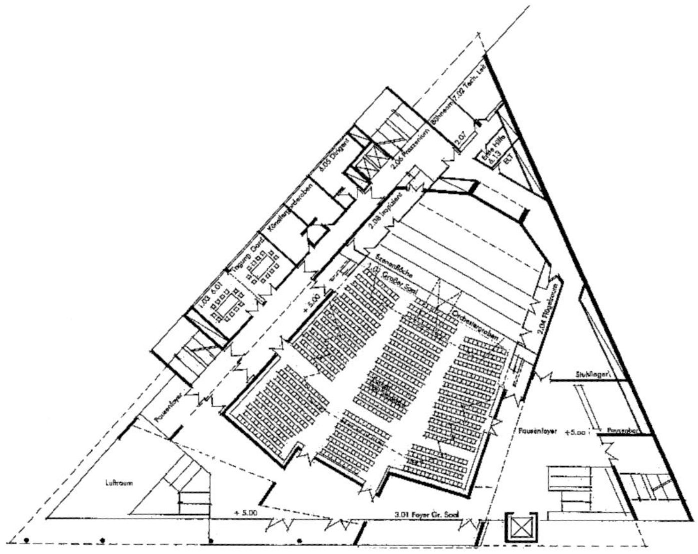

Grundriß 1. Obergeschoß
Second floor plan

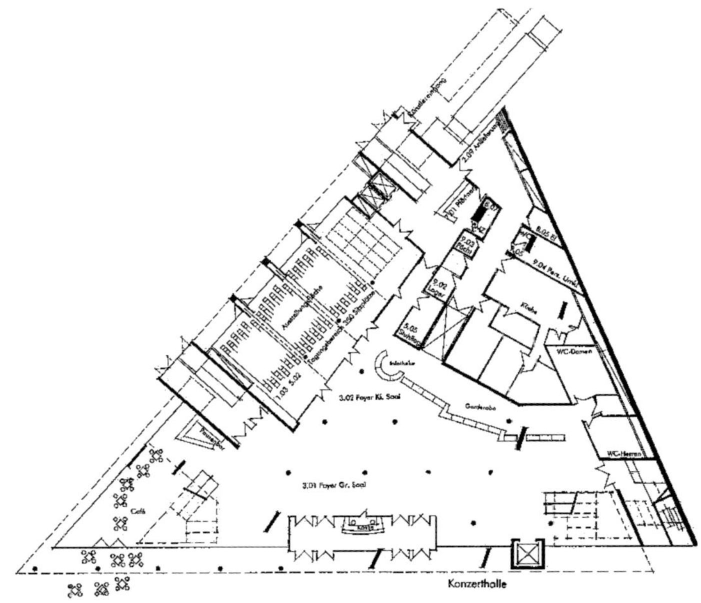

Grundriß Erdgeschoß
Ground floor plan

Pausenfoyer im Obergeschoß
Foyer on upper floor

kanzel wie ein Schwalbennest am mittleren Segment und ist mit einem breiten Aluminiumrahmen deutlich von der Holzwand abgesetzt.

Die Nebenräume des Konzertbetriebs – Probenräume, Künstlergarderoben, Büros sowie die Küche – sind vor allem an der Nordseite untergebracht und teilweise auch unterhalb des Konzertsaals. Im Erdgeschoß, vom Pausenfoyer aus zu erreichen, liegt ein weiterer kleinerer Saal für 350 Personen, der noch in zwei kleinere Einheiten unterteilt werden kann.

So ist in Halle nicht nur eine neue Spielstätte für die Händel-Tage entstanden, sondern auch ein vielfältig zu nutzendes Kulturhaus. Die Hallenser bezeichnen das Stadtgebiet um den Salzgrafenplatz gern als Kulturforum. Ob die etwas seltsame Ansammlung von Konzertsaal, Hörfunkstudios und Büros der Stadtwerke aber eine kulturelle Trias bilden wird, bleibt abzuwarten. Die eigentliche Kulturszene von Halle scheint sich in dem mit expressiven Graffiti übersprühten Fußgängertunnel zum Hauptbahnhof abzuspielen.

Ursula Kleefisch-Jobst

Treppenhaus und Aufzug im Foyer
Stairwell and elevator in foyer

Café im Foyer mit Glasfront
Café in foyer with glazed facade

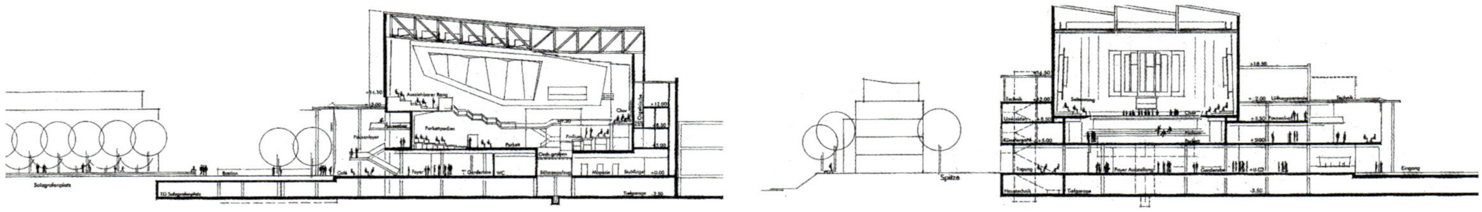

Schnitte
Sections

Details der Schallreflektoren
Acoustic panels in auditorium

Konzertsaal
Concert hall

Blick in den Zuschauerraum
View of auditorium

Norman Foster

Reichstagsgebäude, Berlin Umbau

Mitarbeit **Mark Braun, Christian Hallmann, Ulrich Hamann, Dieter Müller, David Nelson, Mark Sutcliffe**

Wettbewerb 1993 (1. Preis der Überarbeitung)
Fertigstellung 1999

Reichstag Conversion

Examples of state parliamentary architecture are few and far between, and tend to possess specific characteristics, while the overall architectural design invariably reflects contemporary trends. The Berlin Reichstag blends past and present, historic and current events in a way unparalleled by any other parliamentary building. While retaining the original architecture of 1894 and removing all the fittings added in the 1960s, Lord Norman Foster has refurbished the interior in terms of both form and function.

While respecting tradition and accommodating practical considerations, the sequence of foyer, lobby and plenary chamber has been given a modern formal syntax. The dominant feature is the 25-meter-high plenary chamber with its seating arranged as an amphitheatre. Light, transparency and weightlessness are the maxims here, as in the rest of the building.

Suspended steel walkways in the intermediate floors directly below the historic vaulting deliberately provoke a dialogue between old and new. The dome, a feature charged with significance and retained at the express wish of the members of paliament, now takes the form of a high-tech version. Apart from lighting and ventilation functions, the dome also acts as an attractive public viewpoint. The spiral glass dome is a brilliant technical achievement that meets every requirement of form and function. The Reichstag in Berlin is the successful architectural portrayal of a contemporary democracy with a vivid and critical awareness of its own history.

Debattendom und Glasdom

Der junge Bautypus Parlament ist gemeinhin wenig greifbar. Doch trotz geringer Verbreitung, extremer Differenziertheit, nutzerseitiger Funktions- und Bedeutungsaspekte sowie daraus resultierender, höchst unterschiedlicher Lösungen konnte sich in den letzten zwei Jahrhunderten so etwas wie eine Gattung mit spezifischen Charakteristika entwickeln. Die allgemeine architektonische Gestaltung jedoch spiegelte stets die zeitgenössische Entwicklung wider und war in ihrer Rollenfunktion wenig festgelegt oder politisch besetzt. Über den aktuellen Formenkanon hinaus gibt Parlamentsarchitektur stets Historie und Entwicklungsstand einer demokratisch verfaßten Gesellschaft wieder.

Wohl kaum ein zweites Parlamentshaus der Welt kann sich rühmen, wesentliche historische Etappen so eingehend zu implizieren wie das am 19. April 1999 bezogene Reichstagsgebäude in Berlin. Eingeweiht in der Kaiserzeit 1894 (Paul Wallot), Tagungsort in der Weimarer Republik, 1933 durch Brand geschädigt, 1936 teilrestauriert, 1945 kriegszerstört, 1957–73 wieder aufgebaut unter erheblichen substantiellen Eingriffen (Paul Baumgarten), stellte sich nun aufgrund der politischen Veränderungen ein weiteres Mal die gewaltige Aufgabe, das Haus funktional und visuell umzugestalten.

Dem Architekten Norman Foster waren die Schwierigkeiten im Vergleich zu einem Neubau klar: Zurückstellung des gestalterischen Ehrgeizes, Rücksicht auf den Bestand, große Beweglichkeit und vor allem Kompromisse bei einem zudem nicht immer einfachen Bauherrn. Die Qualität des Ergebnisses läßt sich am besten in der Analyse der Umsetzung funktionaler Kriterien verdeutlichen, die für Parlamentsarchitektur maßgeblich sind. Foyer, Lobby und Plenarsaal bilden die Kernabfolge, die den parlamentarischen Alltag widerspiegelt.

Tritt man durch den Portikus in die Westhalle, stößt man zwangsläufig auf die Problematik, die das Aufeinandertreffen zweier Konzeptionen bewirkt: Die gründerzeitlich-repräsentative eines machtbeschnittenen und die ästhetisch-funktionalen Vorstellungen eines modernen Arbeitsparlaments. In der haushohen, glasgedeckten Halle von ungewöhnlich längsrechteckigem Zuschnitt mit eingestellten Sicherheitsschleusen fühlt man sich eher in einen Schacht versetzt. Vor- und Rücksprünge, differenziert geformte, weite Glasflächen sowie werksteinverkleidete Wandstreifen an den Schmalseiten ähneln den Foyers moderner Kinocenter, wobei an der Stelle üblicher Plakatwerbung Kunstwerke die einzigen farbigen Akzente bilden. Von hieraus verdeutlicht der komplette Durchblick über Lobby, Plenarsaal bis zur Osthalle das nachdrückliche Bemühen um Transparenz. Trotz einer Neugestaltung der komplett entkernten Mittelachse blieb die klare, traditionelle Grundrißorganisation bestehen. Bedingt durch die runde Sitzanordnung ist die gläserne Plenarsaalrückwand auf Kosten der Abgeordnetenlobby gebaucht; der Saal kommt dem Eintretenden entgegen. Bei vollem Haus werden die Abgeordneten aus der engen Lobby in die angrenzenden Wandelhallen abgedrängt. Eine zentrale Halle fehlt.

Der Plenarsaal ist mit 1200 Quadratmetern zwar kleiner als der in Bonn, doch die enorme Höhe von 25 Metern, ein Kranz aus zwölf Säulen sowie Rundbogen- und Obergadenfenster erzeugen eine domhafte Wirkung mit Anklängen an die Frankfurter Paulskirche. Alt und Neu stoßen hier direkt aufeinander. Im Gegensatz zu seinen beiden Vorgängern Wallot und Baumgarten stößt Foster unter Aufgabe von Umgängen bis zu den historischen Hoffassaden vor, durch deren Fenster nun direktes Tageslicht einfällt. Anklänge an die Sakralarchitektur relativieren sich rasch durch Sichtbetonsäulen sowie ausschwingende, mächtige Kragarme samt intervallfüllendem Plattenkranz, der zum trichterförmig vertieften Glasauge überleitet. Dies wird durchstoßen durch einen mittels stählerner Speichen abgehängten Konus, durch den verbrauchte Luft abgesaugt wird.

Besuchertribünen schieben sich in der Form sechs frei hängender Zungen opernhausähnlich weit in den Raum vor. Zwischenräume und gläserne Brüstungen ermöglichen detaillierte Einblicke ins Plenum.

An der Stelle eines Vollkreises findet man wieder den Zweidrittelkreis mit 669 Abgeordnetensitzen vor, von denen 200 mit Pulten versehen sind. Im gekrümmten Bogen sind – gleichfalls wieder in Anlehnung an die Wallotsche Fassung – im Osten Regierungs- und Bundesratsbank angeordnet, die – vom mittigen Präsidium getrennt – vor drei versetzten Sichtwänden plaziert sind. Im Gegensatz zu einem Vollkreis werden durch diese ›elliptische Stauchung‹ die Entfernungen zum Redner deutlich verkürzt.

In diesem Saal wird klar, daß Fosters Prinzipien, insbesondere funktional zu überzeugen sowie Licht, Transparenz und Leichtigkeit in den alten Bau zu holen, zweifelsohne erreicht wurden. Der Saal ist hell, durch- und einsehbar. Genügend Platz und Überblick

Gesamtansicht mit erleuchteter Kuppel von Südwesten
Overall view from southwest with illuminated dome

Terrassen vor den Fraktionssälen
Roof terrace outside rooms for parliamentary parties

Photos: Werner Huthmacher/ Architekton

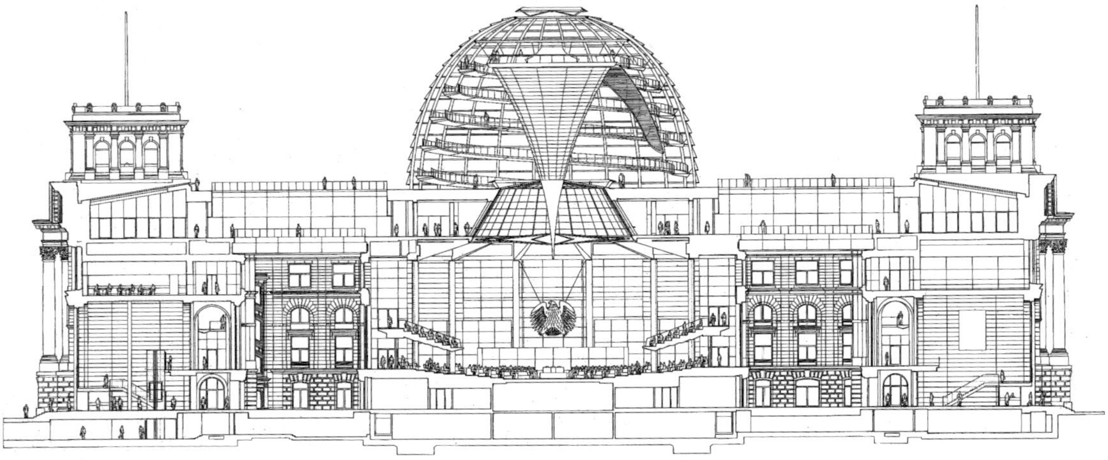

Nord-Süd-Schnitt
North-south section

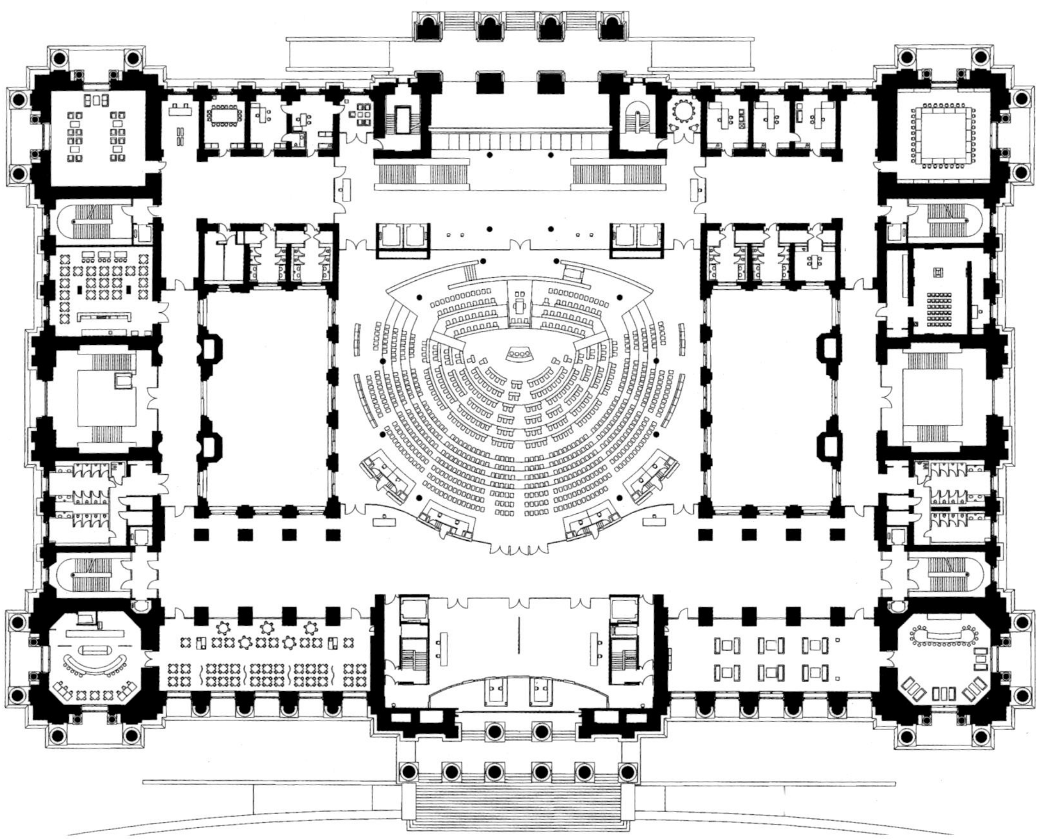

Grundriß 1. Obergeschoß
Second floor plan

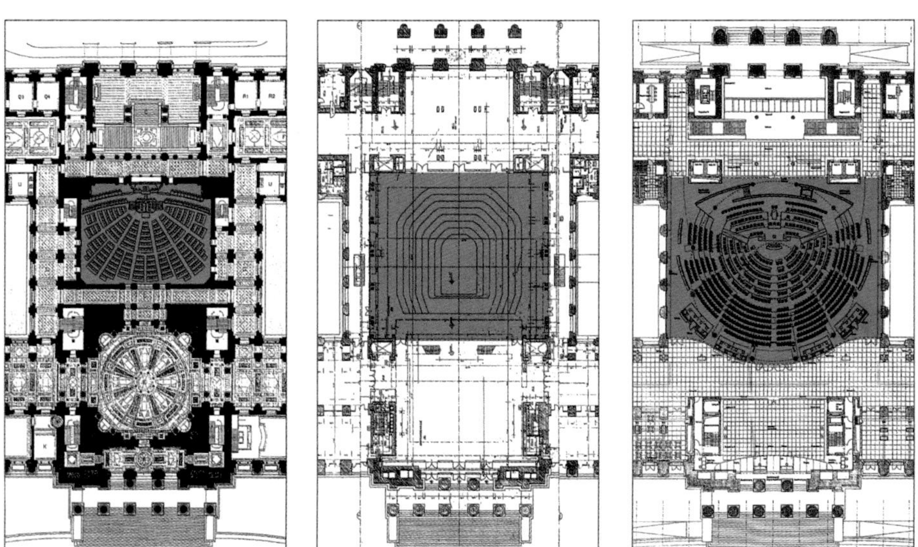

Planungen des Plenarsaals von Paul Wallot, Paul Baumgarten und Norman Foster

Plans for debating chamber by Paul Wallot, Paul Baumgarten and Norman Foster

Skizze
Sketch of dome

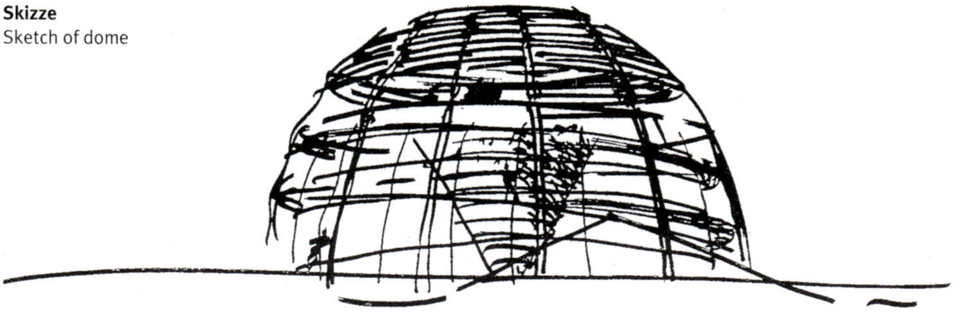

Foyer Foyer

Photo: Nigel Young

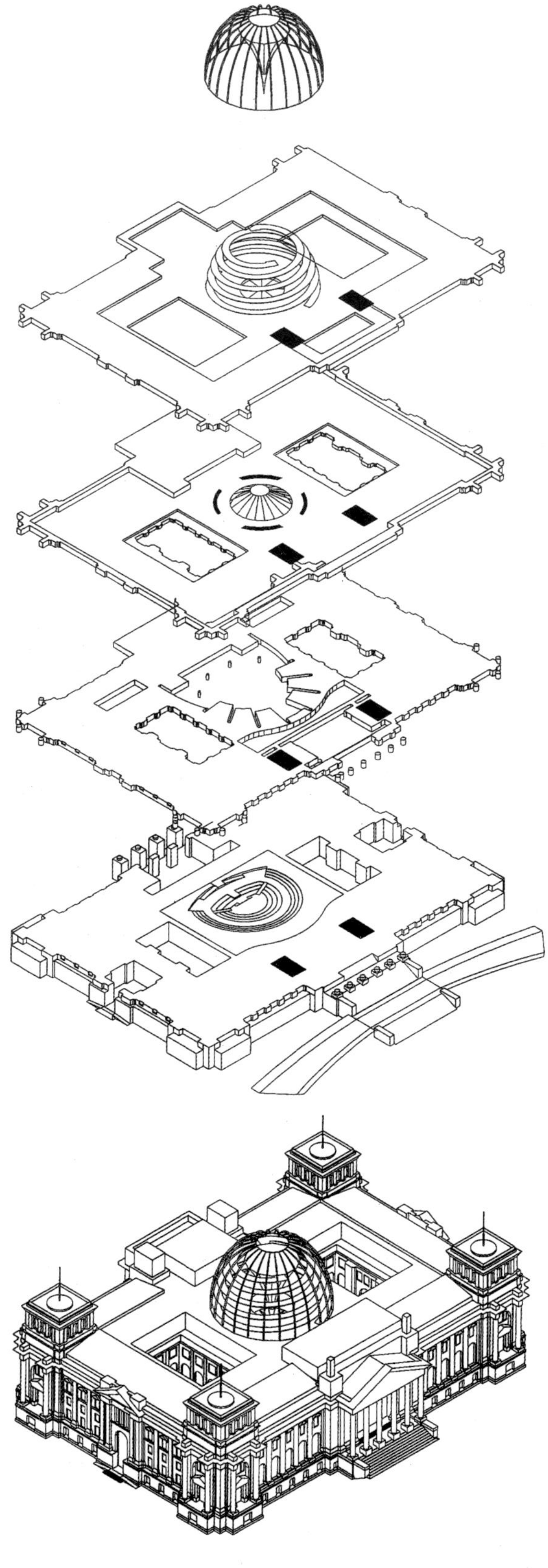

Sprengisometrie
Exploded isometric view

sind gewährleistet. Gleichzeitig kennzeichnen jedoch ähnlich wie in Kongreßzentren unpersönliche Beliebigkeit und Kühle dieses Forum der Nation. Einzige farbliche Akzente bilden die auf Wunsch des Bauherrn installierten blauen Abgeordnetensitze, die denen in Bonn nachgebildet sind.

Zu den zweifelsohne gelungensten Elementen des Umbaus gehört die übliche separate Führung der Besucher über ein Zwischengeschoß. Quasi im Schatten der Wallotschen Wandelganggewölbe angehängte stählerne Stege bringen hier den Besucher in direkten Kontakt mit der Geschichte. Diese auch als Kabelschächte konzipierten Wegeführungen mit verglasten Brüstungen, silbrigem Unterbau und grauen Teppichböden kontrastieren bewußt als moderne Zutat mit den freigelegten schwülstigen Verzierungen wie Fruchtgehängen oder Kassettierungen in den Gewölben und können als Reminiszenz an Sep Ruf und Egon Eiermann verstanden werden. Der Besucher erhält von oben einen exzellenten Einblick in das Geschehen im Hauptgeschoß, dessen den Mittelteil flankiertenden Raumstrukturen weitgehend wieder den der Wallotschen Konzeption entsprechen. Wie bei einer abgebrochenen Bauuntersuchung erscheinen bloßgelegte, mächtige Mauern und kantig gebrochene Quader an den Türlaibungen in hellbeigen Tönen, die mit den glatt verputzten neuen Zonen kontrastieren. Freigelegte kyrillische Inschriften, die gleichfalls bei der Abnahme der Baumgartenschen Verschalungen zum Vorschein kamen, wurden als Geschichtszeugnis restauriert und gesäubert. Sie bilden eine ideale Ergänzung zur Kunst. Dies gilt insbesondere für Jenny Holzers 14 Meter hohe Leuchtstele mit digitalen Schriftzeichen in der Nordhalle.

Wie bei allen Parlamentsbauten wurde der zeitgenössischen Kunst große Bedeutung beigemessen und gezielt eingesetzt. Die modernen Kunstwerke im Reichstagsgebäude, die leider nur zum Teil ein geglücktes Wechselspiel zwischen Architektur und Kunst evozieren, beziehen sich auf politische Symbole, den Ort und die Geschichte, Tradition und Gegenwart und präsentieren ein lebendiges Stück deutscher Kunstgeschichte. Hervorzuheben ist der von Günther Uecker gestaltete Andachtsraum, der mit spärlichen bildnerischen Mitteln und zeitgemäßem Interieur zur inneren Einkehr und Meditation einlädt.

Über dem bürogenutzten Präsidialgeschoß wird im dritten Obergeschoß der Hang zum Kompromiß offenbar: Die großen Fraktionssäle besitzen lediglich Glasdächer zur natürlichen Belichtung, und in den überhohen Ecksälen der Türme fühlt man sich wiederum in einen Schacht ohne direkten Ausblick versetzt. Hier wäre eigentlich der ideale Ort für eine Kapelle gewesen.

Zugegebener Weise mag es als gewöhnungsbedürftig erscheinen, Kuppel und Altbau als Einheit zu sehen. Bei der Gestalt dieser auch für Parlamentsbauten bedeutungshaltigen Dominante stößt Fosters bislang hinter alten Mauern verborgenes High-Tech wie ein Ufo hervor. Von seinem Vorschlag eines weit überspannenden Flachdaches ließ er sich nur unter der Bedingung abbringen, daß eine Kuppel auch funktional Sinn machen müsse. Dies erreichte er auf dreifache Weise:

Über eine 230 Meter lange parkhausähnliche Zu- und Abgangsraupe mit acht Prozent Steigung erreicht man eine öffentliche Aussichtsplattform, die unbestritten *die* Attraktion des Gebäudes darstellt.

Die Versorgung des Plenarsaals mit Tageslicht wird über ein eingehängtes Lichtumlenkungselement mit 360 Spiegeln grandios bewerkstelligt, zur Vermeidung störender Sonnenstrahlung ergänzt durch ein mobiles Sonnensegel, das computergesteuert mittels Solarenergie bewegt wird.

Stahlstege für Besucher, Nordkorridor
Steel bridge for visitors in north corridor

Photo: Werner Huthmacher/ Architekton

Detail der erhaltenen Graffiti
Detail of surviving graffiti

Photo: Nigel Young

Blick aus dem Westkorridor in den Plenarsaal
View into debating chamber from western corridor

Photo: Andreas Muhs/Architekton

Vervollständigt wird das High-Tech-Werk durch die Absaugung der Abluft im Plenarsaal über das Innere des bis in den Saal hineingeführten Lichtumlenkungselements durch den offenen Kuppelkranz ins Freie.

Auch wenn die neue Spiralkuppel mit einem Durchmesser von 40 Metern nur halb so hoch ist wie die historische samt Laterne und Kaiserkrone, kommt man nicht umhin anzuerkennen, daß dieser Glasdom eine brillante technische Arbeit darstellt, die funktional und formal absolut überzeugt. Hier gewinnt die Architektur an Poesie.

Norman Fosters bewußt egalitäre Abkehr vom Wilhelminischen Prunk und Pomp zeigt quasi den rationalen Entwurf einer republikanischen Verfassung, die das Zusammenleben der Bürger durch fortschrittliche Regeln zu ordnen versucht. Aber auch sein Entwurf bedurfte des korrigierenden Eingriffs des Bauherrn. Hervorzuheben ist, daß sich der Staat in wichtigen Bereichen durchgesetzt hat, wie die Kuppel oder die Verhinderung der Vergrauung des Plenarsaals durch blaue Stuhlbezüge. In puncto kunstfeindlicher Wandpaneelen ist dies leider nicht gelungen. Terminvorgaben, Kostendruck, Rechtfertigungszwänge und viele Bauherrn lassen zuweilen Parlamentsbauten zu riskanten Balanceakten werden. Eine Demokratie muß sich aber auch baulich darstellen dürfen, wenn sie Bestand haben will.

Die gestalterische Spannung zwischen gestern und heute, die Zwiesprache unter alt und neu in einer bestechend perfektionistischen High-Tech-Ausführung bilden im traditionsreichen Reichstagsgebäude eine Grundlage für den Auftrag der Politik, aufbauend auf geschichtliche Erfahrungen die Zukunft zu gestalten. So bleibt zu hoffen, daß der inspirierende Rahmen der Architektur verstanden und mit Leben erfüllt wird.

Hans-Peter Schwanke

Ostkorridor mit gläserner Rückwand des Plenarsaals
Eastern corridor with glazed rear wall to debating chamber

Photo: Werner Huthmacher/ Architekton

Plenarsaal
Debating chamber

Photos: Dieter Leistner/
Architekton

Kuppel und Dachterrasse
Dome and roof terrace

Photo: Nigel Young

Joachim Franzke

Bankgebäude, Rostock
Umbau

Erbaut 1909 von Paul Korff

1988

Bank

In Rostock's pedestrian precinct, the facade of the Deutsche Bank building can hardly be missed. Behind it is a new building erected in 1998. In the architectural competition, Joachim Franzke was able to push through a concept based on the firm belief that "the qualities of the building should be respected only where they actually exist—in the facade." In making his case, he cited the building's history, pointing out that the facade and the main body had been distinct and separate structures ever since Paul Korff had created the premises of the Rostocker Bank AG in 1909 by merging two smaller buildings behind a Jugendstil facade. Given the poor structural state, expensive and time-consuming refurbishment was hardly worthwhile. An economic solution was sought, to be financed by a special fund. In order to be able to let the ground floor to a retailer, the counter hall has been located on the first floor. This explains why the entrance to the bank is not the main entrance of the building. Customers take a

Retail-Banking wörtlich genommen

Die Bankwirtschaft ist im Umbruch. Früher haben sich viele Bürger beschwert, daß in den Einkaufsstraßen immer mehr Bankfilialen die Läden verdrängen. Heute ist es umgekehrt. Finanzgeschäfte werden in das elektronische Netz verlagert und die Banken immer weniger sichtbar. Weder Schalter noch gläserne Kassenhäuschen findet man in modernen Bankfilialen. ›Retail Banking‹ heißt das modische Zauberwort für die alltäglichen Bankgeschäfte (Retail = Einzelhandel). In Rostock wurde der Ausdruck beim Umbau der Filiale wörtlich genommen, denn Handel und Bank sind dicht zusammengerückt.

In der properen Fußgängerzone von Rostock ist das großstädtische Geschäftshaus der Deutschen Bank kaum zu übersehen. Es ist höher als seine Nachbarn und doppelt so breit. Ursprünglich befanden sich auf dem Grundstück an der Kröpeliner Straße nämlich zwei Häuser. Als der Architekt Paul Korff 1909 den Auftrag bekam, daraus ein repräsentatives Haus für die Rostocker Bank AG zu machen, faßte er beide Häuser hinter einer großen Jugendstil-Fassade zusammen. Die Niveauunterschiede zwischen den Gebäuden mußten mit unschönen Stufen ausgeglichen werden. Zusätzlich wurde der Hof mit einer eingeschossigen Kundenhalle überbaut.

Nach dem Zweiten Weltkrieg residierte hier die Staatsbank der DDR. Wegen irreparabler Bauschäden ließ sie die Kassenhalle mit ihrer schönen gewölbten Lichtdecke 1958 abreißen. Die Staatsbank nutzte das Haus von da an nur noch als Rechenzentrum.

Weil die Deutsche Bank Anteile an der Rostocker Bank hielt, ging das Geschäftshaus einige Jahre nach der Wende teilweise in ihren Besitz über. Es wurde von Joachim Franzke aus Frankfurt am Main bis 1998 abermals umgebaut und ist heute die größte Filiale des Geldhauses in Rostock. Fünf Jahre zuvor hatte sich die Bank zum Umbau des unter Denkmalschutz stehenden Gebäudes entschlossen, erwarb die restlichen Anteile und lobte einen Architektenwettbewerb unter fünf eingeladenen Teilnehmern aus. Franzke, der mit dem Bauherrn schon beim Bau einer anderen Filiale zusammengearbeitet hatte, stellte einen Entwurf vor, der die »vorhandenen Qualitäten des Hauses nur dort respektierte, wo sie vorhanden waren – in der Fassade«.

Mit diesem Konzept setzte er sich durch. Außer der Fassade ist vom Altbau nichts erhalten, und hinter der dünnen Haut ein kompletter Neubau entstanden. Die Straßenfassade mit dem betonten Mittelrisaliten wurde saniert. Die einzige Änderung sind die heute ganz verglasten Fensterbuchten im Erdgeschoß. Franzke berief sich zurecht darauf, daß die Trennung von Fassade und Körper schon die Geschichte des Hauses prägt. Die schlechte Bausubstanz sprach für einen Abriß und gegen eine aufwendige Sanierung. Auch das Denkmalamt entschied, daß nur die Fassade erhalten werden muß. »Statt Energie auf eine nostalgische Spurensuche zu verschwenden«, so Franzke, entwickelte er hinter der historischen Fassade einen Neubau in der Form des ehemaligen Vorderhauses. Nur im Hof übersteigt das Volumen des Neubaus das seines Vorgängers. Auf drei Seiten von den Nachbargebäuden dicht umstanden, wurde das Grundstück nun komplett überbaut, so daß das Gebäude zum rückwärtigen idyllischen Heiliggeisthof keinen Kontakt aufnimmt.

Gleich zu Beginn der nur 15 Monate währenden Bauzeit gab es eine archäologische Überraschung: In der Baugrube wurden über 200 Skelette aus dem 13. Jahrhundert gefunden. Sie stammen von dem Begräbnisplatz des Spitals zum Heiligen Kreuz, das sich bis 1818 auf dem Grundstück befand.

Beim Bau der Bank wurde gesteigerter Wert auf Wirtschaftlichkeit gelegt. Weil die Filialen des Konzerns wie eigenständige Unternehmen agieren, treten sie als Mieter bei der Tochtergesellschaft der Deutschen Bank für Immobilien auf. Der Umbau in Rostock wurde über einen Fonds finanziert, der natürlich eine gute Rendite bringen sollte. Um das attraktive Erdgeschoß an ein Handelsunternehmen vermieten zu können, wurde die Kassenhalle in den ersten Stock verlegt.

Lageplan Site plan

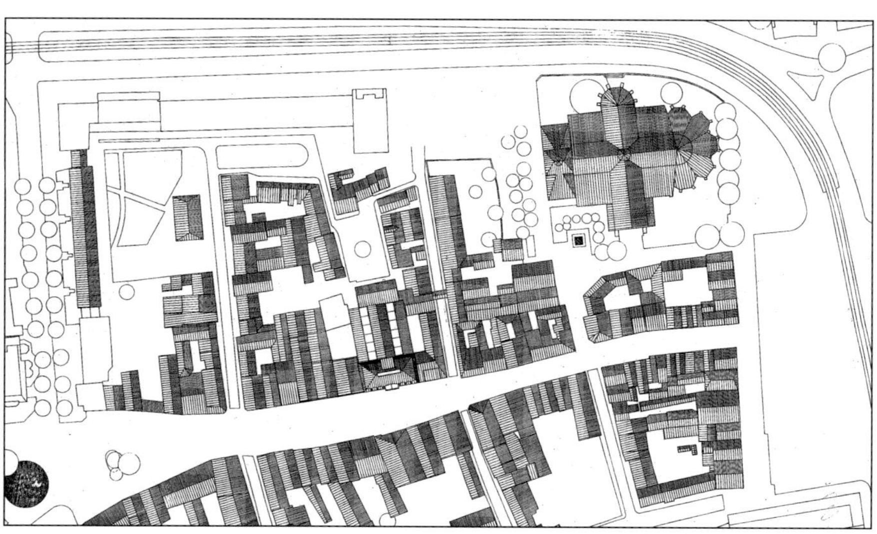

Offenbar zögert selbst die umsatzstärkste Bank der Welt, große Summen in repräsentative Filialen zu investieren. Es wurde ein zweites Tiefgeschoß geplant, um dem im Erdgeschoß untergebrachten Modeladen die Fläche im ersten anbieten und dennoch Nebenräume wie Archiv, Tresor und Schließfächer unterbringen zu können.

Das Mittelportal auf Straßenniveau führt direkt in den Laden. Die Bank betritt man durch einen Nebeneingang. Vom Vorraum mit den üblichen Selbstbedienungsgeräten gelangen die Kunden über eine schmale Rolltreppe nach oben. Nachts wird die Filiale durch eine Trennwand vom Eingang abgeschottet. Die Rolltreppen sind im Grundriß seltsam schräg, denn das Kundenzentrum liegt mittig hinter dem Haupteingang.

Die Halle ist wie eine Basilika durch Pfeiler in drei Schiffe gegliedert. Ihre Sandsteinverkleidung paßt gut zu den hellen italienischen Designermöbeln. Über dem Mittelschiff befindet sich ein weiteres Geschoß für Büros. Der Saal im Mittelschiff hat eine künstlich beleuchtete Lichtdecke aus Milchglas als Reminiszenz an den Vorgängerbau sowie links und rechts davon Glasdächer. Die Details wurden sorgfältig geplant und ausgeführt. Während auf der einen Seite die offenen Arbeitsbereiche angeordnet sind, reihen sich auf der anderen Beraterkabinen aneinander. Der freie Blick auf die Schreibtische der Mitarbeiter wurde jedoch bereits mit Stellwänden verstellt. Trotz Öffnungsflügel und textilem Sonnenschutz kann es in der Halle im Sommer unangenehm heiß werden. Die Kühlung ist aufgrund der zur Straße hin durchgängigen Räume schwierig.

Für die Mitarbeiter führt ein zweiter Weg mit einem Glasfahrstuhl nach oben. Er dient auch Kunden im Rollstuhl oder mit Kinderwagen, die dann jedoch einen ungünstigen Weg durch die Back-offices nehmen müssen. Ein Kartenleser verhindert ungebetenen Besuch in den Büros in den oberen Etagen. Viel zu sehen gibt es dort aber ohnehin nicht, denn die Grenzen zwischen Filial- und Internetbank zerfließen zusehends, und die Deutsche Bank in Rostock hat bereits schon bald ihren Namen in ›Deutsche Bank 24‹ geändert.

Ulf Meyer

Fassade
Street facade

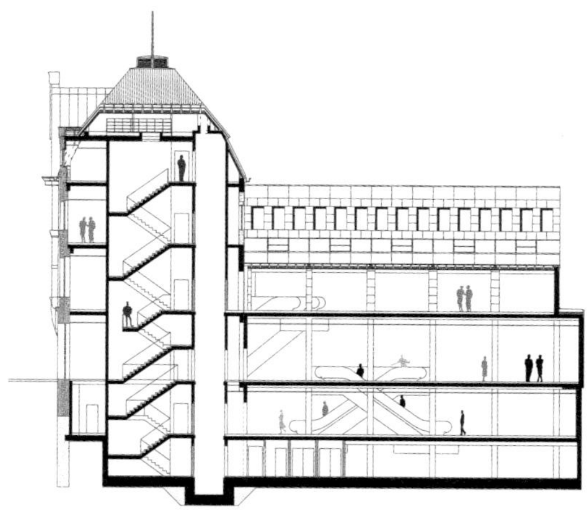

Längsschnitt
Longitudinal section

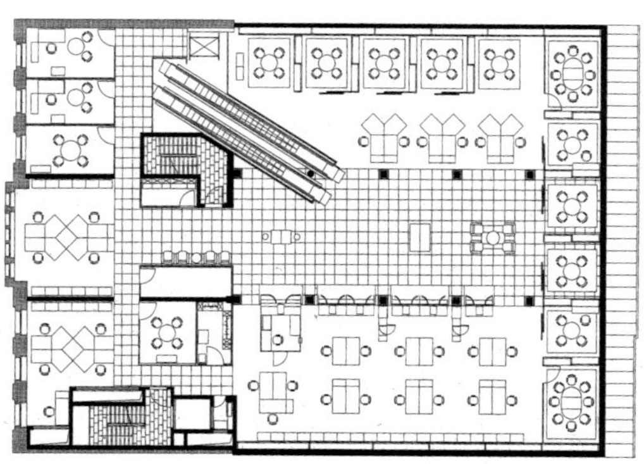

Grundriß 1. Obergeschoß
Second floor plan

Grundriß EG
Ground floor plan

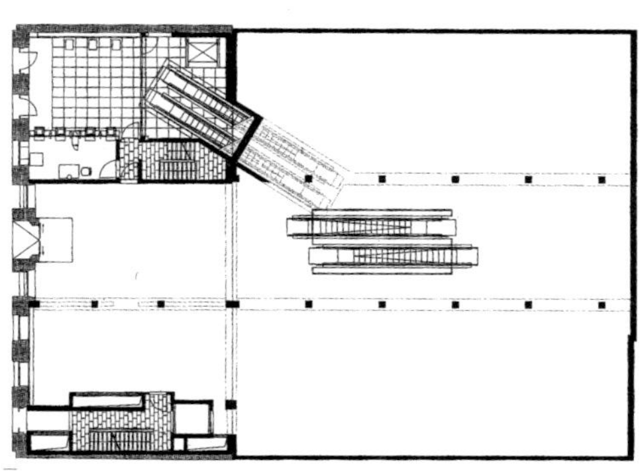

narrow escalator up to the first floor hall, which is structured like a basilica with an airy and spacious "central aisle" naturally lit by a glass roof structure and light-diffusing ceiling.

Rückansicht
Rear view

Photos: Stefan Müller

Rolltreppe
Escalators

Schalterhalle mit Durchblick auf die Straße
Banking hall with view to street

Detail des Dachaufbaus
Detail of roof structures

Schalterhalle mit Besprechungsräumen
Main banking hall with discussion spaces

Frank O. Gehry

Büro- und Verwaltungsgebäude, Düsseldorf

Projektarchitekt **Randy Jefferson**
Ausführende Architekten **Beucker, Maschlanka und Partner**

Fertigstellung 1999

Office and Administration Buildings

With his Neuer Zollhof—an ensemble of three separate yet related office buildings on the new "media mile" at Düsseldorf's riverport—Frank O. Gehry has come up with yet another internationally outstanding design.

In terms of silhouette and volumetric alignment, the buildings respond to the riverside promenade, bridge and nearby streets. Each of the buildings has its own identity: building C with its chamois plaster facade has the most dominant sculptural character, building B with its stainless steel facade forms the centre of the ensemble, while building A has been clad in brick as a direct reference to the port. The layouts, too, are different: building A is made up of intersecting rectangles and pentagons around a central core, building C has more open, vaulted and convex segments, some of which are almost circular, while the metallic building B has an amorphous symmetrical floor plan reminiscent of a Rorschach ink-blot test.

These three buildings differ in form and facade, height and design, and yet appear as variations on one and the same basic theme. The buildings provide more than 23,000 square meters of office space that can be divided up and partitioned with enormous versatility, given the mean ceiling height of three meters and the grid layout of just over 1.3 meters.

Apart from the sculptural quality of the buildings, it is the planning and realisation that lend Gehry's Neuer Zoll-

Immer schon war Frank O. Gehry ein Architekt, der sowohl in den von ihm gewählten architektonischen Ausdrucksformeln wie in der Materialwahl vermeintlich alte Gewißheiten in Frage stellte. Neben seinem eigenen Haus in Santa Monica, dem er mit billigen Industriefertigteilen eine zugleich luzide wie provisorische Erweiterungshülle anbaute; neben seinem Vitra Design Museum in Weil am Rhein, in dem zergliederte, unregelmäßige Bauvolumina einander durchstoßen; neben seinem Prager Gebäude ›Ginger und Fred‹, dessen zerklüfteten Volumina man die computergestützte Planung bereits dominant ansah, und vor allem seinem 1997 eröffneten Guggenheim Museum in Bilbao, dem beeindruckendsten poetisch-dekonstruktiven Großgebäude der Gegenwart, hat Gehry an der neugestalteten Medienmeile am Hafen in Düsseldorf mit einem Ensemble aus drei aufeinander bezogenen Büro- und Verwaltungsgebäuden einen weiteren international herausragenden Entwurf realisiert.

Dieser Standort ist geprägt von Industrielagerhäusern, die das Areal arrondieren und gegen benachbarte Stadtteile abschotten. Die drei Gehry-Gebäude nehmen in Silhouette und Baumassenanordnung Blickbeziehungen zur Rheinuferpromenade, zur Rheinkniebrücke und den vorhandenen Straßen auf. Jeder der drei Solitäre, A – B – C, hat eine eigene Identität: Während das größte Haus C mit dem dominantesten skulpturalen Charakter eine chamois geputzte Fassade aufweist und Haus B als zentraler Mittelpunkt des Ensembles eine Fassade aus Edelstahl, versteht Gehry das Haus A als Referenz zum Hafen und hat es deshalb mit Ziegelsteinen verblendet. Auch die Charaktere der Grundrisse sind unterschiedlich: So setzt sich Haus A aus ineinander geschobenen Vier- und Fünfecken zusammen, die zentrifugal um einen Gebäudekern rotieren; Haus C hat noch freiere, offenere, gewölbte und gebauchte, manchmal fast kreisförmige Grundrißsegmente; das metallische Haus B dagegen ist im Grundriß nur noch eine amorphe, klappsymmetrische Großform, die an die Rohrschach-Tests der Psychotherapeuten gemahnt.

Die drei Gebäude unterscheiden sich also in Form und Fassade, Höhe und Entwurfsauffassung und wirken doch wie Variationen ein und desselben Grundgedankens. Dazu trägt entscheidend ihre Anordnung zueinander bei, denn in Ergänzung der Plastizität der verschiedenen Gebäudevolumina zwischen sieben und vierzehn Etagen begreift der Architekt den Freiraum zwischen ihnen als dreidimensional skulpturalen Bedeutungsraum. Zudem wirken die Staffelungen der einzelnen Gebäudeteile innerhalb eines Komplexes ebenso wie ihre prinzipiell aus der Vertikale gekippten Fluchtlinien bereits wie kristalline Formationen, denen auch die exakte Horizontalität der Fensterreihen nichts von ihrer expressiven Wucht nehmen kann, zumal diese Fenster – wie schon im Prager ›Ginger und Fred‹-Hochhaus – nicht flächenbündig, sondern jeweils vertikal vorkragend in die Fassade gedreht sind: nicht als Glashaut oder Lochfassaden seligen Angedenkens der funktionalistischen Moderne, sondern als störrische Fensterkörper, die an Erich Mendelsohn oder Fritz Höger erinnern. Die insgesamt über 23 000 Quadratmeter Mietflächen sind durch die Mittelstützen in den einzelnen Etagen bei durchschnittlich drei Metern Raumhöhe und einem Ausbauraster von knapp über 1,3 Meter äußerst flexibel aufzuteilen.

Aber neben der skulpturalen Qualität dieser Zollhof-Gebäude, die eine neue ›Landmark‹ im Düsseldorfer KMR Kunst- und Medienzentrum Rheinhafen bilden und wohl auch bilden müssen – denkt man an die inzwischen übliche Standortkonkurrenz und hat dabei zum Beispiel Karlsruhes ZKM (Zentrum für Kunst und Medientechnologie) und Kölns MZ (Medienzentrum) vor Augen – ist es vor allem die Planungs- und Realisierungslogistik, die an Gehrys nordrhein-westfälischem Projekt fasziniert. Hier erweist sich Gehry erneut als Magier der computergenerierten Entwurfsphantasie, als der gegenwärtig talentierteste Architekt des in seinem Fall nur unzureichenden Etiketts des Dekonstruktivismus. Wiederum beruhte die gesamte in Los Angeles durchgeführte Entwurfsplanung auf der Simulation dreidimensionaler Gebäudemodelle, durchgeführt mit dem Computer. Die Außenhäute der Gebäude entsprechen keiner konventionell mathematisch beschreibbaren Flächengeometrie, sondern sind Freiformflächen, wie sie im Automobil- und Flugzeugbau, zunehmend auch im Produktdesign Anwendung finden. Die Konvertierung der Freiformflächen in baurealistische Daten erfolgte geschoßweise mit jeweils etwa zweistündiger Rechenzeit. Die Freigabe des Architekten für die überwiegend im CAD-Verfahren erstellten Fertigteile erfolgte somit auf einer reinen Datenbasis ohne Schalplan. Für den Rohbau verdoppelte sich damit die Anzahl der Grundrisse, da neben den Geschoßplänen auch Deckenuntersichten erforderlich waren.

Aber neben der Planung war auch die Realisierung neu und ungewöhnlich. Entgegen der in Deutschland

üblichen Praxis wurden bereits in der Entwicklungsphase die jeweils wirtschaftlichsten Formen zur Herstellung der Fassaden ermittelt. Die Konvertierung der Daten in Softwareprogramme ermöglichte die Herstellung von Betonfertigteilen für jede Geschoßscheibe, die über eine CNC-gesteuerte Fräse jeweils großdimensionierte Polysterolblöcke als 350 unikale Schalformen ergab. Nach dem Betonausguß dieser Formen wurden die fertigen Segmente just-in-time an die Baustelle gebracht.

Die Qualität dieser Gebäude wird sich, anders als am Potsdamer Platz, auch in ihren Alterungsprozessen, in ihrer Patinafähigkeit erweisen. Ein neues Arbeitsquartier auf dem Papier oder im Computer zu entwerfen, ist eine Sache; dieses Arbeitsquartier mit Geschichte und Geschichten zu füllen und zu beleben, ja ihm eine Quartiersbiographie zu geben, eine andere. Das kontrollierte Labyrinth des Gehryschen Ensembles mit seiner Fassadendramatik, seiner Grundrißmannigfaltigkeit, mit einem Wort: seiner Überraschungslatenz provoziert geradezu solche Geschichten. Was mehr kann ein Architekt den Auftraggebern, den Mietern, den Passanten und Flaneuren bieten?

Anna Meseure

Ansicht vom Hafen
View from harbor

Photo: Thomas Mayer

hof project its fascination. Once again, Gehry has proved himself a master of highly imaginative computer-aided design, and is surely the most talented architect working today in a field that can be described somewhat inadequately as deconstructivism.

Axonometrie von Nordwesten
Isometric view from northwest

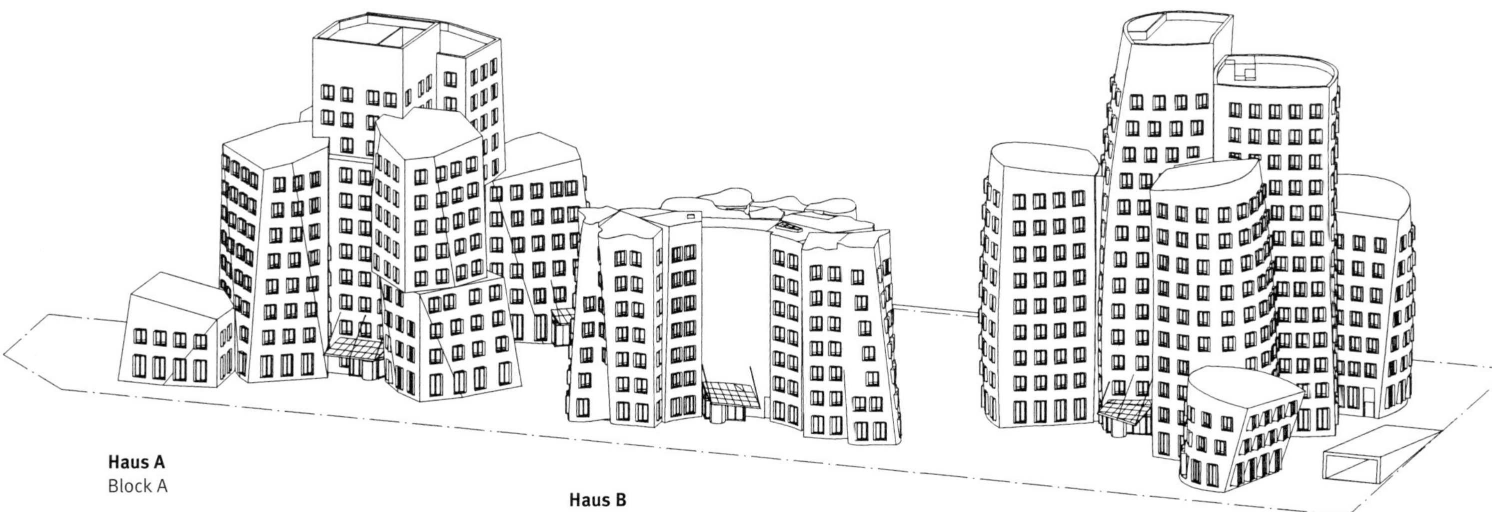

Haus A
Block A

Haus B
Block B

Haus C
Block C

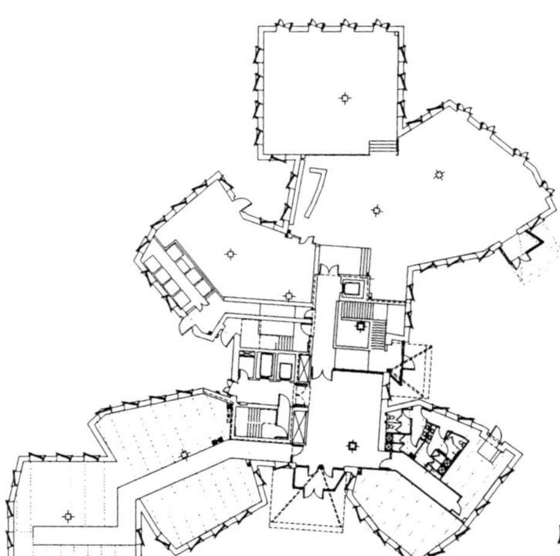

Grundriß Haus A
Plan of block A

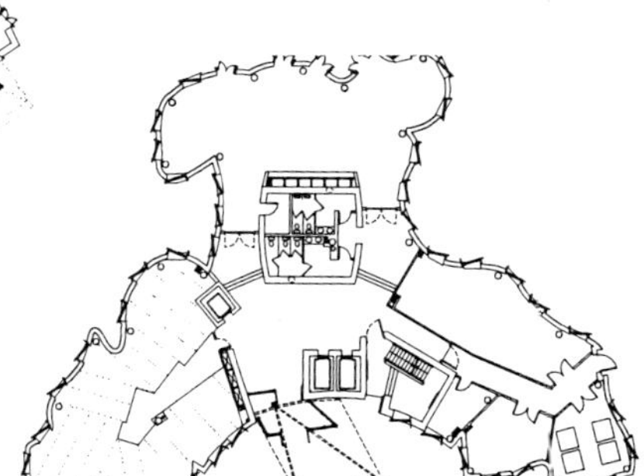

Grundriß Haus B
Plan of block B

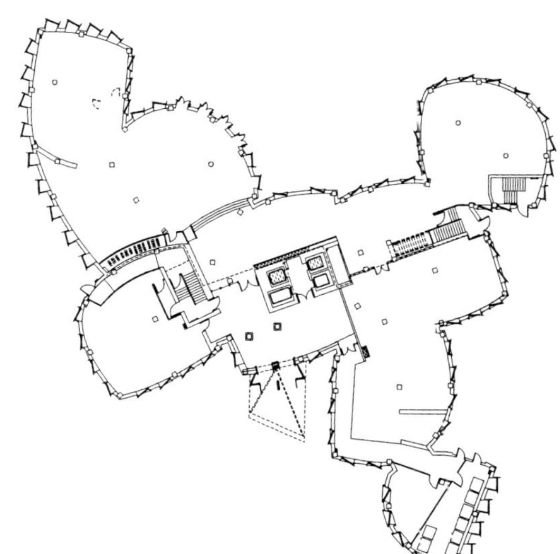

Grundriß Haus C
Plan of block C

Rechts:
Haus B mit der Fassade aus polierten Edelstahltafeln

Right:
block B with facade of polished stainless-steel panels

Eingang zu Haus B
Entrance to block B

Photos: Jochen Helle
(wenn nicht anders angegeben)
(unless otherwise specified)

Luftaufnahme des Kunst- und Medienzentrums Rheinhafen
Aerial view of Rheinhafen arts and media center

Photo: Thomas Mayer

Innenansichten
Interior views

Photos: Thomas Mayer

Rechts:
Haus C mit der Fassade aus Wärmeverbundsystem mit chamoisfarbenem Anstrich

Right:
block C with chamois-rendered composite thermal facade

Haus A mit der terrakottafarben verklinkerten Fassade

Block A with terracotta-colored engineering-brick facade

Zaha Hadid mit
Peter Bährle,
Roland Mayer,
Patrick Schumacher

Ausstellungspavillon, Landesgartenschau, Weil am Rhein

Projektarchitekt **Markus Dochantschi**

Projektteam **Garin O'Avazian, Barbara Pfenningsdorf, Oliver Domeisen, Wassim Halabi, James Lim**

Fertigstellung 1999

Exhibition Pavilion

Today, building a pavilion has become one of the last remaining challenges in the world of architecture. Zaha Hadid has taken up the gauntlet to design the Baden Württemberg Horticultural Show pavilion at Weil am Rhein. Programmatically entitled *LF one* (for "landscape formation"), it introduces a new and exciting phase in the work of this architect. In contrast to the deconstructivist, fragmented architectural metaphors we have come to associate with her work, the pavilion features fluid forms and sweeping spaces. In designing the pavilion, Zaha Hadid has looked to natural forms such as desert dunes and stone formations. At first glance, its tangibly sculptural form appears to have evolved out of a network of paths and a system of ramps that expressively guide the visitor into the interior. Where the branches of the three paths converge lies the heart of this modern-day folly: the long exhibition space with a café and environmental research center. A double row of piers and a few steps mark the visual borderline with the lower-level café, which continues beyond a rhythmically structured glass partition to open-air seating. A tiny kitchen, two small conference rooms and a technical services unit round off the minimalist spatial program on the ground floor. In spite of the striking purism of the materials (concrete, wood and glass), this building has an arresting aesthetic impact that gives the visitor a truly synaesthetic overall impression.

Jede Form ist das erstarrte Momentbild eines Prozesses. Also ist das Werk die Haltestelle des Werdens und nicht erstarrtes Ziel. El Lissitzky

Eine Landesgartenschau ist ein schwieriges Kapitel. Schwierig, weil die traditionsreiche Kunst der »aufgeschmückten Landschaft« (Peter Joseph Lenné) am Aussterben ist, und schwierig wegen der steinigen Gratwanderung zwischen »pädagogischer Provinz« und volksnaher Gartenzwergidylle. »Prodesse et delectare« ist ein hoher Anspruch, besonders dann, wenn gleichzeitig auch noch Belange städtischer Imageaufwertung und der Tourismusindustrie betroffen sind. Ein bißchen Kunst darf dabei natürlich nicht fehlen. Gern präsentiert man sie in Form architektonischer Petitessen, am liebsten als Pavillon. Ein Lusthäuschen im Grünen! Für den Architekten ist dies die Bauaufgabe schlechthin, denn hier darf er einmal zweckfrei träumen, exzessiv mit Formen spielen und sich in die große Tradition der ›Folly‹-Kunst einreihen, die speziell im 18. Jahrhundert phantastische Blüten trieb. Unter dem Einfluß der Pariser Schule von Jean-Nicolas-Louis Durand und dem neuen Geist des englischen Landschaftsgartens schufen Architekten wie Claude-Nicolas Ledoux, Peter Speeth und Georg Ludwig Friedrich Laves mit ihren in Ideenlandschaften eingebetteten Pavillon-Entwürfen subtile Stimmungsbilder des Schönen und Erhabenen. Wer heute einen Pavillon baut, muß sich zwangsläufig an diesen eindrucksvollen Meisterwerken der Baugeschichte messen lassen. Der kritische Vergleich fällt selten zugunsten der aktuellen Schöpfungen aus, denn die Formen sind müde geworden. Die ›architecture parlante‹ ist zum Schimpfwort degradiert und der große architektonische Traum nur noch Legende.

Der Pavillon gehört deshalb zu den letzten Abenteuern in der Architektur, das nur die ganz Mutigen wagen. Zaha Hadid ist eine davon. Die Hohepriesterin der aggressiven Katastrophenästhetik baute den Ausstellungspavillon der Landesgartenschau Baden-Württemberg in Weil am Rhein.

Nicht weit davon entfernt – auf dem Gelände der Möbelfirma Vitra – steht ihr erstes im Jahr 1993 realisiertes Objekt: die Feuerwache – ein dekonstruktivistisches Unikat. Im Gegensatz zu dieser steingewordenen Zersplitterungsmetapher übt sich Zaha Hadid beim Pavillon nun in der hohen Kunst fließender, weich geschwungener Betonmassen. Ein Zwitter zwischen Startrampe und gestrandetem Wal. Ein Pavillon: ein gebautes Bild!

LF one (landscape formation) heißt das eindrucksvolle Bauwerk, und wie schon der Name programmatisch ankündigt, handelt es sich hier um das erste Test-Objekt einer völlig neuen Versuchsreihe aus dem Londoner Labor Hadid. Ausgangspunkt war die Natur. Ihre mannigfaltigen Landschaftsformationen wie beispielsweise der Fächer eines Flußdeltas, zerklüftete Eisschollen, splittrige Gesteinsschichtungen oder sanfte Verwehungen im Wüstensand inspirierten die Architektin zu diesem kühn rhythmisierten ›Raumbündel‹. Von diesen architektonischen Analogien – Formen der Erde als Formen der Architektur – träumten bereits die Expressionisten und Konstruktivisten der zwanziger Jahre, wenn auch unter ganz anderen Vorzeichen.

Zaha Hadid nimmt nun in ihrem Pavillon-Experiment die lose hängenden Fäden von damals wieder auf und verknüpft sie in ihre Vision von einer »kommenden Baukunst« für »komplexe, vielfältige und vergängliche moderne Lebensprozesse«. Sie beweist sich als geschickter »metteur de la nature en œuvre«

Luftaufnahme von Westen Aerial view from west

Beleuchteter Eingangsbereich
Illuminated entrance area

Eingang
Entrance

Zaha Hadid mit Peter Bährle,
Roland Mayer, Patrick Schumacher
Ausstellungspavillon, Landesgartenschau, Weil am Rhein

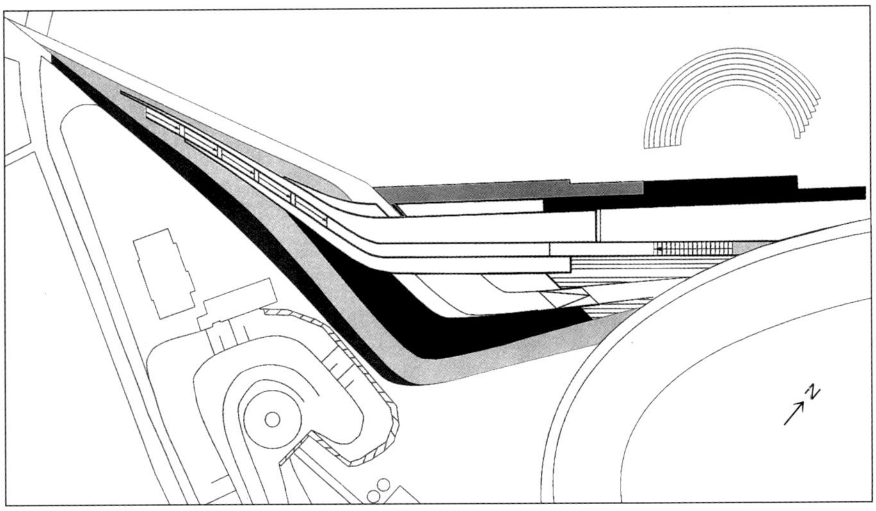

Lageplan
Site plan

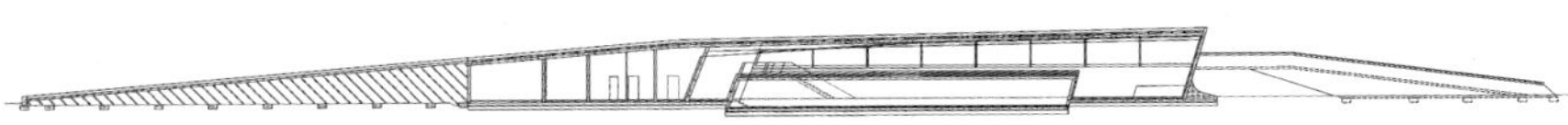

Schnitt
Section

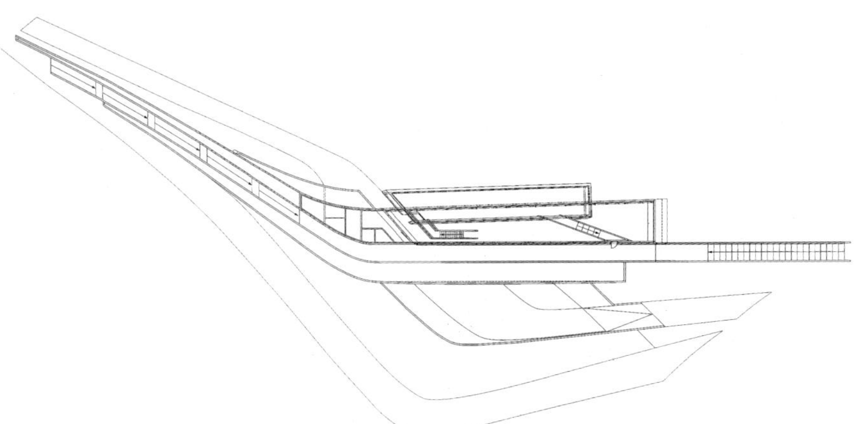

Grundriß Obergeschoß
Upper floor plan

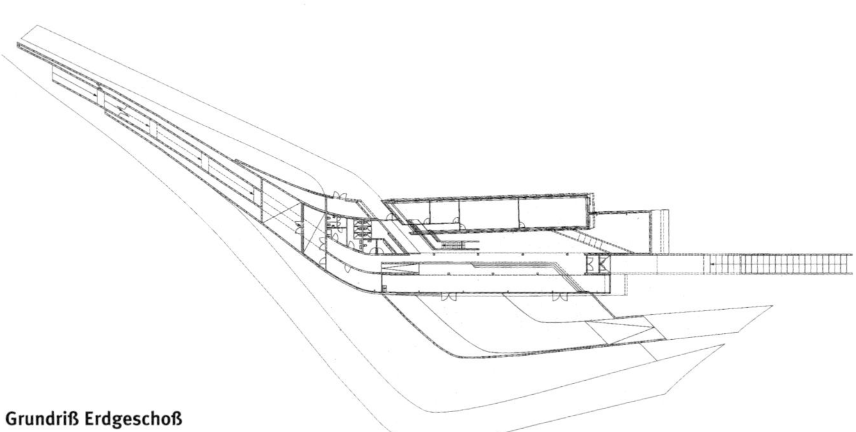

Grundriß Erdgeschoß
Ground floor plan

(Etienne-Louis Boullée), indem sie den Pavillon mit weichem Schwung aus der topographischen Fläche der Kiesgrube hebt und das Auge des Betrachters magisch auf den 140 Meter langen Betonrücken des neuen Raumzeichens zieht. Auf den ersten Blick wirkt es wie ein horizontal hingelagerter, fremdartiger Organismus: Treppe, Rampe und eine fließende, pudriggraue Masse, die im Norden in einer sich aufbäumenden Welle verebbt. Es gibt kein signifikantes Entree, keine Hoheitszeichen, nur die große, bewegte Formenlandschaft mit den Linien der drei Wege, die sich verzweigen und der begehbaren Raumskulptur ihre Form geben. Wo sich die einzelnen Äste der Wege zum Stamm zusammenfinden, ist das Zentrum des Pavillons: die langgestreckte Ausstellungshalle mit dem Café und dem Umweltzentrum. Eine doppelte Stützpfeilerreihe und wenige Treppenstufen definieren die optische Grenze zum tiefer gelegenen Café, das sich hinter einer Glasfront zur Terrasse erweitert. Die winzige Küchenkombüse, zwei schmale Konferenzsäle und der Technikraum komplettieren das kleine Raumprogramm im Erdgeschoß.

Außen wie innen dominiert Beton pur. Materialpurismus ist Trumpf. Helle Holzschalung als Markierung der Konferenzräume und die synkopische Gliederung der großen Fensterflächen – das sind die einzigen, aber völlig ausreichenden Akzente in dieser ›Folly‹ des oszillierenden Raums. Dieses komprimierte Gebilde mit den unterschiedlichen Höhenschichtungen und einer im dramatischen cross-over quer durch den Raum geführten Wegerampe wirkt nun keineswegs neutral. Seine Wirkungsästhetik will anrühren, will bewegen (»émouvoir« nennt es Boullée treffend), und es provoziert das synästhetische Gesamterlebnis, das sich dem Besucher am besten beim Gehen quer über und durch den Pavillon erschließt. Von der Dachpromenade mit den ›vues mouvantes‹ der traditionellen Gartenarchitektur bis zur expressiv inszenierten Rampenkonstruktion in der Halle, dann die emphatische Freitreppe hinab in den Garten – jeder Schritt zeigt den Pavillon als »véritable promenade architecturale« (Le Corbusier).

Ein spannendes Experiment. Mit ungewissem Ausgang und – wie jedes Experiment in der Laborphase – mit kleinen Fehlern. Dennoch: »Das Unzulängliche, hier wird's Ereignis!« (Johann Wolfgang von Goethe)

Karin Leydecker

Ansicht von Nordosten
View from northeast

Ansicht von Osten
View from east

Zaha Hadid mit Peter Bährle,
Roland Mayer, Patrick Schumacher
Ausstellungspavillon, Landesgartenschau, Weil am Rhein

Erdgeschoß
Ground floor

Dachaufsicht
View of roof

Obergeschoß
Upper floor

Photos: Christan Richters

Jacques Herzog,
Pierre de Meuron

Museum, Duisburg
Umbau der Küppersmühle

Projektleitung **Jürgen Johner**

Mitarbeit **Katsumi Darbellay, Lukas Kupfer, Mario Meier** (Konstruktionsdetails), **Astrid Peissard, Simon Smaczny**

Museum

Duisburg, once "the breadbasket of the Ruhr" began its metamorphosis from industrial city and riverport to service-sector capital some twenty years ago. The riverport itself, bordering on the inner city, has played a major role in this transformation. The most outstanding historical building of the port is the so-called Küppersmühle—a huge brick edifice erected between 1908 and 1916. Now the former mill is to house a museum of contemporary German art.

The Basle-based architects Jacques Herzog and Pierre de Meuron have been entrusted with the conversion. They have left the original building largely unchanged. Some ceilings have been removed, creating three lofty exhibition spaces where once there were six floors. Some of the windows have also been closed up, reinforcing the monolithic appearance of the mill. On the whole, the building gives priority to the art displayed there: smooth, white walls and ceilings, with grey basalt flooring. There are no basecourses or moldings that might distract the eye, and the sophisticated technology remains invisible. Narrow tracks with neon lighting provide the necessary artificial light, with daylight entering through the few slits that look towards the port.

On the street side, the new staircase tower is the most notable indicator of the mill's conversion. An asymmetrical structure of brick-coloured concrete, it complements the overall composition of the ensemble.

1997 – 1999

»Nach Duisburg der Architektur wegen? Wohl kaum.« So begann Peter Rumpf, Chefredakteur der renommierten Berliner Architekturfachzeitschrift ›Bauwelt‹, vor gerade einmal sechs Jahren einen Aufsatz über das Aschenputtel an Rhein und Ruhr. Duisburg, noch immer in Erinnerung als die leicht schmuddelige Heimat des leicht schmuddeligen Tatort-Kommissars Schimanski, war lange als graue Montanstadt verschrien. Die elftgrößte Stadt Deutschlands, mit ihrer Mühlenindustrie einst ›Brotkorb des Ruhrgebiets‹, begann jedoch schon vor gut zwanzig Jahren, den Wandel von der Industrie- und Hafen- zur Dienstleistungsstadt vorzubereiten. Besondere Bedeutung kam und kommt dabei dem unmittelbar an die Innenstadt angrenzenden Innenhafen zu. Im Jahr 1989 lobte Duisburg einen städtebaulichen Wettbewerb für die Erneuerung des gesamten, knapp 90 Hektar großen Areals aus. Ein Team um Norman Foster gewann, ein Masterplan zur Revitalisierung des Innenhafens wurde erarbeitet. ›Arbeiten, Wohnen, Kultur und Freizeit am Wasser‹ lautet die Überschrift, unter der Kontorhäuser, Mühlen, Getreidespeicher umgewandelt werden und, neben einer Uferpromenade und Kindertagesstätten, ein Park von Dani Karavan, Wohnungen von Auer + Weber und ein Gemeindezentrum von Zvi Hecker entstanden sind.

Das herausragende historische Gebäude des Innenhafens ist die Küppersmühle, ein zwischen 1908 und 1916 in zwei Abschnitten errichtetes, mächtiges Backsteingebirge. Von der in Duisburg allgegenwärtigen Autobahn gut sichtbar, tritt der ganz im Osten des Hafengebiets gelegene, majestätische Bau als gewichtiger städtebaulicher Schwerpunkt in Erscheinung. Aus der Mühle am Philosophenweg (!) wurde nun ein Museum mit knapp 5000 Quadratmetern Ausstellungsfläche; ein Restaurant mit knapp 1000 und ein Dienstleistungszentrum mit 5500 Quadratmetern unter demselben Dach sollen folgen. Schon fertig ist der kulturelle Kern: Seit April 1999 beherbergt der zentrale Teil des Gebäudes ein Museum für deutsche Kunst der Gegenwart. Gezeigt werden, neben Wechselausstellungen, Werke aus der umfangreichen Sammlung von Hans Grothe, gebürtiger Duisburger, gelernter Architekt, Immobilienmakler und Projektentwickler. Grothes Sammlung, seit 1972 im Kunstmuseum Bonn untergebracht und dort nur zu einem kleinen Teil präsentiert, umfaßt alles, was in der Kunst Nachkriegsdeutschlands Rang und Namen hat. In seiner Heimatstadt ist der Unternehmer, auf der Suche nach zusätzlichen oder alternativen Ausstellungsorten, jetzt für dreißig Jahre, so der Leihvertrag, fündig geworden.

Als Architekten des Umbaus zeichnen Jacques Herzog und Pierre de Meuron aus Basel verantwortlich. Die beiden Nordschweizer, seit gut zwanzig Jahren ein Team und spätestens seit dem zu ihren Gunsten entschiedenen Wettbewerb für die Erweiterung der Londoner Tate Gallery in der Bankside Power Station ›global players‹, lassen die Architektur der imposanten Küppersmühle weitgehend unverändert, nutzen den Charakter und die Eigenart des Gebäudes, statt sich ihm entgegenzustellen. Die Umnutzung des Industriebaus in ein Museum ließ trotz größerer Eingriffe in das Innenleben der Mühle die Tragstruktur größtenteils unangetastet. Die für die zum Teil sehr großformatigen Werke gewünschten hohen, ruhigen Ausstellungsräume erforderten, daß einzelne Geschoßdecken herausgebrochen wurden. Aus sechs niedrigen Stockwerken wurden so drei Ausstellungsetagen, unprätentiös unterteilt in 22 um die sechs Meter hohe, dem Wunsch des Hausherrn gemäß monographisch bestückte Räume. Um die neue Geschoßteilung zu ermöglichen, wurden die bestehenden Fensteröffnungen im Bereich der Ausstellungsräume mit Backsteinen gleicher Qualität geschlossen. Die schon im Urzustand beeindruckende monolithische Wirkung der Mühle wird so noch verstärkt.

Wie schon bei der 1992 von Herzog & de Meuron fertiggestellten Münchner Sammlung Goetz läßt das Gehäuse der Kunst den Vortritt: weiße, glatte Wände und Decken, grauer Basaltboden. Kein Sockel lenkt ab, keine Deckenleiste stört; die aufwendige Technik bleibt unsichtbar. Schmale, zumindest einfach anmutende Schienen mit Neonröhren (Lichttechnik: Ove Arup, London) sorgen für das nötige Kunstlicht. Hinzu kommt Tageslicht, das durch wenige, nur körperbreite, aber raumhohe, aus dem Fassadenmauerwerk herausgeschnittene Schlitze einfällt und das Kunstlicht belebt. Durch diese Ausblick gewährenden Einschnitte in der fast einen Meter dicken Außenwand entstehen Nischen, die die Besucher in eine Art Zwischenwelt – hier drinnen die Kunst, dort draußen das Leben – einladen. Vom Hafen her betrachtet, irritieren die sich mit den zugemauerten Fensteröffnungen überschneidenden Schlitze den Betrachter und machen so subtil auf die neue Nutzung aufmerksam.

Auf der Straßenseite schließlich ist es, neben dem überhohen, kupferverkleideten Tor des Lastenaufzugs und dem dunkel dräuenden Einschnitt des Ein-

In an interview published in 1995, Herzog & de Meuron explained that all their projects were based on observation and descriptive perception, and that they invariably placed more importance on the special character of a project than on personal style. The conversion of the Küppersmühle to house the Grothe Collection bears impressive witness to that statement. Here, the architects have clearly sought to grasp the essence of the building.

Photos: Christian Richters

Ansicht vom Innenhafen
View from inner harbor

Ausschnitt Straßenansicht
Part of street face

gangs, vor allem der neue Treppenturm, der die Veränderungen der Mühle signalisiert. Als asymmetrischer Akzent ergänzt der ziegelrot eingefärbte Betonkubus mit seinen durchgehenden Fensterschlitzen die Komposition der Gesamtanlage, deren Umbau zum Ausstellungshaus Stadt und Land 58 Millionen Mark wert war. Die Architekten sprechen von »einem ganz wörtlich genommenen Treppenhaus mit eigener räumlicher Qualität, das die drei Ausstellungsgeschosse bequem miteinander verbindet. Die Proportionen der Treppentritte sind so gewählt, daß das Treppensteigen langsamer abläuft als auf den Treppen, die wir sonst im Alltag benutzen. Diese bewußte Verlangsamung der Bewegungen ist ein Teil der gewählten architektonischen Strategie für diesen Ort der Ruhe und der konzentrierten Wahrnehmung.« Nur hier, im Innern des Treppen-Hauses, dessen Auslagerung natürlich auch den geringstmöglichen Eingriff in die Substanz des Bestandes bedeutete, werden die Schweizer, nicht nur sprachlich, etwas pathetisch. (In den ›white cubes‹ der Ausstellungsräume ist es die zuweilen sakrale Feierlichkeit, mit der die Kunstheiligen inszeniert werden, die übertrieben anmutet.)

In einem 1995 veröffentlichten Interview erklärten Herzog & de Meuron, all ihre Projekte basierten auf beobachtender und beschreibender Wahrnehmung; der spezielle Charakter eines Projekts sei ihnen immer wichtiger als ein persönlicher Stil. Der Umbau der Küppersmühle für die Sammlung Grothe belegt

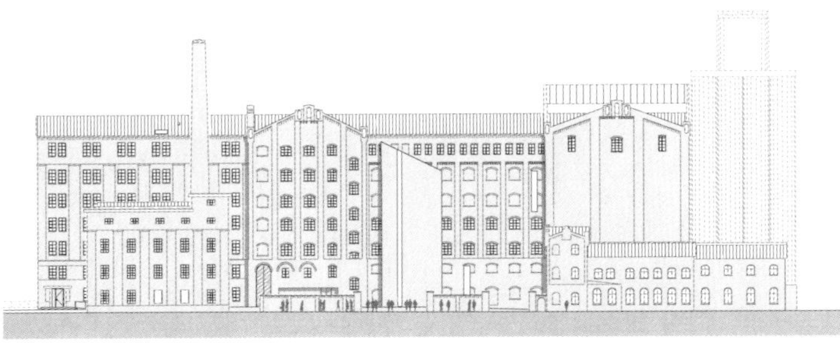

Ansicht Straßenseite
Street face

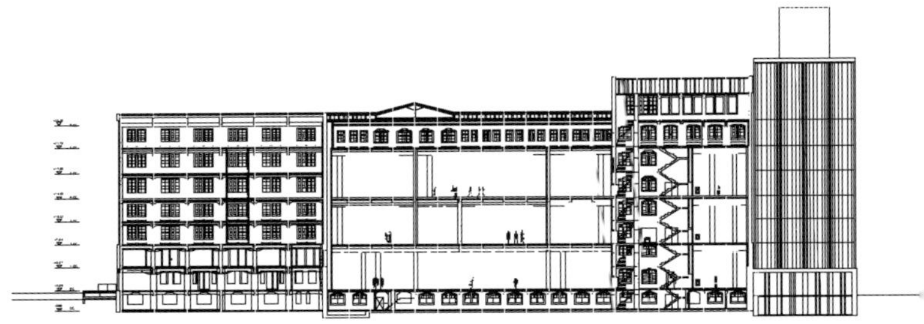

Längsschnitt
Longitudinal section

Grundriß obere Ausstellungsebene
Plan of upper exhibition level

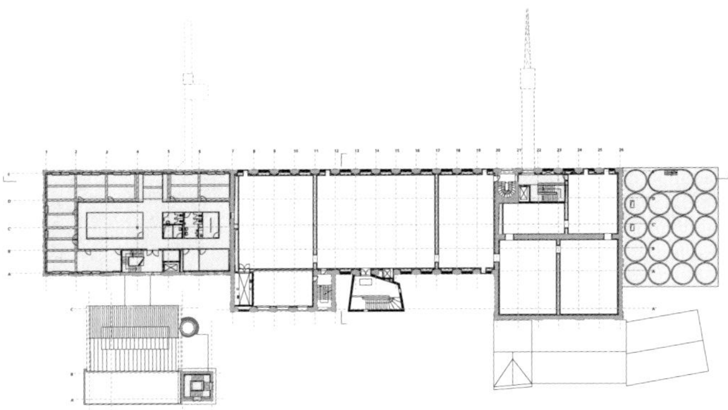

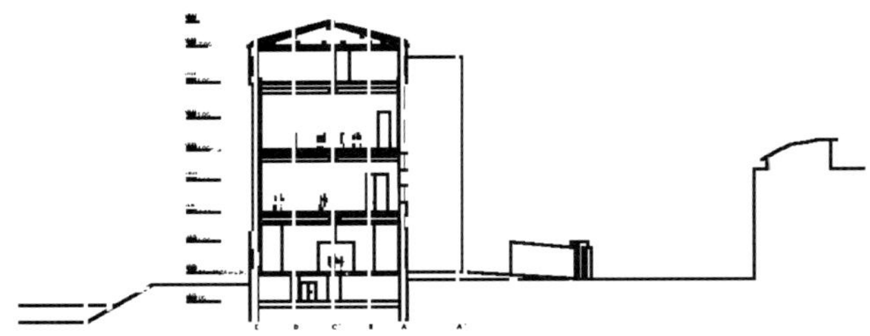

Querschnitt
Cross-section

Grundriß mittlere Ausstellungsebene
Plan of intermediate exhibition level

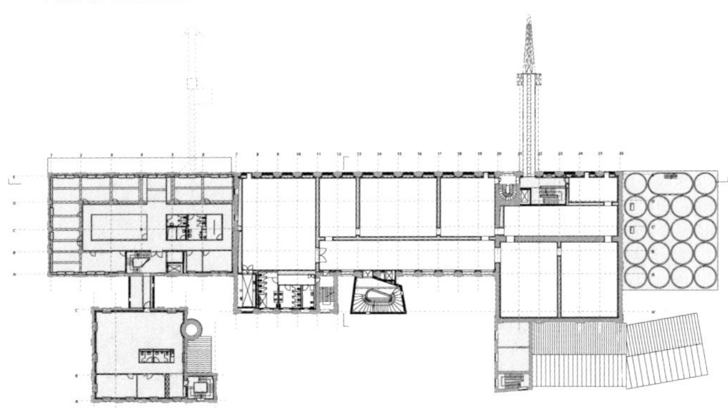

Grundriß untere Ausstellungsebene
Plan of lower exhibition level

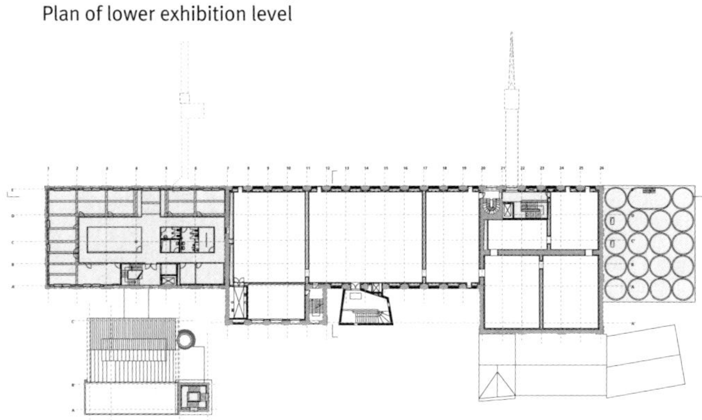

diese Aussagen eindrucksvoll als einen weiteren Versuch der beiden Basler Architekten, sich dem *Wesen* eines Gebäudes, ob Neu- oder Umbau, anzunähern.

Vor gerade einmal sechs Jahren waren es neben dem Wilhelm-Lehmbruck-Museum nur die ersten beiden Bausteine von Sir Norman Fosters Mikroelektronikpark, die Peter Rumpf eine Reise nach Duisburg angeraten scheinen ließen.

Die Zeiten haben sich geändert: Nach Duisburg. Der Architektur wegen.

Christof Bodenbach

Fensterschlitze in der Fassade
Vertical slit windows in facade

Treppenturm
Staircase tower

Treppenturm Innenansicht
Interior of staircase tower

Treppe
Staircase

Ausstellungsraum mit Tageslicht
Gallery space with natural lighting

Ausstellungsraum mit Kunstlicht
Gallery space with artificial lighting

Thomas Herzog,
Hanns Jörg Schrade
mit Roland Schneider

Verwaltungsgebäude, Hannover

Administration Building

A new architectural landmark graces the Hanover Trade Fair in the form of a twenty-storey tower. This new administrative center for the organizers of the Hanover Trade Fair is situated near the northern entrance and, being the city's highest building, is visible from afar. Designed, planned and implemented by Thomas Herzog, his partner Hanns Jörg Schrade and co-workers, the building offers high-quality workplaces and innovative use of environmentally sound energy sources. Comfort and low energy consumption were major parameters. The narrow site called for a high building.

Architecturally, and in terms of urban planning, the tower has a diagonal orientation. The set-back, three-storey entrance hall is fully glazed and brackets the public square at the northern entrance and the semi-public green area of the trade fair grounds, creating a link between the city and its trade fair. The floor plan of the building consists of a square office tower and two core units containing access zones and sanitary facilities. Each floor can be partitioned individually to provide between fifteen and twenty office workplaces in open space mode, combined layout or as self-contained offices.

The elegant double facade of the office cube, based on structural and energy-saving considerations, is constructed of wood and glass on the inside, with a steel and glass post-and-beam structure on the outside. The space between facade and interior wall doubles as a ventilation system. Each workplace has a window opening onto this space. This "natural" ventilation system functions with a minimum of primary energy. Requiring only minor technical support, it offers a low-tech, environmentally sound solution.

1997 – 1999

Die niedersächsische Landeshauptstadt Hannover genießt nicht gerade den Ruf, eine Hochburg zeitgenössischer Baukunst zu sein. Im Klappentext zum 1981 erschienenen Bändchen *Architektur in Hannover seit 1900* heißt es denn auch: »Hannover ist eine Stadt, die sich dem Betrachter erst auf den zweiten Blick erschließt. Reich an natürlichen Grünflächen und im Besitz der weit über die Stadtgrenzen hinaus gerühmten barocken Gartenanlage Herrenhausen, ist ihre Architektur vielleicht nicht so spektakulär, jedoch maßvoll und überschaubar.«[1] Natürlich gibt es einzelne Höhepunkte, so beispielsweise Fritz Högers expressionistisches Anzeiger-Hochhaus von 1927/28, den benachbarten, eleganten Umbau des Goseriedebades für die Kestner-Gesellschaft von 1997 (Architekten: Koch Panse Hühn) oder das Außen und Innen verschmelzende Kunstmuseum von Trint und Quast aus den späten siebziger Jahren. Konzertierte Aktionen in Sachen Architektur jedoch finden in Hannover heutzutage vornehmlich im Zusammenhang mit zwei durchaus in Beziehung stehenden Ereignissen statt. Das eine ist die unmittelbar nach dem Ende des Zweiten Weltkriegs – notgedrungen als Alternative zum verlorenen Leipzig in der damaligen sowjetischen Besatzungszone – vollzogene Gründung der Deutschen Messe AG. Mehrmals im Jahr drängen nun deren Großveranstaltungen die ansonsten vorherrschende Provinzialität sachte aus der Stadt an der Leine. Das andere, geradezu als Initialzündung zu bezeichnende, ist die 1990 mit dem Willen zur langfristigen Weiterentwicklung des Messegeländes zusammenfallende Entscheidung, die erste Weltausstellung auf deutschem Boden im Jahr 2000 in Hannover stattfinden zu lassen. In der Folge wurde ein städtebaulicher Wettbewerb ausgelobt; der preisgekrönte Entwurf schlug vor, wesentliche Teile des Messegeländes in die Expo 2000 zu integrieren. Man entwickelte einen Masterplan. Das Büro Herzog + Partner erhielt den Auftrag, diesen im Hinblick auf eine verbesserte räumliche Gesamtsituation des Geländes und die natürliche Belichtung und Belüftung der einzelnen Hallen zu prüfen, ein Gesamtkonzept zu entwickeln und die Halle 26 sozusagen als Prototyp der ›neuen Messe‹ zu bauen.

Ein neues bauliches Wahrzeichen der Messe ist der schlanke 20geschossige Verwaltungsturm der Messegesellschaft. Unweit des Nordeingangs gelegen, weithin sichtbar, ergänzt der Solitär ein bestehendes Bürogebäude und ist das höchste Haus Hannovers. Der Bau wurde von Thomas Herzog, seinem Partner Hanns Jörg Schrade und seinen Mitarbeitern im Hinblick auf hohe Arbeitsplatzqualität und den innovativen Einsatz von Umweltenergie entworfen und in Zusammenarbeit mit dem Büro BKSP realisiert; Behaglichkeit und niedriger Energieverbrauch waren die Planungsparameter. Die beengte Grundstückssituation war Anlaß, ein hohes Gebäude zu konzipieren. Städtebaulich und architektonisch orientiert sich der Turm über seine Diagonale: Die zurückgesetzte, dreigeschossige Eingangshalle ist voll verglast und verklammert so den (öffentlichen) Vorplatz des Nordeingangs mit dem (halböffentlichen) Grünbereich des Messegeländes. Messe und Stadt treten gleichsam in Verbindung. Im Grundriß gliedert sich der Baukörper in einen quadratischen Büroturm und zwei angelagerte Kerne, die die Erschließungen sowie die Sanitärräume aufnehmen. Die einzelnen Geschosse sind so individuell aufteilbar; je nach Bedarf können pro Geschoß 15–20 nahezu gleich-wertige Büroarbeitsplätze in Fassadennähe als Groß-raum-, Kombi- oder Zellenbüro eingerichtet werden.

Die elegante Doppelfassade des Bürokubus, zum einen aus konstruktiven, zum anderen aus energetischen Gründen gewählt, besteht innen aus Holz und Glas; außen wurde sie als Pfosten-Riegel-Konstruktion in Stahl und Glas realisiert. Sie ist horizontal geschottet, ihr Zwischenraum ist gleichzeitig Teil des luftführenden Systems. Für jeden Arbeitsplatz ist ein zum Fassadenzwischenraum zu öffnendes Fenster vorhanden. Verwirklicht wurde ein weitgehend natürliches Lüftungskonzept, das, mechanisch unterstützt, mit einem minimalem Aufwand an Primärenergie auskommt: Low-Tech statt High-Tech. »Thomas Herzog verbindet bei seiner Architektur technisch-konstruktives Können mit einem ausgeprägten Verantwortungsbewußtsein für die gebaute Umwelt«, heißt es im *Lexikon der Architektur des 20. Jahrhunderts*.[2] Er begibt sich dabei auf Spurensuche und wird fündig: in der Natur, in anderen Kulturkreisen, in Industriezweigen, die nichts mit dem Bauen zu tun haben. Architektur ist für den Münchner eben nicht nur Ästhetik: »Es geht im ganz traditionellen Sinne nach wie vor um alle drei klassischen Kategorien, die Vitruv benannt hat: die funktionale Tauglichkeit der Bauten, die richtige Technik des Bauens und die Schönheit der Gebäude.«[3]

Thomas Herzog ist einer der ganz wenigen echten (Bau-)Forscher unter Deutschlands Architekten – und Architekturhochschullehrern. Er hat das Bauen als Ganzes im Blick, sein Büro ist Akademie und Werkstatt zugleich. Auf die Kultur des Machens legt er großen Wert, (nicht nur) hierin Renzo Pianos Building Workshop verwandt. »Von Anbeginn galten die Forschungen Herzogs der Leistungsfähigkeit hochentwickelter und innovativer Baukonstruktionen.«[4] Er

Gebäudespitze mit Halle 26 im Vordergrund
Top of building with part of Hall 26 in foreground

Photo: Dieter Leistner/Architekton

Gesamtansicht
Overall view

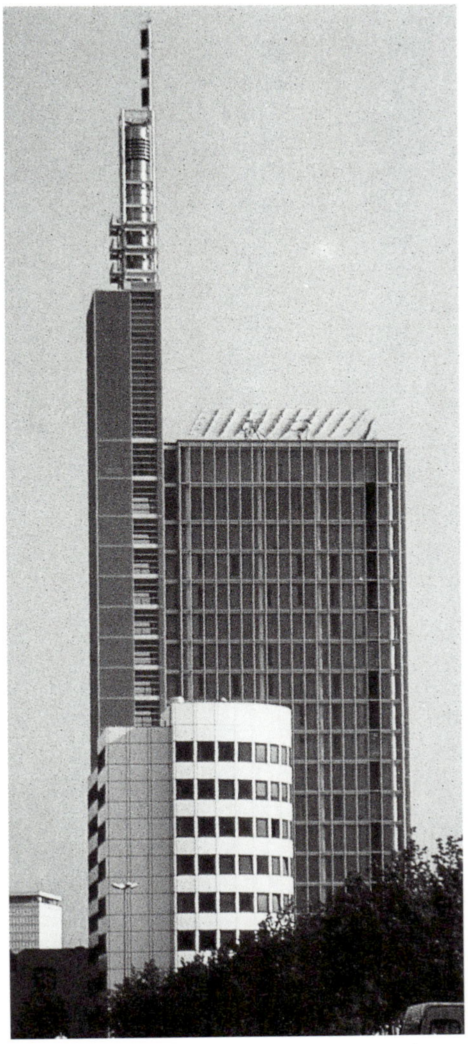

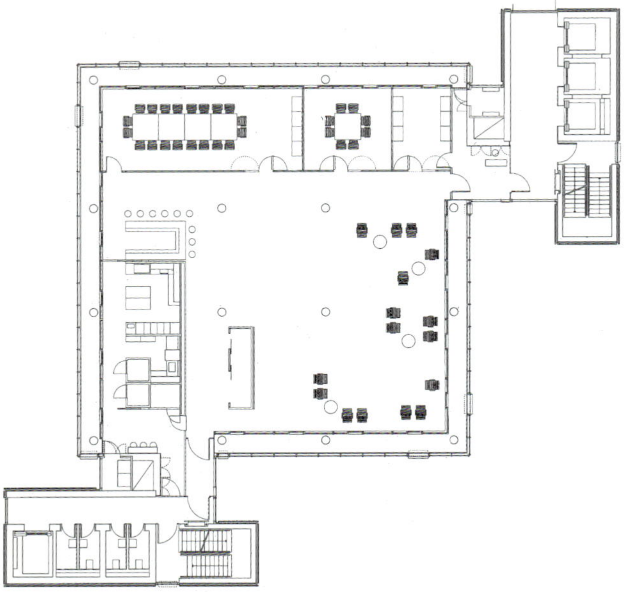

Grundriß
16. Obergeschoß
mit der sogenannten
Hermes Lounge
Plan of 17th floor with "Hermes Lounge"

selbst spricht von dem Ziel der »gestalterisch überzeugenden Leistungsform«. Ein schönes Beispiel für die Zähigkeit und Kontinuität des ›Materialforschers‹ ist die Fassadenbekleidung der beiden am Büroturm angelagerten Kerne. Sie geht auf seit 1978 betriebene Studien leichter, nichttragender Außenwandkonstruktionen zurück und ist die Weiterentwicklung eines 1984 in Lohhof bei München erstmals eingesetzten Systems aus vorgehängten, hinterlüfteten Ziegelplatten samt Unterkonstruktion, das als Wetterschutz für bestehende und neue Bauten vor außenliegender Wärmedämmung zu montieren ist. Man muß die Architektur nicht jeden Montag neu erfinden!

Schema der Luftführung
und Wärmerückgewinnung
Diagram of air currents through building and heat recovery system

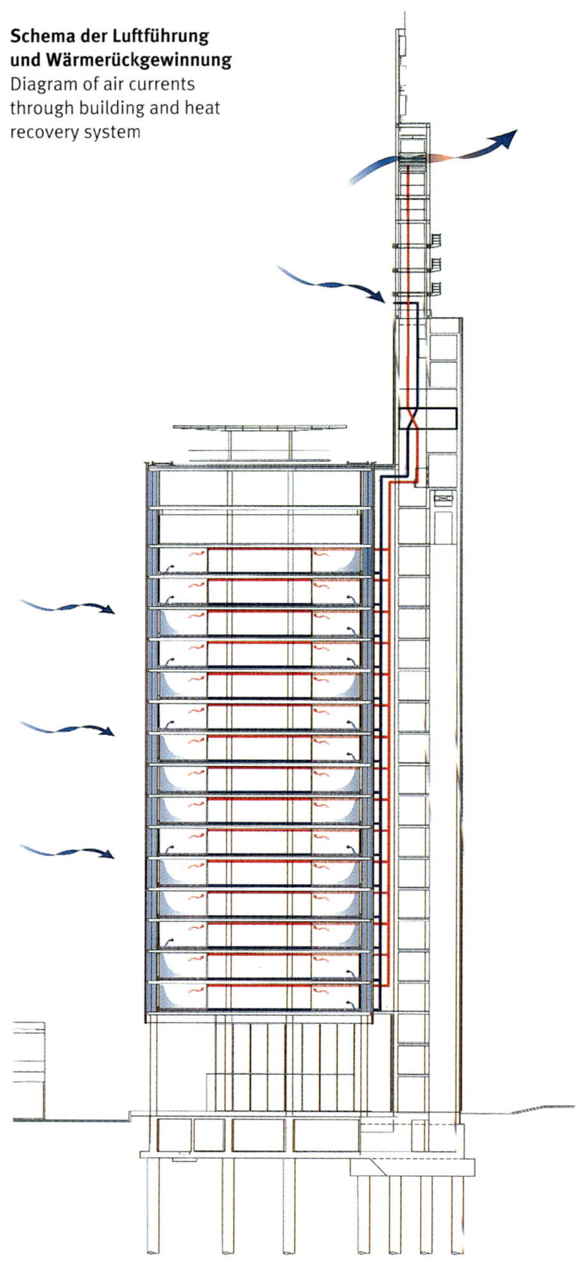

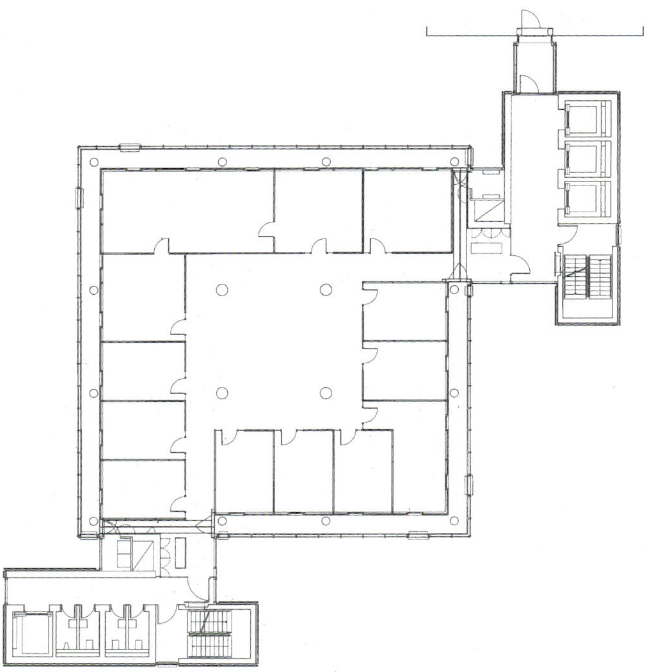

Grundriß ab dem
5. Obergeschoß
mit variabler
Raumeinteilung
Plan of variable room division on sixth to 16th floor

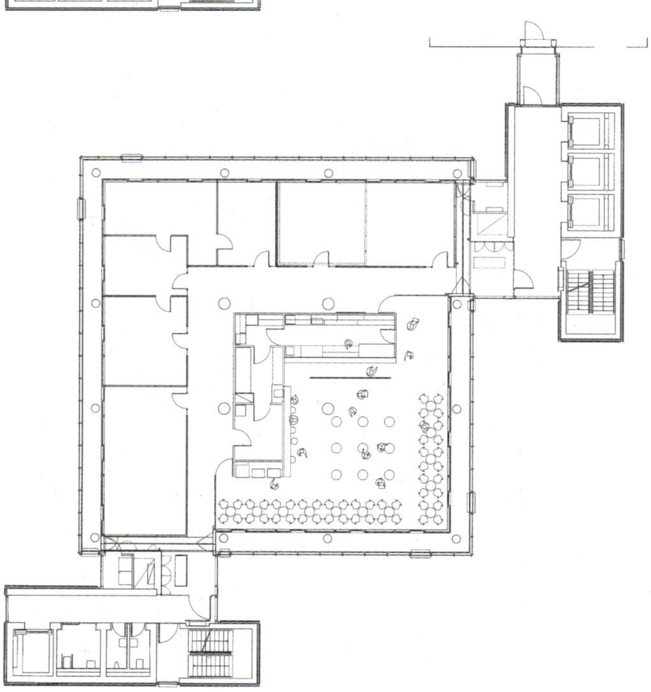

Grundriß
4. Obergeschoß
mit Cafeteria
Plan of fifth floor with cafeteria

Thomas Herzog, Hanns Jörg Schrade mit Roland Schneider
Verwaltungsgebäude, Hannover

Die niedersächsische Landeshauptstadt genießt nicht gerade den Ruf, eine Hochburg zeitgenössischer Baukunst zu sein. Die hohe Qualität der Bauten Thomas Herzogs erschließt sich dem Betrachter oft erst auf den zweiten Blick.

Hannovers Architektur ist vielleicht nicht so spektakulär, jedoch maßvoll und überschaubar. Wie die Häuser Thomas Herzogs, die auch noch lange nach dem Ende der Weltausstellung an der Leine am 31. Oktober 2000 Bestand haben werden.

Christof Bodenbach

1 *Architektur in Hannover seit 1900*, bearb. von Hermann Boockhoff und Jürgen Knotz, München 1981
2 Vittorio Magnago Lampugnani (Hrsg.), *Lexikon der Architektur des 20. Jahrhunderts*, 2. Auflage, Ostfildern 1998, S. 159
3 Thomas Herzog, in: *Der Architekt*, 5, 1999, S. 43
4 Vittorio Magnago Lampugnani (wie Anm. 2), S. 158

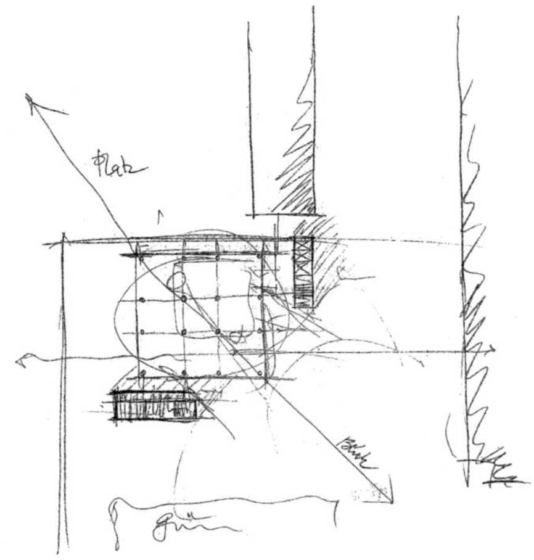

Skizze: diagonal orienterter Grundriß
Sketch: diagonally oriented ground plan

Glasfassade mit Lüftungslamellen
Glazed facade with ventilation louvers

Ansicht von Nordwesten
Northwest face

Thomas Herzog, Hanns Jörg Schrade mit Roland Schneider
Verwaltungsgebäude, Hannover

Übergang vom Glaskubus zum ARGETON verkleideten Kern
Transition from glazed volume to ARGETON-clad core

Photo: Dieter Leistner/Architekton

Umlaufender Korridor der Doppelfassade als Teil des Lüftungssystems und der Steuerung des Gebäudeklimas

Corridor running between double facade as part of ventilation system and control of the building's air-conditioning

Stützenfreier Büroraum

Clear-span office space

Jochen Keim,
Klaus Sill

Wohn- und Geschäftshaus, Rathenow

Mitarbeit Martin Marschner, Hannes Moser
Statik Rohwer Ingenieure

Planung 1995–1996
Ausführung 1996–1997

Apartment and Office Building

In a small town near Berlin, it comes as a surprise to stumble upon a building so distinctly reminiscent of a famous photo of Le Corbusier in which the great architect can be seen presenting the prefabricated apartment building of the future: cell-like units being inserted into a concrete framework structure. In Rathenow, just after the fall of the Berlin Wall, a building was erected that had made a virtue of necessity by updating Le Corbusier's idea. There would have been no other way of putting up a conventional office building for a firm of engineers in such a short time. So the engineers, familiar with the local situation, sat down with the young architects Keim and Sill and together they came up with the idea of having the concrete framework structure produced more or less in situ by a local factory that made concrete prefabricated components. The technical fittings were completely pre-assembled in western Germany and, for ease of transportation, were adapted to the dimensions of standard containers normally used on building sites. The existing building was gutted, and all service spaces are now located in a new layer at the rear of the building.

Ein berühmtes Photo zeigt eine Hand, die Hand eines berüchtigten Architekten, der demonstrieren will, wie wir uns den Wohnungsbau der Zukunft vorzustellen haben: Le Corbusiers Hand ist zu sehen, die eine vorgefertigte Wohnzelle in ein Gerüst hineinschiebt, in dem bereits einige Zellen verankert sind. Es kann sich nur noch um Minuten handeln, bis die fehlenden Wohnungen eingesetzt sind und das Haus fertiggestellt ist. Für Le Corbusier gab es keinen Zweifel, daß auf die Industrielle Revolution die Revolutionierung der Wohnverhältnisse folgen würde.

Obwohl die von Le Corbusier propagierte Industrialisierung der Bauproduktion mittlerweile stattgefunden hat, blieb es bis heute ein Architektentraum, Wohnmodule oder gar ganze Häuser massenhaft vom Band laufen zu lassen. Auch spätere Versuche, etwa der britischen Archigram-Gruppe, Le Corbusier in den sechziger Jahren zu radikalisieren und seine Visionen mit dem lustvollen »anything moves« einer Wohnzellen-Stadt in ständigem Wandel aufzufrischen, gelangten nicht über den Zeichentisch hinaus. In einem wenig beachteten Bereich der Architektur hingegen, auf Baustellen und in Notunterkünften, setzte unterdessen der Norm-Container einen neuen Standard auf unterstem Niveau.

Das Wohn- und Geschäftshaus der Architekten Jochen Keim und Klaus Sill ist entgegen dem ersten Anschein ein pragmatischer Bau, der viel mit dem Notbehelf einer Containersiedlung gemein hat und wenig mit der Neuauflage von Manifesten einer flexiblen Architektur. Das Gebäude in einer Kleinstadt, eine dreiviertel Zugstunde westlich von Berlin, ergab sich aus den spezifischen Bedingungen der Nachwende-Zeit: Als im ortsansässigen Baukombinat die Lichter auszugehen drohten, schaffte eine Gruppe von Bauingenieuren den Absprung, ging zur Qualifizierung in den Westen und kehrte als ortskundige Filiale eines schleswig-holsteinischen Ingenieurbüros wieder nach Rathenow zurück. Arbeit gab es in jener Zeit genug, was fehlte waren ausreichend Büroräume für das rund 15köpfige Statiker-Team. Es fand sich eines der für Rathenow typischen zweigeschossigen Wohnhäuser der Jahrhundertwende: Ein Gebäude mit nur geringer Tiefe, dessen Grundstück aber weit in den geschlossenen Block hineinreicht und damit ausreichend Raum für einen Erweiterungsbau und Parkplätze bot. Unter diesen Voraussetzungen ging der Auftrag, einen Anbau zu errichten, an die jungen Hamburger Architekten Jochen Keim und Klaus Sill, die seinerzeit als Assistenten an der Technischen Universität und der Hochschule der Künste in Berlin beschäftigt waren. Jeder Versuch, ein konventionelles Gebäude auf dem von Schuppen freigeräumten Gelände zu entwerfen, stieß jedoch schnell auf den Einwand der Bauingenieure, die lokale Baubranche sei zu einer kurzfristig realisierbaren und preisgünstigen Lösung nicht in der Lage. Das einzige, was problemlos verfügbar war, lieferte das noch bestehende Betonfertigteilwerk. Also entschied man sich, das Gerippe vor Ort produzieren zu lassen, den gesamten Ausbau hingegen in Schleswig-Holstein in transportfähigen Containermaßen vorzufertigen, per LKW anzuliefern und auf der Baustelle nur noch einzusetzen wie Teile eines Steckspiels. Da die Baubehörde gegen eine Erweiterung der Gebäudetiefe auf 16 Meter nichts einzuwenden hatte, wurde die vorhandene Bausubstanz entkernt und sämtliche dienenden Räume wie Toiletten, Küche, Kopier- und Besprechungsräume in eine zweite Schicht an der Rückseite des Altbaus ausgelagert. Dessen Mauerwerk erwies sich als stark genug, einen Teil der Lasten aus den Betonbalken aufzunehmen, so daß, konstruktiv betrachtet, ein symbiotisches Verhältnis von Neu und Alt entstand. Leider ist dieses zumindest bei Tage nur schwer ablesbar; erst bei nächtlicher Beleuchtung scheint hinter der Containerschicht der Altbau durch. Von innen gesehen, verkehrt sich das Verhältnis ins Gegenteil: Die neue Schicht des Hauses verhält sich unerwartet unauffällig. Anstatt dem Altbau das Licht zu nehmen, verlieren die Container jede Dominanz, da sie auf zwei Seiten verglast sind und eher wie große Kastenfenster wirken, durch die der Blick ins Freie geführt wird.

Der Übergang beider Bereiche ist als gläserne Fuge mit geringerer Raumhöhe ausgeführt. Deutlicher noch als diese Zäsur ist allerdings die Veränderung des Raumgefühls, sobald man eine der Kisten betreten hat. Der simple Wandaufbau mit perforierten und hinterdämmten Blechen aus dem Industriehallenbau, die zusammen mit der Außenhülle aus Aluminiumwellblech einen steifen Verband ergeben, schluckt Geräusche fast vollständig. Zunächst ist diese Erfahrung eher irritierend, erzeugt aber vor allem in den beiden, aus je zwei Containern zusammengefügten Besprechungsräumen eine sehr konzentrierte, trotz der großen Fenster ungemein beruhigende Atmosphäre.

Auf der Straßenseite ist von der radikalen Veränderung des Hauses nichts zu ahnen. Hier restaurierten die Architekten die Fenster und das vorhandene Mauerwerk und fügten lediglich drei Dacherker hin-

Sanierte Straßenseite
Refurbished street face

Gartenseite
Garden face

Jochen Keim, Klaus Sill
Wohn- und Geschäftshaus, Rathenow

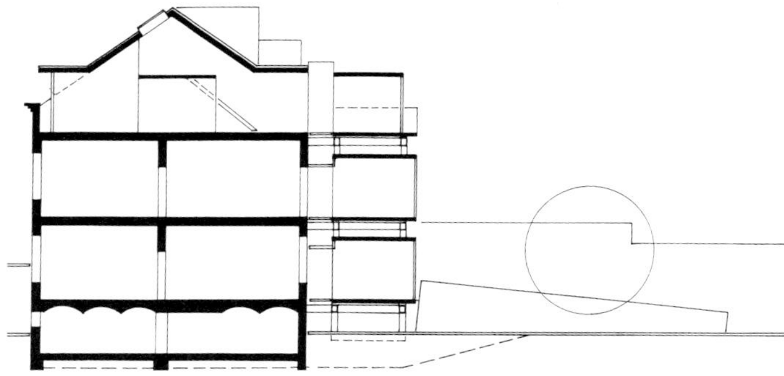

Schnitt
Section

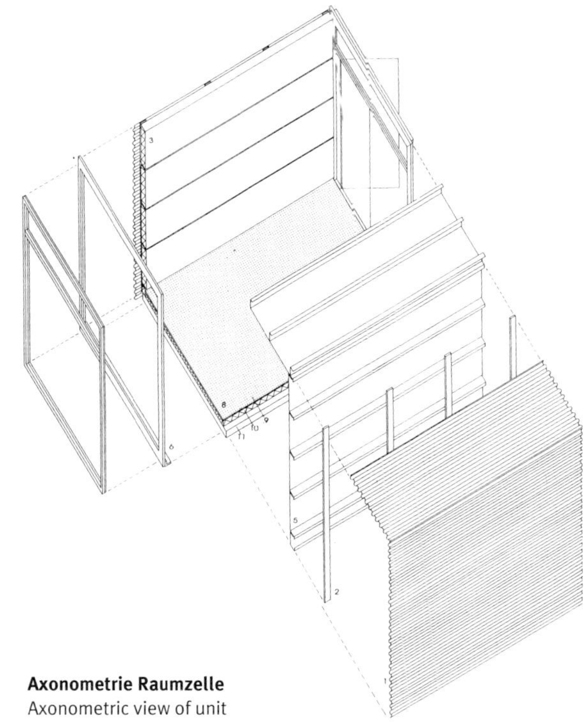

Axonometrie Raumzelle
Axonometric view of unit

zu, die den dahinterliegenden Wohnungen zugeordnet sind. Als einzige Auffälligkeit und Reminiszenz an die verwitterten Putz-Sockel der Nachbarhäuser ließen sie das Erdgeschoß schwarz anlegen. Mittlerweile werden die Fassaden in der Nachbarschaft nach und nach mit strahlendem Weiß überstrichen und es fällt auch an dieser Seite dem Gebäude von Keim und Sill die Aufgabe zu, die Erinnerung an eine Zeit festzuhalten, in der das vermeintlich Selbstverständliche für einen Moment außer Kraft gesetzt war.

Oliver Elser

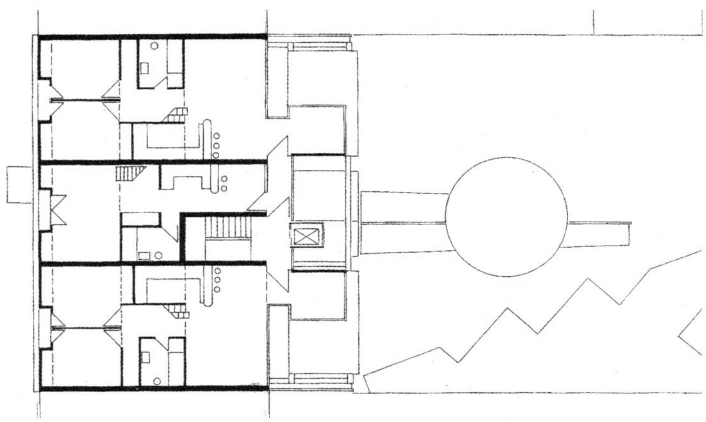

Grundriß 2. Obergeschoß (Wohnungen)
Third floor plan (apartments)

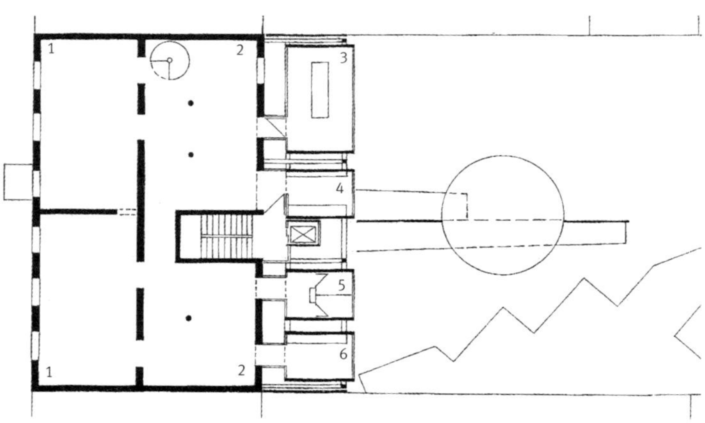

Grundriß 1. Obergeschoß
Second floor plan (office)

1 Büro
Office
2 EDV/CAD
EDP/CAD
3 Konferenzraum
Conference room
4 Teeküche/Archiv
Kitchenette/archive
5 WC
6 Kopierer/Archiv
Photocopying/archive
7 Sekretariat
Secretarial area

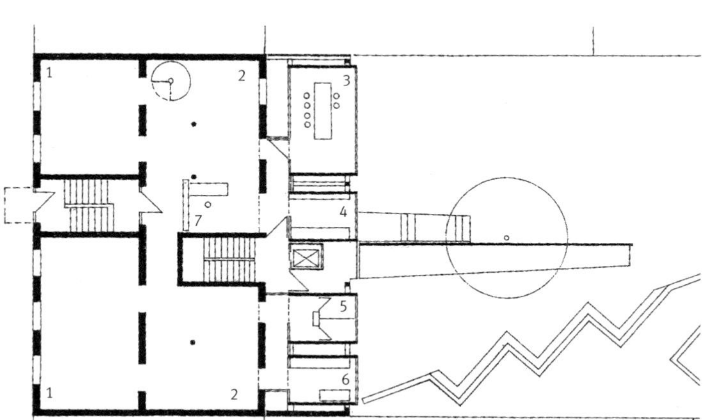

Grundriß Erdgeschoß (Büro)
Ground floor plan (office)

Entladung der Container
Insertion of container

Photo: Klaus Sill

Ausschnitt Container Gartenseite
Details of containers on garden front

Teeküche und Besprechungszimmer
Kitchenette
and conference room

Wohnung im Dachgeschoß
Attic apartment

Besprechungszimmer
Conference room

Photos: Christoph Gebler
(wenn nicht anders angegeben)
(unless otherwise specified)

Lutz Krause

Museum, Weimar
Sanierung des Großherzoglichen Museums

Erbaut 1863–1869 von Josef Zítek

Projektteam **Lutz Krause, Ulrike Ludewig, Beate Sturm**

Sanierung 1988–1998

Museum Reconstruction

The conversion and refurbishment of any building calls for a critical approach in order to accommodate the dialectical relationship between past and present. Though the Neues Museum in Weimar, with its comprehensive reconstruction and modest updating does not actually fulfil this particular condition in terms of contemporary architecture, the collection of contemporary art certainly triggers a positive dialogue with the old building.

Badly damaged in the closing stages of the war, the building was allowed to fall into a dilapidated state until repairs began in 1990. Hampered by short-term financing and piecemeal planning, the initial aim of maintaining the existing structure finally resulted in total reconstruction, albeit with some unsatisfactory solutions in terms of structure and design. The building has a checkered history. Built between 1863 and 1869 in Neorenaissance style to house a traditional museum of art in the historical sense, it was requisitioned by the Nazis and used, among other things, as the *gauleiter's* residence. The building's history is reflected in those particular characteristics on which reconstruction has focused. The original natural lighting and the large arcaded apertures in the halls and galleries all posed problems in terms of lighting and ventilation. Solving these problems often meant walking a very fine line between the needs of a modern exhibition venue and the desire to maintain the original

Der in diesem Jahr in Weimar allgegenwärtige und für vielerlei Zwecke in den Dienst genommene Johann Wolfgang von Goethe findet sich auch in dem pünktlich zur Silvesternacht eröffneten Neuen Museum an prominenter Stelle. War der lorbeerbekränzte marmorne Dichterfürst im zentralen lichtüberkuppelten Treppenhaus in der Vergangenheit stummer Zeuge bewegter Zeiten, überblickt er gegenwärtig mit der selben stoischen Ruhe Daniel Burens Wandgestaltung, das gelungenste Beispiel der im Rahmen der Rekonstruktion des Neorenaissancebaus angestrebten Symbiose zeitgenössischer Kunst und historischer Architektur.

Die wechselvolle Geschichte des Hauses ist eng verwoben mit eineinhalb Jahrhunderten Höhen und Tiefen deutscher Kultur. Begleitete der durch einen Mäzen initiierte Dialog von Kunst und Raum bereits die Genese des Bauwerks, als die Wandmalereien des Hofmalers Friedrich Preller den Anlaß für die Errichtung dieses ersten thüringischen Kunstmuseums durch den böhmischen Architekten Josef Zítek in den Jahren von 1863 bis 1869 gaben, so enthält das wiedereröffnete Museum im Jahr 1999 die bedeutende Sammlung von Konzeptkunst des Kölners Paul Maenz, welche die sensible Wiederaufnahme dieses Dialogs bewirkte. Dazwischen liegen traditionelle Kunstpräsentation des 19. Jahrhunderts ebenso wie Umgestaltungspläne des Jugendstilarchitekten Henry van de Velde. Im Nationalsozialismus, wurde das Gebäude als Residenz der Gauverwaltung und Ausstellungsort ›entarteter‹ Kunst instrumentiert. Nicht genug mit dieser inneren Okkupation, das ursprünglich als Solitär errichtete Gebäude, welches eine wichtige stadtplanerische Funktion auf der Achse zwischen Bahnhof und Altstadt erfüllte, sollte durch die Entledigung seiner Fassadendekoration und mittels eines Arkadengangs annektiert und in das gigantomanische Konzept eines Gauforums eingegliedert werden. Die paradigmatische Biographie des Gebäudes gipfelte in der beinahe vollständigen Zerstörung in den letzten Kriegstagen. Es folgten 50 Jahre kontinuierlicher Verfall, während dem sich Denkmalschützer und Abrißbefürworter gegenüberstanden. Hinter den Planken verfielen die Mauern, und Goethes Standbild harrte inmitten einstürzender Decken und Dachstühle aus, bis die politische auch die renovatorische Wende mit sich brachte.

Die ersten Schritte zur Rekonstruktion wurden 1990 unternommen, wobei die kalkulierten Gesamtkosten vorerst nur an eine Bestandssicherung denken ließen, und jährlich eine weitere Etappe der denkmalpflegerischen Zielstellung, »der Konservierung und schrittweisen Rekonstruktion des Hauses im Zítekschen Sinne«, in Angriff genommen wurde. So gelang die vollständige Rekonstruktion, so entstanden aber auch zum Teil unbefriedigende Lösungen in struktureller wie gestalterischer Hinsicht.

Der Weimarer Architekt Lutz Krause, der aufgrund seiner langjährigen Tätigkeit im Amt für Denkmalpflege die Instandsetzungsarbeiten übernahm, deren primäre Maßnahmen der Dacherneuerung, dem Einziehen von Stahlbetondecken sowie der Bekämpfung der Mauerfeuchtigkeit galten, betont seine Demut gegenüber dem Original. So wurden die beiden materialsichtigen Hauptgeschosse aus Sandstein, deren durchlässige Arkadenreihen jeweils mit massiven Eckpavillons kontrastieren, im Innern entsprechend des Urzustands rekonstruiert. Die klare symmetrische Raumkonzeption von Ost- und Westsälen, die im ersten Geschoß säulengestützt und von größerer Tiefe sind und im zweiten Geschoß durch innenliegende Oberlichtsäle ergänzt werden, sowie von Nord- und Südloggien, die jeweils durch oktogonale Ecksäle verbunden werden, wurde unverändert beibehalten. Zu den wenigen größeren Eingriffen zählen die Erschließung des Untergeschosses durch eine zentrale Treppe sowie die Umwandlung des Lichthofs zum Liftschacht, der in Verbindung mit dem ebenerdigen Nebeneingang an der Nordseite den behindertengerechten Zugang ermöglicht. Die detaillierte Rekonstruktion der funktionellen und dekorativen Elemente ist grosso modo gelungen. Die allzu massiven, mit dem gewachsten Dielenboden korrespondierenden Eichentürrahmen, die Stuckdecken und Glasdächer sind farblich und formal dem Original angeglichen, zugleich aber durch Dimensionierung und Textur klar als Rekonstruktion definiert.

In seiner ursprünglichen Konzeption war das Museum auf das Tageslicht angewiesen, und so entfalten die Ausstellungsräume auch im rekonstruierten Zustand ihren höchsten sinnlichen Reiz, wenn samtige Holzoberfläche, gekalkte Wand, bewegte Steinmaserung und natürliches Licht zu einem eigenen auratischen Schimmer verschmelzen, der die Kunstwerke umhüllt. Hier herrscht ein harmonisches und zurückhaltendes Gefüge von Raum und Licht, Farbe und Form, ein ideales Umfeld für die versammelte Kunst. Bei nüchterner Betrachtung offenbaren diese Stimmungswerte jedoch auch die spezielle Problematik des Hauses. Nesselrollos und partielle Außenjalousien ordnen sich dem Gesamterscheinungsbild unter,

Südfassade des Großherzoglichen Museumsgebäudes
South facade of the grand ducal museum

Photo: Jochen Helle

reagieren jedoch nur ungenügend auf die Erfordernisse einer optimalen Beleuchtungssituation. Andererseits leidet der Raumeindruck zugunsten der klimatischen Anforderungen, welche mittels Fußbodenheizung und mobiler Klimageräte weitestmöglich mit den Prämissen der Außenmauern in Einklang gebracht wurden.

So gleicht die Rekonstruktion einer steten Gratwanderung zwischen den Anforderungen eines zeitgenössischen Ausstellungsbetriebes und der epigonalen Unterordnung gegenüber dem Original, die das unsentimentale Bedürfnis nach Aufbrechen und bewußter Kontrastierung evoziert. Dies versucht das Designteam von Dinnebier + Reese durch die Gestaltung der variablen Lichtkörper, die sich jedoch etwas ungelenk von den Decken herablassen und die erwünschte Konfrontation nur unzureichend schaffen.

So bleibt es der Kunst, in Interaktion mit der Architektur zu treten, die Dialektik von Vergangenheit und Gegenwart zu provozieren. Donald Judd schneidet Nischen in die historischen Mauern, Sol LeWitt freskiert die Eingangshalle in Schwarz und Grau und nimmt ihr so gemeinsam mit Pipilotti Rists überdimensionierter Sofaecke etwas von ihrem bildungsbürgerlichen Pathos. Die Künstler ritzen an der wiederhergestellten Makellosigkeit des geschichtsträchtigen Mauerwerks, das durch Burens Putzstreifen bricht, und so nehmen Streifen und Spiegelflächen nicht nur die historistische Konzeption der Wandmalerei wieder auf, sondern lassen gleichzeitig durch ihre assoziative Verwendung die verborgene Metaebene erahnen.

Das Raum-Kunst-Konzept findet sich auch im ursprünglich zur Lagerung vorgesehenen Untergeschoß, welchem durch die aktuellen Anforderungen neuer Kunstformen, des Informations- und Diskursbedarfs ebenso wie der Gastronomie eine neue Rolle zukommt. Doch wo der denkmalpflegerische Freiraum eine umsichtige Neugestaltung erlaubt hätte, um eine klare Funktionsstruktur sowie eine größere Transparenz zu erreichen, zeigt sich eine gewisse Orientierungslosigkeit im doppelten Wortsinn. Disharmonie und Beziehungslosigkeit in Material- und Formensprache sowie unklare Raumstruktur sind zum Teil im nicht immer geglückten Zusammenspiel von Architekt, Designer, Denkmalpfleger und Museumsleitung begründet. Ausgehend von einen Kern von Technik-, Verwaltungs- und Sanitärräumen mit zentralem Garderobenblock wurde ein Rundgangskonzept entwickelt, welches dem hierfür inadequaten

structure. Both the main floors have been reconstructed in their original state, using modern technology. The basement floor was less restrictive and offered more leeway for the installation of new functions. Nevertheless, the functional structure remains unclear and there is a certain lack of harmony in formal syntax and choice of material. A further burden of history is the Nazi *Gauforum* for which the building, in its current setting, has no adequate response.

On a distinctly positive note, however, it can certainly be said that the museum, which now houses the Maenz collection of art, enters into a symbiosis of art and architecture that provokes a much-needed confrontation with the reconstructed building.

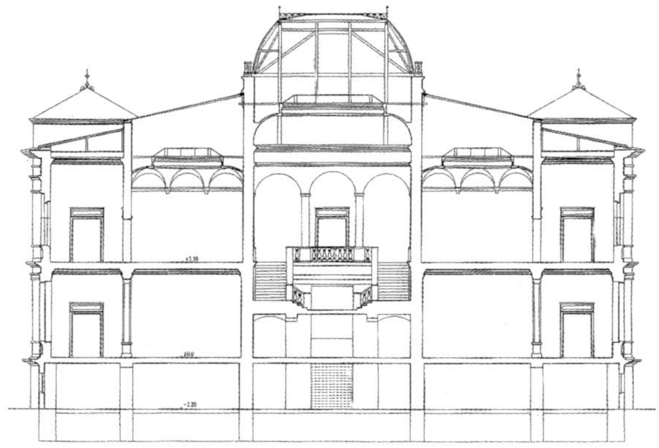

Ost-West-Schnitt, nach Süden
East-west cross section, facing south

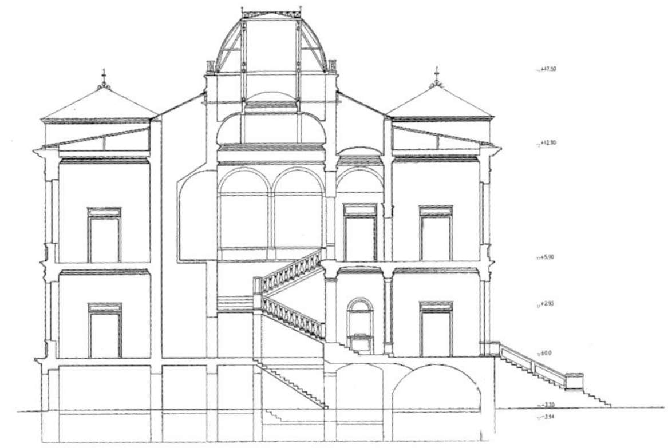

Nord-Süd-Schnitt, nach Osten
North-south cross section, facing east

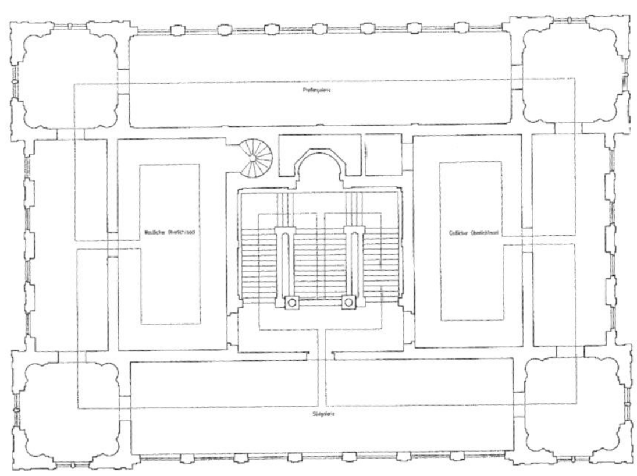

Grundriß Obergeschoß
Upper floor plan

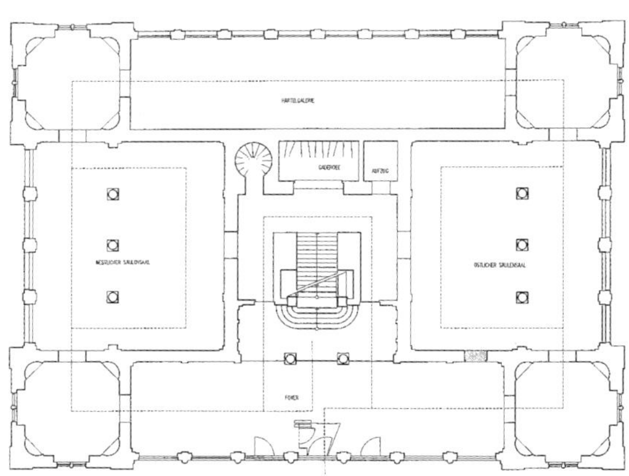

Grundriß Erdgeschoß
Ground floor plan

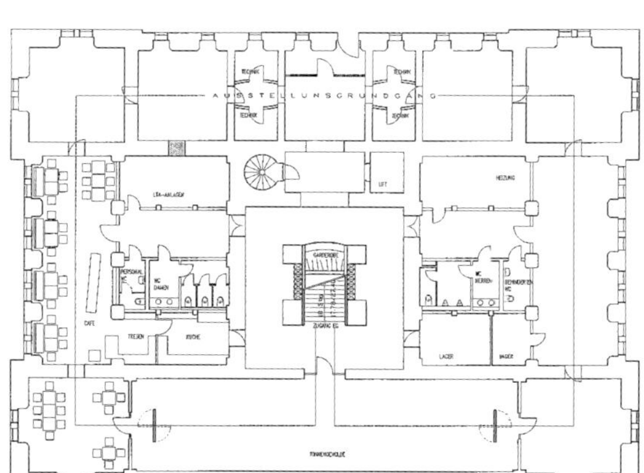

Grundriß Untergeschoß
Lower level floor plan

vorhandenen Grundriß folgend Ausstellungsräume, Café und Museumsshop aneinanderreiht. Die wenig artikulierte Plazierung der drei ebenerdigen Zugänge, die die unabhängige Nutzung gewährleisten, hilft nicht, die Struktur zu klären. Der ins hohe Rusticageschoß eingeschnittene, die Fensterform aufgreifende Eingang zum Museumscafé ist unauffällig und setzt keinen Akzent auf dem Vorplatz. Bei der Außenraumgestaltung hätte man sich ein selbstbewußteres Auftreten gegenüber dem Bestehenden gewünscht, da die ursprüngliche Verankerung des Gebäudes inmitten einer sich nach Süden erstreckenden Gartenanlage mit einem axial vorgelagerten Brunnen durch die Einschnitte des geplanten Gauforums empfindlich gestört wurde. Das Museum ist seines Vorhofs beraubt und wurde mit dem NS-Verwaltungsbau durch einen Arkadengang verbunden, der nun, teilweise unauffällig verglast, einen Nebeneingang zum Museum und den Zugang zum Depot beherbergt. Die Neugestaltung orientiert sich an der strengen Symmetrie des Museums, setzt stählerne Lichtstelen und zitiert den Brunnen in Form einer flachen wassergefüllten Schale, ohne auf den Zustand der Verbindung und Überlagerung einzugehen.

Im Neuen Museum in Weimar manifestiert sich somit ein möglicher Zugang zu historischer Bausubstanz, jener der Rekonstruktion und bescheidenen architektonischen Neugestaltung, ohne auf einen unabhängigen Ausdruck zu bestehen. Die Synthese von Alt und Neu bleibt hier auf dem Gebiet der Architektur zurückhaltend, während die Kunst den Zauber weckt, der den alten Mauern innewohnt.

Helga Kusolitsch

Treppenhaus mit Wandgestaltung von Daniel Buren
Stairwell with installation by Daniel Buren

Lutz Krause
Museum, Weimar

Foyer
Foyer

Photo: Roland Dreßler

Garderobe im Erdgeschoß
Coatroom on ground floor

Photo: Roland Dreßler

Photos: Constantin Beyer
(wenn nicht anders angegeben)
(unless otherwise specified)

Härtelgalerie im Erdgeschoß
Härtel gallery on ground floor

Arkade mit Zugang zum Depot
Arcade with entrance to depot

Photo:
Roland Dreßler

Rechts:
Prellergalerie im Obergeschoß
Right:
Preller gallery on upper floor

Östlicher Säulensaal
East columnaded hall

Helmut Rhode, Friedel Kellermann, Hans Günter Wawrowsky

Kunden-Service-Zentrum, Duisburg

Entwurf **Friedel Kellermann, Johannes Ringel**

Projektteam **Tobias Bünemann, Jacqueline Brown, Mariana Florian, Dario Gasperini, Doris Gromotka, Hermann-Josef Heimes, Lars Klatte, Michael Kohnen, Andreas Reichau (Projektleitung), Christian Steinwachs, Wolfgang Suhr**

Bauzeit 1997–1998

Customer Service Center

German Rail's new freight customer service center is situated on a 60,000 sq.m. site of a former goods wagon repair works south-east of Duisburg city center. The topographic situation has been reflected in the overall architectural design with its additive, linear structure that can be extended or divided up as required and rented out if necessary to third parties. The "spine" doubles as an access area and link flanked by a sequence of nine three-storey building modules. These units contain the well-lit offices with some 100 workplaces in each module, all grouped around an atrium that provides natural ventilation and lighting as well as creating a vertical link within each unit. The planar hierarchies of the company are mirrored in the innovative layout with workplaces of equal quality, equipped for round-the-clock service on a "non-territorial" basis. This involves a synthesis between individual office, combination workplaces and group office, achieving a balance that offers the advantages and disadvantages of the large open-plan office. The focal point of the complex is the central atrium with its hall opening up at the rear towards an airy recreation space flanked by communal facilities such as training and conference areas, kitchen and cafeteria.

Closely linked with the surrounding landscape, and with an interior that has been planned for maximum versatility and functionality in as

Flexible Arbeitswelten

Draußen, fast vor den Toren der Stadt, im Vorort Wedau hat die alte Industriestadt Duisburg ein neues architektonisches Wahrzeichen erhalten, das den voranschreitenden Prozeß des Strukturwandels zu einem modernen Dienstleistungszentrum markiert. Das graue Duisburg mausert sich. Norman Fosters Haus der Wirtschaft hat hier vor einigen Jahren mit seiner transparenten Konvektionsfassade neue Maßstäbe gesetzt. Im Stadtzentrum steht Meinhard von Gerkans Passage, und seit 1993 verwandelt sich der verfallene, tot geglaubte Innenhafen mit seinen architektonischen Kolossen zu einem attraktiven Stadtquartier mit Wohnungen, Cafés und Orten der Arbeit. Den vorläufigen Höhepunkt stellt Herzog und de Meurons faszinierendes Museum Grothe für moderne Kunst dar, mit dem der verwaisten Küppersmühle neues Leben eingehaucht worden ist.

Diese Entwicklungen muß die DB-Cargo, die als junge Tochtergesellschaft der unlängst privatisierten Bahn AG für die Koordination des Güterverkehrs zuständig ist, bestärkt haben, Duisburg zum zentralen Standort ihres neu konzipierten Kunden-Service-Zentrums zu wählen – zumal der Bahn das riesige, 60 000 Quadratmeter große, brachliegende Gelände eines ehemaligen Güterwaggon-Ausbesserungswerks südöstlich des Stadtzentrums bereits gehörte. Mit dem von den Düsseldorfer Architekten RKW entworfenen Neubau wird nun die Betreuung der DB-Cargo-Kunden aus Deutschland und dem Ausland an einem Ort konzentriert: die gesamte Güter-Logistik, von der Waggonbestellung über die Transportsteuerung bis hin zur Abrechnung und Reklamation, findet hier statt. Zeitgleich mit dem architektonischen Entwurf entwickelte das junge Unternehmen DB-Cargo erst die eigenen organisatorischen Strukturen, eine Herausforderung für Auftraggeber und Architekten zugleich. Aus diesem ungewöhnlichen integrativen Planungsprozeß ist eine hochflexible, modulare Gebäudestruktur mit innovativen Raumlösungen erwachsen.

Wie so viele neuzeitliche ›Business Parks‹ liegt das Grundstück idyllisch im Grünen. Denn die westlich angrenzenden einstigen Kiesgruben sind – wie es unsere Freizeitgesellschaft verlangt – in ein Naherholungsgebiet mit Seen und Sportanlagen umgewandelt. Nur im Osten spürt man die nahe Stadt: die laute A3 und ein meandernder Bahndamm begrenzen hier das lang-gezogene Grundstück. Dem Gebäude, das mit seiner 26 100 Quadratmeter großen Hauptnutzfläche für 1300 Mitarbeiter konzipiert ist, nähert man sich über die breite Mazurenallee. Ihr entlang zieht es sich, in leichter Krümmung dem Bahndamm gleich, über ganze 220 Meter hin. Seine architektonische Großform ist als additive, lineare Bandstruktur organisiert. An einem durchlaufenden Rückgrat, das als verbindende Erschließungsachse fungiert, hängen in wechselseitiger Folge mal links mal rechts neun dreigeschossige Gebäudeglieder. Sie greifen förmlich wie Zahnräder in die Landschaft, lassen damit möglichst viel Licht in das aus einer Stahl-Glas-Konstruktion bestehende Gebäude. In ihnen sind die Büros untergebracht – rund 100 Arbeitsplätze pro Büromodul, die über offene Stege und Treppen von der laubengangartigen, inneren ›Straße‹ erreichbar sind. Je nach Bedarf ist diese Endloskette durch das Anhängen eines weiteren Büroflügels erweiterbar, zugleich je nach Notwendigkeit unterteilbar und fremd zu vermieten. Nur an einer Stelle ist die regelmäßige Abfolge durch Auslassung eines Moduls unterbrochen. Hier, im Knotenpunkt der Anlage, befindet sich eine großzügige Eingangshalle. Als Schnittstelle zwischen äußerer und innerer Erschließung mag sie in ihrer repräsentativen Geste etwas überdimensioniert sein, zumal die Kunden des Unternehmens zumeist nur per Telefon und Computer auf Besuch ins Gebäude kommen. Rückwärts aber leitet sie in ein luftiges Atrium über – flankiert von zwei Gebäudetrakten mit Gemeinschaftseinrichtungen wie Schulungs- und Konferenzbereiche, Küche, Kiosk und Cafeteria –, das die Funktion als gesellschaftliches Herzstück des Ensembles auch tatsächlich erfüllt. Zusammen mit dem angegliederten Kindergarten kompensiert es ein wenig die isolierte Stadtrandlage.

Während Hans Poelzigs ehemaliger Verwaltungssitz der IG-Farben in Frankfurt am Main (1929–31) in ähnlicher Konfiguration monumental und mächtig seine Umgebung beherrscht als grandios-herrschaftliches, streng achsensymmetrisch ausgelegtes Denkmal der güterverarbeitenden Industrie, versinnbildlicht RKWs Kunden-Service-Zentrum die auf Flexibilität, Beweglichkeit und Dynamik ausgerichteten, flachen Hierarchien der modernen informationsverarbeitenden Dienstleistungsgesellschaft. Eng verzahnt mit der Natur, in ein gläsernes Gewand gehüllt und im Innern so logisch-rational geplant wie ein ICE, gewinnt die Lösung der DB-Cargo – Dynamik, Innovation und Transparenz – sinnliche Gestalt. Dazu zählt auch das ausgeklügelte Sicherheitskonzept, das

an einem Ort, wo die berüchtigten Castor-Transporte organisiert werden, besondere Bedeutung hat. Eine Hochburg hinter Stacheldraht paßte nicht ins Konzept. So reinterpretierten die Architekten den mittelalterlichen Burggraben und stellten die Büromodule auf der Schauseite des Gebäudes zwecks besserer Überwachungsmöglichkeiten in einen – wenngleich seichten – Wassergraben, eine geniale Idee, die selbst einer jungen Entenfamilie so gut gefällt, daß sie sich hier zur Freude der Mitarbeiter eingenistet hat.

Das seit Jahren übliche Arbeitsplatzkonzept für den telefonischen Umgang mit dem Kunden ist das einst ideologisch verbrämte Großraumbüro. Seine Nachteile – hohe Geräuschkulisse, gegenseitiges Stören beim Telefonieren, mangelnde Identifikationsfähigkeit der Mitarbeiter aufgrund fehlender eigener vier Wände, geringe Lichtzufuhr im Innern, wenig Umnutzungsmöglichkeiten – wurden dabei zugunsten eines geringen Flächenverbrauchs und schneller Kommunikationsmöglichkeiten in Kauf genommen. In Duisburg entwickelte RKW eine Art Synthese zwischen Einzel-, Kombi- und Gruppenbüros, die die Vor- und Nachteile des Großraumbüros auffängt. Übergeordnetes Konzept ist das ›non-territoriale‹ Büro ohne feste, dafür durchweg gleichwertige Arbeitsplätze, die im 24-Stunden-Schichtbetrieb je nach Bedarf und Tageszeit von der in wechselnden Teams arbeitenden Belegschaft genutzt werden. Alles ist flexibel, die Aufstellung der Trennwände ebenso wie die Stellung der beweglichen Schreibtische. Privates zieht in Rollcontainern von Platz zu Platz. Das nur rund 29 Quadratmeter große Standardbüro liegt an den Außenwänden der Büroglieder. Es bietet Raum für vier Arbeitsplätze, die, und das ist neu, nicht wie üblich zentral aufgestellt sind, sondern an der Wand stehen. Das schafft ungestörteres, konzentrierteres Arbeiten, hält die Mitte als Bewegungsfläche frei und vermittelt den Eindruck räumlicher Großzügigkeit. Sie entsteht auch durch den Verzicht auf abgehängte Decken und die Verwendung transparenter Trenn-

Luftaufnahme
Aerial view

much painstaking detail as any high-speed train, the DB-Cargo has gained dynamism, innovation and transparency in a building that nevertheless has distinctly sensual qualities. Even if the building lacks some of the fine detail that might have been achieved with a more generous budget and schedule, the result is nevertheless good, carefully considered architecture for everyday life, creating a pleasant and amenable atmosphere for those who work there.

wände für die innere Raumaufteilung. Räumliche Mitte der Büroetagen bilden gebäudehohe Atrien. Sie dienen nicht nur der natürlichen Belüftung und Belichtung, sondern nehmen auch gemeinschaftliche Funktionen wie Fax und Drucker, Garderobe und Aktenablagefläche auf und ermöglichen den vertikalen Zusammenschluß der einzelnen Büroetagen innerhalb eines Gebäudeglieds. Letztlich mag das DB-Cargo Kunden-Service-Zentrum nicht die Finesse in der Detaillierung aufweisen und der reduzierte Materialkanon mag bisweilen etwas karg wirken. Angesichts knapper Gelder und sehr engem Zeitrahmen aber ist eine gute, klar gedachte Alltagsarchitektur entstanden, die den hier Beschäftigten ein angenehmes Arbeitsklima verschafft – weit entfernt miefiger Amtsstuben.

Petra Hagen Hodgson

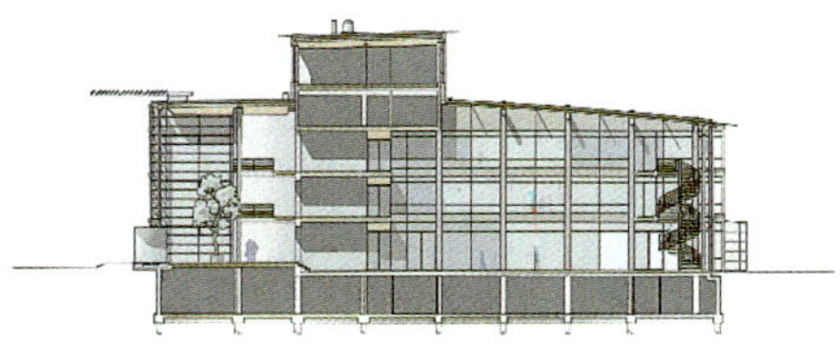

Schnitt
Section

Grundriß 1. Obergeschoß
Second floor plan

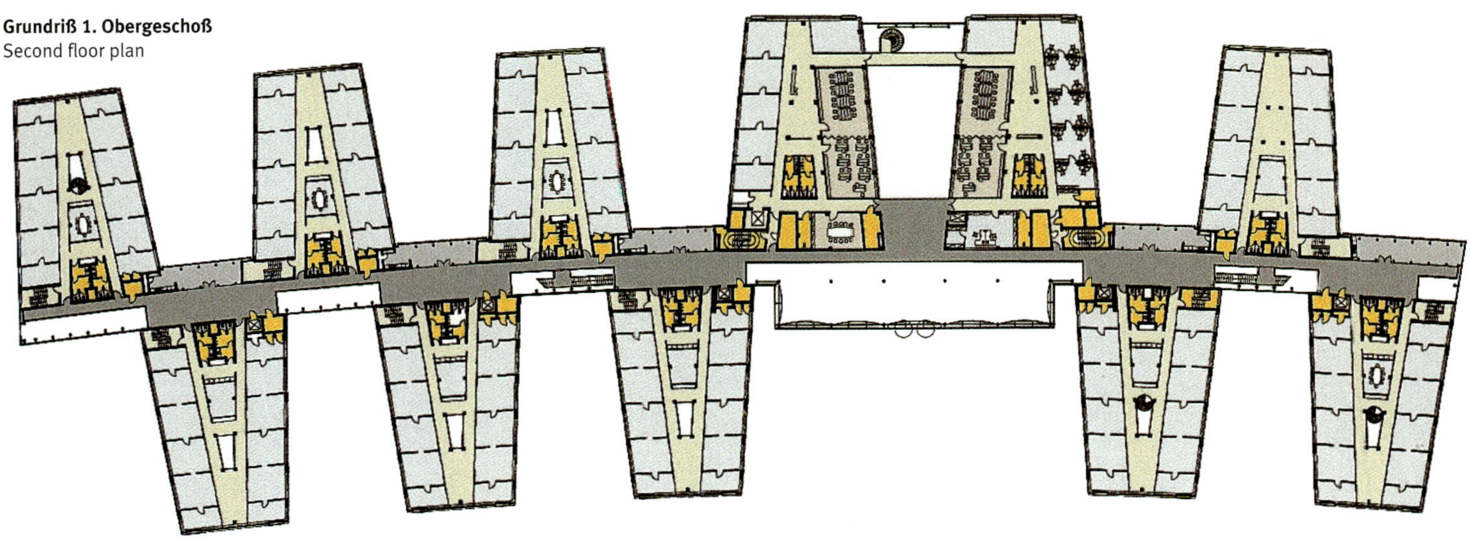

Grundriß Erdgeschoß
Ground floor plan

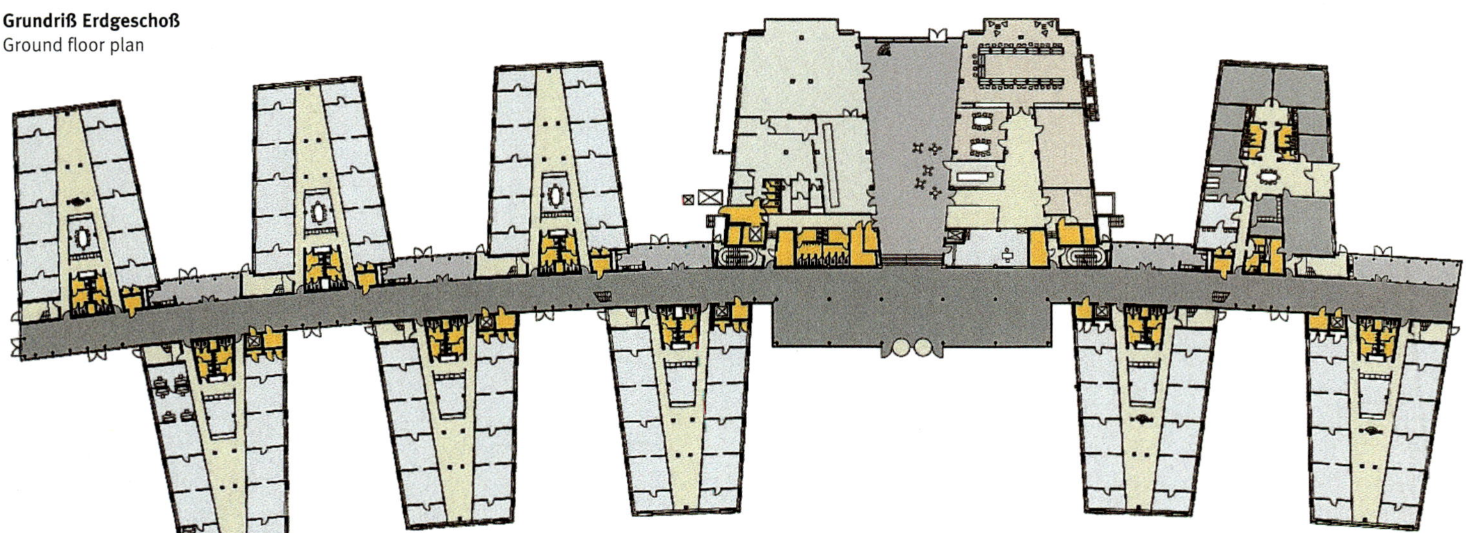

Büromodule, umgeben von einem Wassergraben
Office modules surrounded by moat

Photo: Mario Carrieri

Photos: Holger Knauf
(wenn nicht anders angegeben)
(unless otherwise specified)

Eingang
Entrance

Blick auf den Eingangsbereich
Internal view of entrance area

Rechts:
Atrium zwischen den zentralen Gebäudefingern
Right:
Atrium between central tracts

Wasserhof
Water court

Arbeitsplätze, die von verschiedenen Mitarbeitern im Schichtbetrieb benutzt werden
Workplaces used by various employees on shift basis

Axel Schultes, Charlotte Frank

Krematorium, Berlin-Treptow

Projektleitung **Margret Kister, Christoph Witt**

Mitarbeiter **Daniela Andresen, Bob Choeff, Patrick Dierks, Christian Helfrich, Andreas Schuldes, Till Waninger**

Wettbewerb 1992
Einweihung 1999

Crematorium

The crematorium appears as a monolithic, symmetrical structure of unfaced concrete and glass. In the middle of the compact necropolis lies the square hall that opens into the three halls of mourning. The splendid proportions and skilled channeling of natural light easily compensate the total bareness. 29 concrete columns scattered at uneven intervals break the huge room into manageable proportions without distorting it. This stylised "forest of columns" recalls famous buildings of Classical antiquity as well as more recent architectural masterpieces. The pyrotechnical core of the building is located at basement level, where it is not seen by mourners. The building is monumental, but not oppressively so. Metaphors of the cosmos, the heavens and a return to nature all accommodate an awareness that there is no longer any religious consensus in today's multi-cultural society.

Totenstadt mit Säulenwald

Das kleinteilig-biedere Torhäuschen an der Kienholzstraße in Berlin-Treptow läßt von der sanften Wucht, von der mystischen Tiefe und Weite des neuen Gebäudes nichts ahnen, die der Besucher gleich erleben wird. Hinter dem Tor, das als einziges vom Ensemble des alten Krematoriums übrigblieb, betritt man zunächst eine breite Allee aus mehreren Baumreihen, um dann von einem monolithischen Neubau aus hellem Sichtbeton und Glas überrascht zu werden, der nach den Seiten ausladend die Mittelachse besetzt.

In die breitgelagerte symmetrische Front, exakt viermal so breit wie hoch, sind drei überdachte, haushohe Nischen eingeschnitten, eine schmale in der Mitte und zwei breitere an den Seiten, über denen Schlitze in der Betondecke nach innen weisen. Man ahnt, daß an dieser Stelle die Eingänge liegen und nähert sich, aber der Zugang ins Gebäude wird noch einmal absichtsvoll verstellt. Man stößt in jeder Nische auf eine hohe ungeteilte Glasfront, die zunächst nur den Blick ins Innere und durch das Gebäude hindurch in die Natur freigibt. Erst hier wird der Besucher des eigentlichen Eingangs an der Seite gewahr, wo automatisch öffnende Glasscheiben ihn in die zentrale Halle eintreten lassen. Die ritualisierte Annäherung hat System; sie ist der einzige Zwang, dem der Besucher ausgesetzt ist. Die Konfrontation mit dem Tod ist keine leichte Angelegenheit; sie produziert je nach Stellung zum Verstorbenen Beklommenheit, Trauer, vielleicht auch Verlegenheit. Das physische Eintreten wird erschwert, das geistige Sich-Einlassen dagegen schrittweise erleichtert. —

Die zentrale Halle auf quadratischem Grundriß und in den Dimensionen eines städtischen Platzes überrascht durch ihre Höhe und Weite. Nahezu ungeteilte Betonwände von beinahe neun Metern Höhe schließen den Raum seitlich nach Norden und Süden ab. Öffnungen gibt es in der West- und Ostwand, wo zu den Ecken hin wandhohe ungeteilte Glasfronten vor den Nischen stehen. In diesen Wänden liegen auch die Durchgänge zu den Feiersälen, ein größerer für 250 Personen, gegenüberliegend zwei kleinere für je 50 Personen.

Eine beeindruckende Lichtregie beläßt den großen Raum in wechselnden Zuständen des Halbdunkels mit dosiertem, je nach Sonnenstand und Wetter changierendem Lichteinfall. Die Betonwände werden von zwei breiten Schlitzen in der Deckenplatte beleuchtet, die nicht nur, wie erwähnt, die Nischen, sondern den ganzen Bau durchschneiden. Weiteres Licht fällt durch die vielen Lichtkapitelle ein, mit denen die Decke zur Mitte hin perforiert ist. Lichtkapitelle bilden den Übergang einer tragenden Säule in die Decke als ringförmige Öffnung aus. Im Krematorium von Treptow haben sich Schultes und Frank eine lyrische Variante einfallen lassen, in der die Säulen nicht in der Mitte, sondern am Lochrand an die Deckenplatte anschließen und mondsichelförmige Öffnungen übriglassen. Bei Dämmerung werden punktförmige Leuchten eingeschaltet, die die Decke vollends in einen Sternenhimmel verwandeln.

Die 29 in der Halle verteilten Betonsäulen, auf denen die Decke ruht, unterbrechen den riesigen Raum in faßbare Teile, ohne ihn zu verstellen. Vor den Feiersälen entstehen locker angedeutete ›Lichtungen‹, die die verschiedenen Trauergesellschaften mit minimalem Aufwand voneinander distanzieren. Der scheinbar regellos positionierte Säulenwald mobilisiert ein ganzes Bündel von Erinnerungen. Der überdachte und eingefriedete Wald hat prominente Vorbilder in der antiken und neueren Architektur, sei es im Palast von Persepolis, in den Tempeln von Karnak, in den Moscheen von Marrakesch oder Cordoba. Die

Eingangsnische
Recessed entrance

Eingangsfront
Entrance front

jüngste Variation zeichnete Heinrich Tessenow, als er 1936 zum Wettbewerb für das Seebad der Organisation ›Kraft durch Freude‹ in Prora auf Rügen eingeladen war. Axel Schultes negiert die Vorbilder nicht, von denen er Ägypten und die maghrebinische Moschee ausdrücklich nennt. Das nächstliegende Beispiel von der Hand Tessenows bleibt jedoch unerwähnt, trotz der unübersehbaren Parallelen im Entwurf und in der Metaphorik. Hier wie dort gibt es einen stilisierten Hain, der das Bauwerk in eine harmonische Beziehung mit der Landschaft bringen möchte. In Treptow scheint der arkadische Naturraum des umliegenden Waldfriedhofs, der am Ende die Urnen mit der Asche der Verstorbenen aufnimmt, bis ins Gebäude zu reichen.

Bewundernswerte Proportionen und die meisterhafte Lenkung des Lichts, das in Sicheln und Linien durch den Raum wandert, lassen den Besucher die völlige Kahlheit der betongrauen Halle vergessen. Rhythmisch aufragende flache Nischen, die an ägyptische Mauern denken lassen, verleihen den blanken Seitenwänden Relief und Gliederung. Vergänglichkeit wird von den Becken vor jeder Nische angemahnt, gefüllt mit feingemahlenem weißen Wüstensand, der einmal Fels war. Eine mit dem Boden bündige kreisrunde Brunnenscheibe markiert die Mitte der Halle. Mißglückt erscheint das metaphorisch über dem Wasser pendelnde Ei, das verloren wirkt zwischen den mächtigen Betonsäulen.

Die Feierhallen sind in der Fassade deutlich abgesetzt als gläserne Würfel zwischen den gebäudehohen Nischen. Von innen nimmt man sie als steinerne Boxen wahr mit einer offenen, nach außen gerichteten Frontseite, die ihrerseits in eine äußere gläserne Hülle gestellt ist. Ein Lamellenvorhang zur Steuerung des Lichteinfalls verfremdet die Naturkulisse zu linierter Graphik. Eine betont weiche Farbgebung, die starke Akzente bewußt vermeidet, unterstreicht mit grünlichem Granitfußboden, blaugrauer Möblierung und silbrigen Leuchtkörpern die sanfte Eingestimmtheit dieser Orte. Im von oben belichteten Raum zwischen den Rändern der Betonbox und Glaswand, halb draußen und scheinbar unter freiem Himmel, ist der Platz für Rednerpult, Sarg oder Urne. Wiederum eine unaufdringliche Inszenierung, die den Verstorbenen als einen präsentiert, der schon auf dem Weg hinaus ist, bereits ein »Teil des Himmels, der Wolken, der Bäume« (Axel Schultes).

Statt nach draußen in die Natur verläßt der Verstorbene die Feierhalle jedoch nach unten. Eine verdeckte Hebebühne senkt ihn nach der Feier in die hermetisch abgeschirmte, im Sockel des Gebäudes untergebrachte Unterwelt dieser Totenstadt. Schultes und Frank folgen damit der in Fritz Schumachers Krematorien in Dresden und Hamburg beispielhaft

Rückseite
Rear face

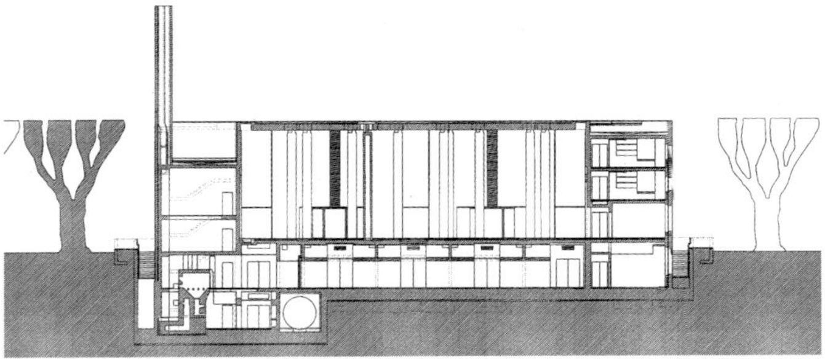

Schnitt
Section

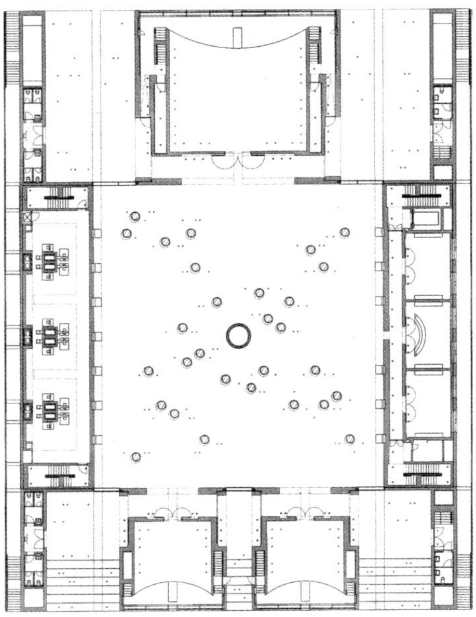

Grundriß Erdgeschoß
Ground floor plan

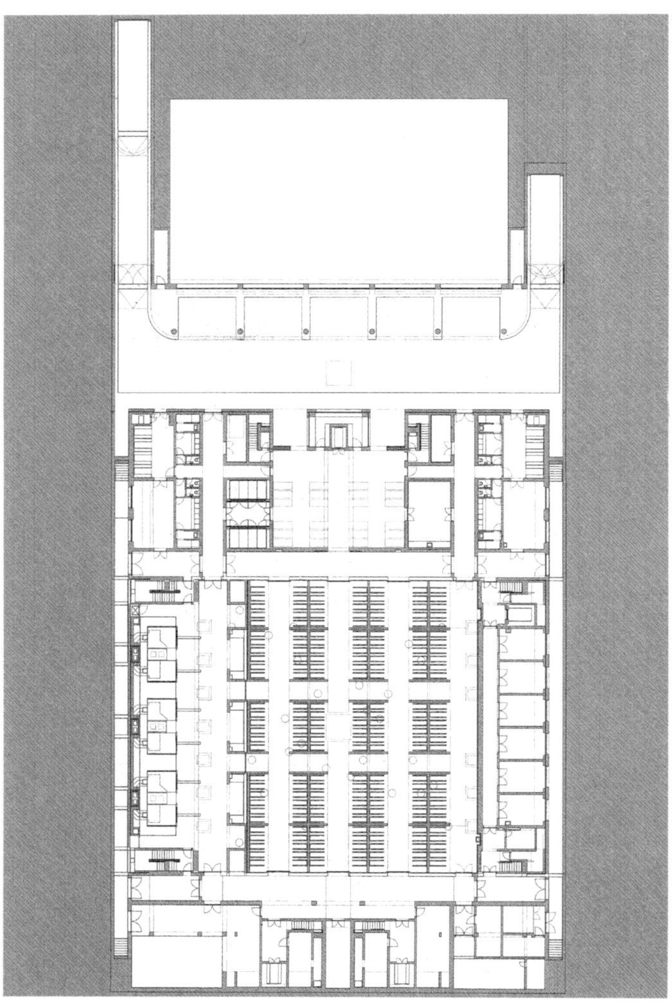

Grundriß Untergeschoß
Lower level floor plan

durchgeführten Funktionstrennung, die den pyrotechnischen Kern in eine verborgene untere Zone verbannte. Unten ist der Ort für die unvermeidlichen technischen Funktionen, die man den Trauernden in unseren Breitengraden nicht zumutet – Annahme und Lagerung der Leichen und Särge, modernste Verbrennungsöfen, Abfüllen der Urnen. Die strikte Trennung bringt es mit sich, daß auch der Zu- und Abgang der Lebenden und Toten auf streng geschiedenen Wegen erfolgt. Die Autos der Bestatter erreichen das Untergeschoß über zwei Rampen auf der Rückseite, vor den Blicken aus dem transparenten Gebäude perfekt verborgen hinter rund auslaufenden Betonmauern. Daß die Bauaufgabe Krematorium auch andere Lösungen zuläßt, zeigte sich in dem vorausgegangenen Wettbewerb, in dem Heinz Bienefeld neben seiner Feierhalle eine separierte Totenfabrik mit sechs konisch-aufgereckten Schornsteinen präsentierte, die aus den Fakten der längst zum Standard gewordenen Feuerbestattung *kein* Geheimnis machen wollte. Ohne Rauchabzüge kommt allerdings auch Schultes Bau nicht aus. Bei ihm überragt eine Gruppe von drei Betonschloten das Dach an der Seitenfassade, ohne sich selbst zum Thema zu machen.

Die versteckte Lage am Rand der Metropole, die den Architekten nicht anzulasten ist, steht für den verschämten Umgang der profanisierten Moderne mit der verdrängten Realität des Sterbens. Das Krematorium in Treptow überzeugt als gebautes memento mori, das auch der Stadtmitte gut anstünde. Es zeigt Monumentalität, ohne drückend und schwer zu sein. Der Entwurf operiert in Grundriß und Aufriß mit wohlproportionierten Quadratformen, ohne in schematische Raster zu verfallen. Mit den unaufdringlich allgemeinen Metaphern von Weltall, Himmel, Vergänglichkeit und Rückkehr in die Natur trägt es der Tatsache Rechnung, daß ein religiöser Konsens in der verweltlichten multikulturellen Gesellschaft nicht mehr vorausgesetzt werden kann. Mit dem Bau ist Schultes und Frank ein ausgereiftes Meisterstück der elementaren Architektur gelungen, voller Tiefe und Würde, das geeignet wäre, manche Neubauten der Hauptstadt wie peinliche Verwandte mit schlechten Manieren aussehen zu lassen. Dazu wird es aber nicht kommen, denn der abgelegene Ort und seine ernste, so gar nicht coole Zweckbestimmung entziehen den Bau dem aufgedrehten Architekturzirkus dieser Stadt, und das ist wohl auch besser so.

Wolfgang Voigt

Großer Feiersaal
Large ceremonial hall

Nische auf der Rückseite
Recess at rear

Eingang in einen Feiersaal
Entrance to a ceremonial hall

Kleiner Feiersaal
Small ceremonial hall

Photos: Werner Huthmacher/Architekton

Zentrale Halle
mit Brunnenscheibe
Central hall with well

Benedict Tonon

Technische Fachhochschule, Brandenburg

Mitarbeit: Christoph Flury, Dorothee Grundmann, Tom Westergaard-Hansen

Bauleitung: Peter Flucke, Eins bis Neun Architekten GbR, Berlin

Planung 1994–1996
Fertigstellung 1998

Polytechnic School

The new polytechnic school in Brandenburg is located on the site of a former Prussian barracks, where most of the former buildings are still standing. Benedict Tonon has sought to counter the existing architecture—which he regards as an embodiment of rationality in the sense of ruling over people and society—by creating a number of individually distinctive school buildings and varied outdoor spaces that break up the dominance of the converted army building on the campus. Because of a lack of funds, his plan has not been implemented in full. The complex shown here houses the departments of Machine Engineering and Physics. Its key feature is the juxtaposition of autonomous architectural means, materials and metaphors in such a way that the ensemble as a whole, for all its heterogeneity, is self-contained and harmoniously balanced.

Romana Schneider: Der Ort der neuen Fachhochschule Brandenburg befindet sich auf einem ehemaligen Kasernengelände außerhalb der Innenstadt. Ein Großteil der ehrfurchtgebietenden Backsteingebäude aus der letzten Hälfte des 19. Jahrhunderts steht noch und hält damit die ursprüngliche Prägung dieses Militärareals aufrecht. Wie hat diese Umgebung auf Sie gewirkt, welche Gedanken hat sie bei Ihnen freigesetzt, bevor Sie mit Ihrem Entwurf begannen?
Benedict Tonon: Diese Umgebung gab mir das Gefühl, daß sie keine Zweifel an der bestehenden Ordnung und Vernunft der Welt zulassen will. Ich empfand sie als Herausforderung einer Auseinandersetzung mit den Grundfesten des Architektonischen.

R S: Welche städtebaulichen Intentionen entstanden daraus für Ihren Gesamtplan des Areals der Fachhochschule?
B T: Der städtebauliche Gesamtplan des Hochschulcampus, der leider aus finanziellen Gründen nicht vollständig realisiert werden kann, kreist um die Problematik dieser Idealisierung des Architektonischen durch Ordnung, menschliches Maß, das Vitruv Eurhythmie nennt, Symmetrie usw. Er vollzieht sich auf drei autonomen Ebenen: Eine gab es bereits, die der preußischen Kasernenarchitektur. Eine zweite besteht in der nach verschiedenen Parametern der Offenheit angelegten Architektur der Höfe, die Achse und Symmetrie des Kasernenhofs umspielen. Dabei bleiben die dreigeschossigen Gebäude mit ihrer Höhe im Horizont der Baumkronen des Hochschulparks und somit in einem Naturverhältnis. Die dritte ist die Architektur der Türme, als Klausuren für Hochschulmitarbeiter gedacht, vertikale Elemente, die ohne feste Regel angeordnet, den auf die Kaserne zentralperspektivisch ausgerichteten Raum durch unkontrollierte Perspektiven durchkreuzen.

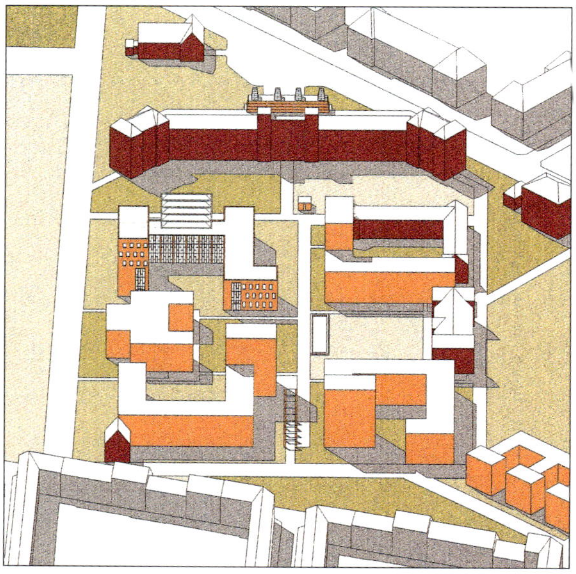

Städtebauliche Gesamtplanung mit dem realisierten Fachbereichsgebäude (rot = umgenutzte Kasernenbauten)
Urban town planning showing school buildings already completed (red = converted army barracks)

R S: Ihre Fachhochschule ist ein Ensemble, dessen Einzelgebäude und verschiedene Außenräume individuell durchgebildet sind. Dennoch gelingt Ihnen eine Gesamtwirkung in sich ruhender Ausgewogenheit. Rührt diese daher, daß ihre Gestaltungsprinzipien anerkannten architektonischen Gesetzen folgen, die Sie mit Bewußtsein für deren Wirkung anzuwenden wissen? Können Sie etwas zu den Wurzeln der architektonischen Grundkonzeption ihres Entwurfs sagen?
B T: Es ging mir bei meinem Entwurf um ein Auspendeln heterogener Kräfte. Im Gegensatz zu Ihnen, verstehe ich meine Planung gerade als kritische Reflexion sogenannter architektonischer Gesetze, wie sie als Metaphern der Vernunft in der Kasernenarchitektur zum Ausdruck kommen. Der Ort dieses Militärareals stellte mich für meinen Entwurf vor die Frage: Welche Rolle spielt das Tektonische auf der einen und die Eigengesetzlichkeit der Zeichen auf der anderen Seite in einer Architektur, die der Absolutheit des Architektonischen, wie im preußischen Kasernenbau realisiert, entgegnen will? Läßt sich mit den Mitteln der Architektur ein noch nicht in diesem Sinne von Rationalität durchherrschter Erfahrungsraum öffnen?

R S: Ihre Fachhochschule macht nicht den Eindruck eines Ensembles von Zweckbauten, schon gar nicht von geschmackvoll verhüllten. Von außen betrachtet ist nicht zu erkennen, daß es sich um eine ›technische Lehranstalt‹ handelt. Welches Raumprogramm war Ihnen vom Bauherrn, dem Land Brandenburg, vorgegeben, und wie haben Sie es realisiert?
B T: Mein Wunsch war, einer Durchfunktionalisierung des Raums durch das Raumprogramm entgegenzuwirken, die Handlungsabläufe festlegt, anstatt sie zu ermöglichen. Sie mag für Krankenhäuser notwendig sein, sollte aber für Hochschulen und Universitäten vermieden werden. Mein Interesse lag nicht an einem Ensemble von Bauten mit Spezialaufgaben in einem Park nach dem Vorbild von amerikanischen Campus-Universitäten, getrennt nach Gebäude für Hochschullehrer und Hochschulverwaltung, Semi-

Haupteingang, Gartenhof
Main entrance, garden courtyard

nargebäude, Laborgebäude, Hörsaalgebäude, sondern an einem Ensemble heterogen durchgebildeter Hofkonfigurationen, die Nutzungen dezentralisieren und Kommunikation zwischen allen Teilbereichen herstellen.

Wissenschaft und Forschung finden meiner Ansicht nach im Freiraum des noch nicht zur Identität Gebrachten statt und bleiben heute in der Regel ohnehin ungegenständlich.

RS: Gab es architektonische (Vor-)Bilder, die zur Architektur des von Ihnen neuerbauten Gebäudes für die Fachbereiche Maschinenbau und technische Physik führten?

BT: Ich könnte sagen, Vor-Bild war die große Kaserne. Wie ließ sich ihre starke Bildhaftigkeit als Behauptung einer Ordnung der Dinge zurückdrängen? Und wie thematisieren, weil die Organisation der modernen Lebensverhältnisse rationale Strukturen erfordert, die paradoxerweise Kreativität, schöpferische Freiräume erzeugen sollen.

RS: Die zum Hof hin über die gesamte Gebäudehöhe gespannten Glaswände offenbaren nicht, wie-

Ansicht der umgenutzten Kaserne mit neuem Dachaufbau
View of converted army barracks with new roof construction

Schnitt durch die Eingangshalle und die Labore
Elevation of entrance hall and laboratories

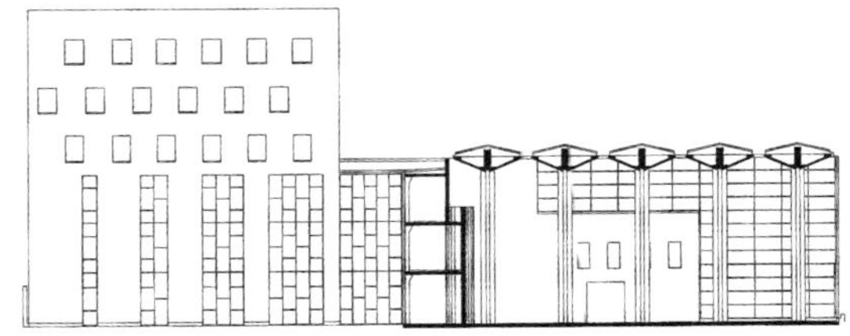

Schnitt durch die Glashalle
Elevation of glazed hall

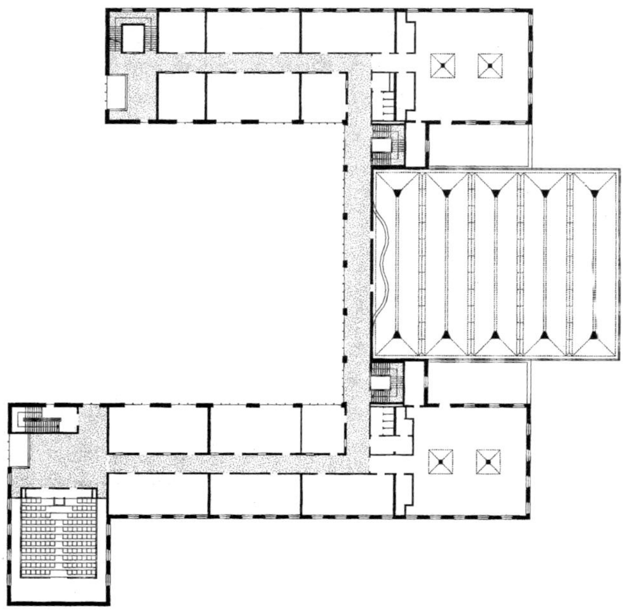

Grundriß 2. Obergeschoß
Third floor plan

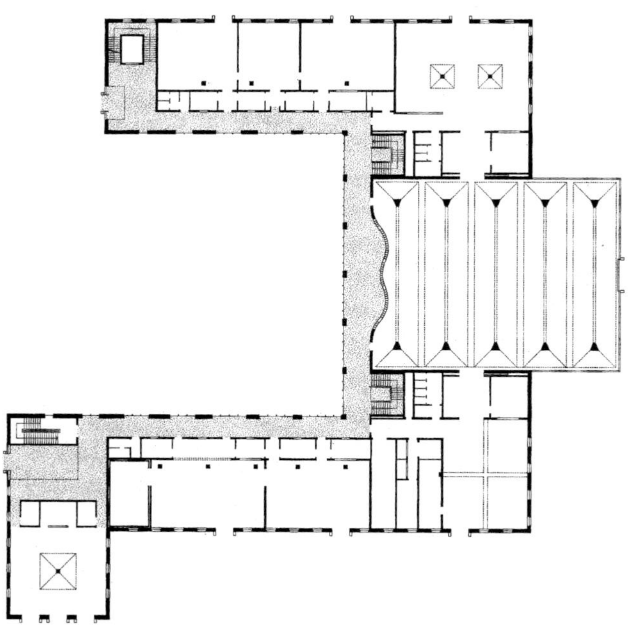

Grundriß Erdgeschoß
Ground floor plan

viele Geschosse für die verschiedenen Räume zur Verfügung stehen, während die Lochfassaden nach außen eine Drei-Geschossigkeit suggerieren, die zum Beispiel jener der Laborhallen und des Hörsaals, die über zwei Geschosse reichen, nicht entspricht. Hat das mit einer solchen Paradoxie zu tun?

B T: Die Aufrisse und Grundrisse folgen verschiedenen logischen Konzepten. Die Grundrisse generieren die notwendigen Bezüge der Nutzungen. Die transparente Grenzziehung zu Hof und Garten konstituiert, unabhängig vom Grundriß, einen offenen Kommunikationsraum und ein Verhältnis von Technik und Natur. Die Lochfassade zum Campus zitiert die hierarchische tektonische Ordnung der Kaserne, ist aber Textur, Ornament. Zusammen mit der Materialität, den Brandflecken und der Struktur der gelben Steine und gelber Verfugung irritiert sie die Ordnung

Pneumatiklabor
Pneumatic laboratory

Rückwärtige Hallenwand
Rear wall of hall

des Meßbaren und Regelhaften. Die Sichtbetonwände im Innern, zwischen Fluren und Laboren mit Türlöchern zum Boden und Fensterlöchern zur Decke, kommentieren die Hierarchie des tektonischen Oben und Unten. Die mit massiven prismatischen Kapitellen versehenen Stützen innerhalb des Hauses, durch Material und Farbe von Decke und Boden getrennt, isolieren rhetorisch die Metapher des Tragens. Die Widersprüchlichkeit all dieser nicht ineinander aufgehenden Rationalitäten schafft vielleicht die Atmosphäre von Offenheit des architektonischen Erfahrungsraums.

R S: Im Innern des Gebäudes finden Materialien mit ihren unterschiedlichen ästhetischen und haptischen Eigenschaften zusammen. Bemerkenswert ist, daß die Materialität hervorgehobener tektonischer Elemente, ganz besonders die Sichtbetonwände und die Sichtbetonstützen in Bretterschalung, an den tätigen Menschen denken lassen, ihre Herstellung mit dem Auge nachvollziehbar ist. Soll in Ihrer Architektur auf diese Weise das sogenannte menschliche Maß zum Ausdruck kommen? Warum finden Sie seine Repräsentation in Ihrer eher erhaben wirkenden Architektur notwendig?

B T: Architektur am Ende des 20. Jahrhunderts kann nicht mehr ein menschliches Maß der Dinge behaupten, von denen der Mensch durch Technik getrennt ist. Realität wird nicht mehr vom Zugriff der Hand auf die Gegenstände der Erfahrung geregelt. So verstehe ich die Kombination von Materialwerten und Bretterschalung in einer Realität technischer und ökonomischer Bauproduktion eher als Irritation, als Erinnerung, aber auch Entlastung. Erhabenheit ist für mich ein schwieriger Begriff – er zielt auf Einheit im Absoluten der Vernunft. Aura, Atmosphäre entsteht hier – so hoffe ich – aus dem Beieinander des Heterogenen.

R S: Bauliches Zentrum Ihres Entwurfs ist eine Glashalle – ein Laboratorium für raumgreifende technische Experimente –, die zum Zeitpunkt der Eröffnung noch ohne Versuchsaufbauten war. Im leeren Raum war die sublime, ich könnte auch sagen, feierliche Atmosphäre besonders eindringlich. Was bedeutet dieser Raum für Sie, und wie paßt ein solcher Raum zu dem profanen Zweck, für den er gebaut wurde?

B T: Das Verhältnis von Technik – Mensch – Natur wird hier vielfach ineinander projiziert. Da sind die prismatischen Betonstützen, durch trichterförmige Schalen zu Rahmen verkoppelt, die eine Kranbahn tragen und, indem sie sich nicht berühren und durch Glasstreifen voneinander getrennt sind, scheinbar im Freien einen Raum herstellen. In eine Nische der Ziegelaußenwand des übrigen Gebäudes ist dieser Raum zu einem Teil hinein geschoben, während er zu einem anderen Teil von einer U-förmigen Glasschale umschlossen ist. Erst die Lochfassade der entfernten Kasernenwand zieht über den Park hinweg eine feste Grenze zu diesem Raum. Die durchbrochene Ziegelwand mit zusätzlichen Fensteröffnungen innerhalb der Halle – andererseits – gerät dort in Schwingung, wo sie sich, zu Sitznischen im Flur öffnet und diese zugleich ausbildet. So sind die Sitznischen zum Garten des Hofs orientiert und unterhalten doch eine Bindung zur Halle. Sie sind ein Angebot zur Kommunikation über das durch Technik vermittelte Verhältnis von Mensch und Natur.

Aufgang
Stairwell

Glashalle mit Blick auf die Kaserne
Glazed hall with view toward army barracks

Sitznischen an der Rückseite der Hallenwand
Undulating bench seating along rear wall of hall

Gesine Weinmiller mit Michael Großmann

Bundesarbeitsgericht, Erfurt

Mitarbeit: Heike Buchmann, Matthias Burkart, Uta von Debschitz, Till Huggler, Alfred Meistermann, Stephan Plog

Bauleitung: Lutz Beusterien, Michael Eschwe

Außenanlagen: Kienast, Vogt und Partner

Wettbewerb 1995 (1. Preis)

Ausführung 1995–1999

Federal Labor Court

Despite strong public opposition in the city of Erfurt, the competition design prepared by the Berlin architect Gesine Weinmiller has been realized. Meanwhile, it seems that a noble structure, one full of character and sensuous qualities, has arisen from the plans and models that seemed so unwieldy and that proved so difficult for the lay public to interpret. The building stands out like a Parthenon in close proximity to the baroque Petersberg Castle.

The building plays very subtly with interior and exterior space. Room-high French windows encircle it, and yet it is not open on all sides, but has an entrance that is approached via a well-proportioned inner courtyard.

The clear utilization structure that is expressed in the precisely ordered ground plan results in an optimal feeling of orientation in the interior. The rooms with public access, such as the lobby, courtrooms, and restaurant, are on the ground floor. A professional library takes up most of the second floor, while offices fill the remaining levels. The larger, eastern, inner courtyard over the foyer has been designed in the form of a Japanese garden.

The stringent design concept, the great care taken with respect to quality of details and implementation, along with the discrete, effective, and precisely calculated use of materials, make the

Subtiles Spiel mit Innen und Außen

Als Kuckucksei, so betrachteten viele Erfurter das neue Bundesarbeitsgericht im Entwurfsstadium, und es ist die Architektur dieses »häßlichen Klotzes« auf dem historischen Petersberg, die sie erzürnte. Zunächst hatte in der thüringischen Landeshauptstadt eitel Freude geherrscht, als der Deutsche Bundestag im Juli 1992 auf Vorschlag der Föderalismuskommission beschloß, das Bundesarbeitsgericht (BAG) nach Erfurt zu verlegen. Doch mit Bekanntgabe der Wettbewerbsergebnisse schlug die Stimmung um. Vor allem die Lokalpresse schürte den Unmut mit polemischen Artikeln, druckte Stimmzettel zur Stellungnahme gegen das Projekt ab und öffnete ihre Leserbriefspalten für geharnischte Unmutsäußerungen. Die große Keule der NS-Architektur wurde geschwungen und von der Erfüllung von Ulbrichts Wunsch nach einem schwergewichtigen sozialistischen Pendant zum Dom und von einem »sozialistischen Klotz« war die Rede. Doch der Bauherr ließ sich nicht beirren und realisierte auf bundeseigenem Grundstück das siegreiche Wettbewerbsprojekt der Berliner Architektin Gesine Weinmiller in unmittelbarer Nachbarschaft der Zitadelle auf dem Petersberg – sicher nicht zum Schaden der Erfurter oder ihrer Stadt.

Wie ein Parthenon steht der Neubau vor Augen, ernst, statuarisch, sein Umfeld auf dem Glacis der barocken Stadtbefestigung beherrschend. Er ist nicht die domestizierte Postmoderne, mit der seit der Wende die Erfurter Innenstadt aufgefüllt wurde, nicht die gläserne High-Tech-Mode, wie sie seit kurzem in Form des LEG-Bürobaus am Fuß des Petersbergs anzutreffen ist. Man fühlt sich durch die karge Kombination von Sichtbeton und Naturstein an neuere spanische Architektur erinnert, an Livio Vacchini oder andere Schweizer Heroen der Neuen Einfachheit. Vielleicht ist es die eigenständige Position, die das solitäre Gebäude behauptet, die sich der Anpassung an den Alltagsgeschmack verweigert und mit der sich die Bürger anfreunden müssen. Angebote macht der Bau, für den, der sehen kann und will.

Für den Spaziergänger etwa, der von der Zitadelle her kommt, die Bastion verläßt, einer alten Bruchsteinmauer folgt (die freilich nach der Neuordnung der Anlage wieder aufgemauert wurde), durch einen regelmäßigen Baumhain wandelt, das Gerichtsgebäude und ein Wasserbecken umrundet, aus dem ebenfalls rätselhafte Mauern aufsteigen und sich vor der westlichen Schmalseite mit dem Hauptzugang wiederfindet.

Sehr subtil spielt der Bau mit Innen und Außen, umgibt sich mit raumhohen französischen Fenstern und ist doch nicht ringsum zugänglich, denn natürlich hat sich der Besucher am zentralen, gesicherten Eingang auszuweisen. Den findet er wie bei einem Tempelbezirk nach Durchschreiten eines Tors im Innenhof, der die Eingangssituation räumlich überraschend reizvoll formuliert. Vier ›Gerichtslinden‹ im Karree und die ›Weltachse‹, eine drei Geschosse hohe Stapelstele von Jürgen Partenheimer, schmücken den gepflasterten Hof. In der Achse dann der Eingang mit allen heute notwendigen Sicherungsmaßnahmen im Umfeld der Pförtnerloge. Die Angestellten erreichen von hier aus die verschiedenen Treppenhäuser. Prozeßbeteiligte und Besucher werden geradeaus in das zentrale Foyer geleitet; Jurastudenten erklimmen die Stufen im eichengetäfelten Treppenhaus und besuchen die fast das gesamte erste Obergeschoß einnehmende größte arbeitsrechtliche Bibliothek Deutschlands.

Verlaufen wird sich in diesem Haus niemand. Eine überaus klare Nutzungsstruktur, die sich in präzise geordneten Grundrissen ausdrückt, ermöglicht eine gute Orientierung. Der querliegende Eingangshof wird von einem schmaleren, einhüftigen Bürotrakt umringt, der längsgerichtete Lichthof im östlichen Gebäudeteil von zweihüftig erschlossenen Bürofluchten. Der Querflügel dazwischen beherbergt Foyers, drei Treppenanlagen, Konferenzräume und das Rechenzentrum. Allzu schematische Flursysteme bergen die Gefahr der Ödnis und Langeweile, andererseits jedoch die Chance, als konkreter Ausdruck des innerbetrieblichen Organisationssystems im Zusammenspiel mit materieller Gediegenheit Seriosität und sogar eine gewisse Eleganz zu vermitteln. Dies gelingt hier in überzeugendem Maße. Jede Türzarge ist sorgsam bedacht, Türen nicht dem Katalog entnommen, sondern raumhoch in Milchglas und trotz 37 dB Schalldämmungsleistung elegant und fast rahmenlos ausgeführt. Die gestalterische Minimierung des Details im Sinn Mies van der Rohes wird überall als Gestaltungsprinzip deutlich, wenn Leuchten versenkt, Stoßleisten aufwendig vermieden werden, Rauchmelder nicht mehr als Gerät auf Putz in Erscheinung treten sondern durch winzige Ansaug-

löcher der zentralen Unterdruck-Rauchmeldeanlage ersetzt werden. Welch unauffällige, um so intensivere Gestaltungskraft investiert worden ist, wird auch im östlichen Lichthof, dem Bibliothekshof, spürbar. Im auf dem Niveau des ersten Obergeschosses liegenden Hof waren die Oberlichter zur Erhellung des darunterliegenden großen Foyers gestalterisch zu bewältigen. Üblicherweise kommen vulgäre Plexiglaskuppeln aus dem Katalog zum Einsatz. Die Architekten haben stattdessen präzise, milchglasgedeckte Tableaus entwickelt, die fast skulpturalen Charakter haben und wunderbar mit dem spartanisch-edel wirkenden japanischen Garten harmonieren, den die Gartenarchitekten aus dem Atelier des kürzlich verstorbenen Zürichers Dieter Kienast gestalteten. In der Treppenhalle, in den Foyers und in den vier Verhandlungssälen erzeugen Eichenpaneele und Teppichböden in gedeckten Farben oder Natursteinböden aus blaßgrünem Tessiner Gneis eine Atmosphäre von gehobenem, fast vornehmem Charakter, die einem Bundesgericht sicher angemessen ist. Die Farbe kommt durch die hochrangige Kunst unter anderem von Remy Zaugg, Veronika Kellendorfer, Katharina Grosse und Ian Hamilton Finlay ins Haus. Der Bau, dessen Entwurf auch wegen seiner wirtschaftlichen

Gesamtansicht von Südwesten
View from southwest

building a textbook example of the tendency towards the "New Simplicity" that has evolved at the end of the 1990s.

Fassadenausschnitt
Detail of facade

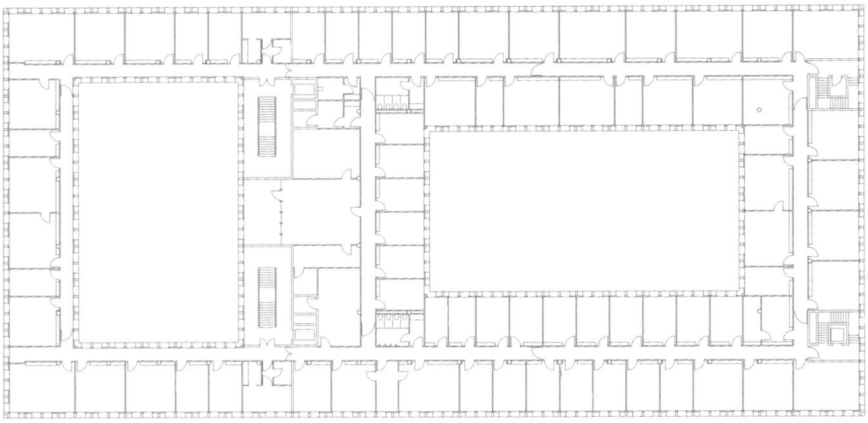

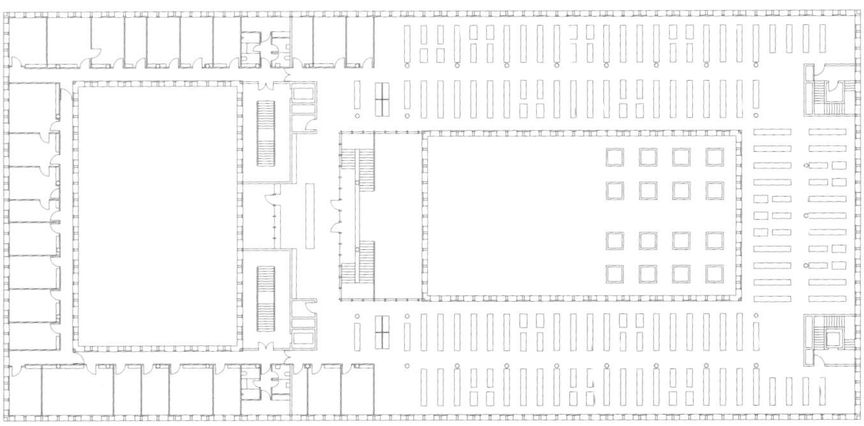

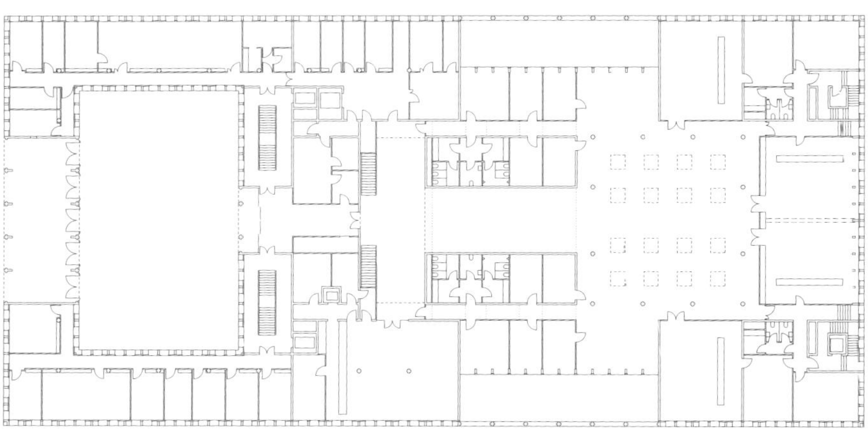

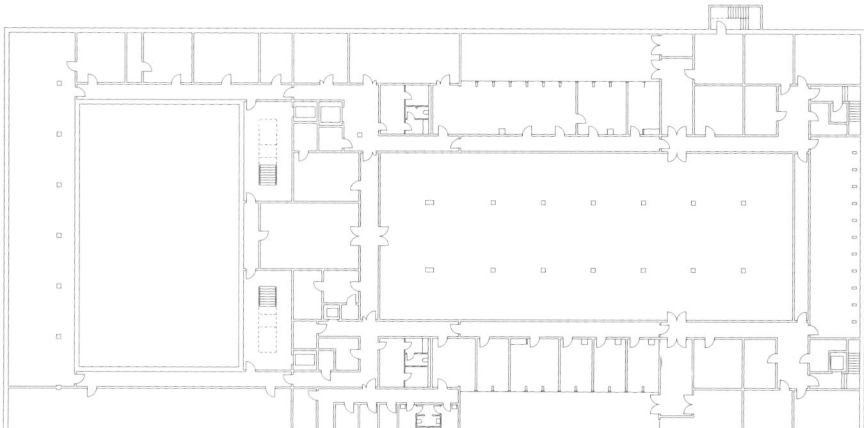

Konstruktion ausgewählt worden war, ist in der Ausführung bei 7800 Quadratmetern Hauptnutzfläche noch unter dem Kostenansatz von 107 Millionen Mark inklusive Nebenkosten geblieben. Die allerorten notwendigen Einsparungen fallen jedenfalls nicht ins Auge. Im Gegenteil erscheint das Lüftungssystem geradezu aufwendig, das geschickt in der Fassade versteckt ist. Denn nicht die Fenster sind zu öffnen, sondern die individuell zu bedienenden Lüftungsflügel verbergen sich hinter den innen hohlen Natursteingewänden, die als Taschen auch den Sonnenschutz aufnehmen. Beim Naturstein handelt es sich um Theumarer Schiefer, der ›sklypiert‹, das heißt, dem mit feinen horizontalen gesägten Rillen zu einer lebendigen Oberfläche verholfen wurde. Wesentliches gestalterisches Element sind auch die gläsernen Sonnenblenden, die elektrisch aus den Taschen gefahren werden können. Sie sind mit einem Buchstabenraster bedruckt, das sich bei genauerem Mustern als die endlos ohne Punkt und Komma wiederholten ersten Sätze des Grundgesetzes herausstellt: »D I E W Ü R D E D E S M E N S C H E N I S T U N A N T A S T B A R D I E W Ü R D E D E S ...« Wenn auch das Gebäude monolithisch blockhaft geformt ist und durch Binnengliederungselemente wie Durch- und Ausgänge sowie seitliche Loggienhöfe kaum variiert wird, erfährt es doch durch den geschoßweisen Wechsel der Fensteröffnungen, den Versatz der Betonskelettrahmen und die unterschiedlichen Stellungen der Sonnenblenden eine subtile, doch um so stärker physisch erlebbare Rhythmik und Lebendigkeit, deren Ursache erst auf den zweiten, den analytischen Blick erkennbar wird. Als herrischer Klotz oder Block, wie vielleicht noch das Modell befürchten ließ, wirkt der realisierte Entwurf durch diese feinsinnige Fassade mitnichten. Doch auch der ausgeklügelte, dezent-effektvolle Einsatz kalkulierter Materialwirkung hebt das in den Kontext der Neuen Einfachheit der neunziger Jahre einzuordnende Bauwerk in einen hohen Rang.

Falk Jaeger

Grundriß 2. Obergeschoß
Third floor plan

Grundriß 1. Obergeschoß
Second floor plan

Grundriß Erdgeschoß
Ground floor plan

Grundriß Untergeschoß
Lower level floor plan

Oberlichter im Bibliothekshof
Library courtyard with skylights

Bibliothekshof
Library courtyard

Photos: Klaus Kinold

Blick aus dem Bibliothekshof
View from library courtyard

Projekte
Projects

Benedict Tonon

Multiplex-Kino, Berlin-Charlottenburg

Beschränkter Realisierungswettbewerb 1999

Mitarbeit **Tom Schoper, Rochus Wiedemer**

Multiplex Cinema

In terms of both architecture and function, the block near Bahnhof Zoo is distinctly heterogeneous. The time-honored buildings of the Theater des Westens and the Delphi Cinema stand there alongside the post-war modernism of the Amerika-Haus and the Higher Administrative Court. For the development of the remaining gap right beside the railway viaduct, a competition was announced to find a solution that would include a multiplex cinema with ten screens, catering facilities and shops. The firm of Benedict Tonon won first prize for a design that presented a slender, monolithic building stretching along the railway between Kantstrasse and Hardenbergstrasse. The main entrance is on Kantstrasse, right beside the Theater des Westens. From the entrance, visitors are guided up a stairway into a spacious foyer with access to the cinema screens above and below. The twelve cinemas, seating between 100 and 700, are aligned "back-to-back" so that they can each use the same projection room.

Der Block zwischen Fasanen-, Hardenberg-, Kant- und Joachimsthaler Straße ist seit jeher von unterschiedlichster Nutzung und Bebauung geprägt. Hier befinden sich mit dem Theater des Westens (1895 von Bernhard Sehring) und dem Kino Delphi (1927 von Ernst Lessing und Max Breme) noch Relikte des einstigen Vergnügungsviertels rund um den Zoo.

Das Amerika-Haus als kulturelle Vertretung der USA (1957/58 von Bruno Grimmek und der Entwurfsabteilung der Senatsverwaltung für Bau- und Wohnungswesen), das Gebäude des Oberverwaltungsgerichts (1957/58 von G. Forstner und Bruno Grimmek) sowie der Bau der Industrie- und Handelskammer (1954/55 von Franz Heinrich Sobotka und Gustav Müller) stehen für die Etablierung zentraler Funktionen im Zentrum der westlichen Stadthälfte.

Nicht zuletzt weist der Neubau des Ludwig-Erhard-Hauses der Industrie- und Handelskammer (1992–97 von Nicholas Grimshaw) auf die zukünftigen Funktionen der ›neuen‹ Hauptstadt hin. Alle Gebäude sind Solitäre, die sich scheinbar zufällig auf diesem innerstädtischen ›Filetstück‹ zusammengefunden haben.

Keine leichte Aufgabe hatten also die Teilnehmer des Wettbewerbs zu bewältigen, als es darum ging, noch ein Multiplex-Kino in die Lücke zwischen Bahnviadukt, Amerika-Haus, Oberverwaltungsgericht und Theater des Westens einzufügen. Das Grundstück wird derzeit als Parkplatz für einen Supermarkt genutzt.

Jeder Versuch, ein Gebäude zu entwerfen, welches sich in die Umgebung einpaßt, scheint zum Scheitern verurteilt zu sein. Der vorliegende Entwurf von Benedict Tonon orientiert sich deshalb zuerst an der Funktion des Kinos an diesem Ort. Ausgehend von seiner These, daß »das Großkino ... die historische Stadtstruktur (ergänzt)«, schließt der Kinobau mit einem kleinen Rücksprung direkt an die Schmalseite des Amerika-Hauses an. Der etwa 130 Meter lange Baukörper erstreckt sich parallel zur Bahntrasse zwischen Hardenberg- und Kantstraße und hält den Block an der Ostseite gleichsam wie eine Klammer umschlossen. Der Haupteingang befindet sich an der Kantstraße, direkt neben dem Theater des Westens. Hier findet das Gebäude in einem Winkel seinen Abschluß.

Der etwa 20 Meter hohe Baukörper nimmt im Süden die Gesimshöhe des Theater des Westens auf, überragt im Norden das Amerika-Haus jedoch um das Doppelte. Auch die gemauerte Sandsteinfassade paßt sich in ihrer Materialität an das Theater des Westens an. Moderne Schmuckelemente in Form kleiner, senkrecht eingemauerter Leuchtstoffröhren sollen die glatten Fronten optisch auflockern, beleuchten das Gebäude in der Dunkelheit und verweisen auf die Nutzung als ›Lichtspielhaus‹. Im Blockinnenbereich wird die Steinfassade im mittleren Drittel durch eine gläserne Haut ersetzt, die den unmittelbaren Nachbarn – trotz des geringen Gebäudeabstands – weiterhin den Blick auf die Bahntrasse ermöglichen soll. Im Parterre ist eine mit Glas verkleidete Gewerbezone mit Cafés und Läden geplant. Ein umlaufendes Gesimsband betont diesen Bereich. Zur Kantstraße orientiert soll ein Restaurant mit einer kleinen Terrasse entstehen.

Die Kinosäle mit 100 bis 700 Sitzplätzen sind in zwei Ebenen Rücken an Rücken angeordnet und nutzen jeweils einen gemeinsamen Projektionsraum. Die Säle werden von einer Empfangshalle an der Kantstraße erschlossen. Von hier aus werden die Besucher über eine Treppe in ein sogenanntes Foyer im ersten Obergeschoß geleitet. Dieses Foyer befindet sich auf einer Ebene mit der Bahn und ermöglicht an dieser Stelle den Blick über die Stadt. Bars und Popcorntheken empfangen den Kinogänger, bevor er in einen der zwölf Säle hinab- oder hinaufsteigt.

Der monolithische Baukörper des Kinos hebt sich deutlich von der transparenten Gestalt des Amerika-Hauses und des Oberverwaltungsgerichts ab. Zugleich bildet er mit seiner glatten Außenhaut aus gemauertem Sandstein einen gelungenen Gegensatz zu

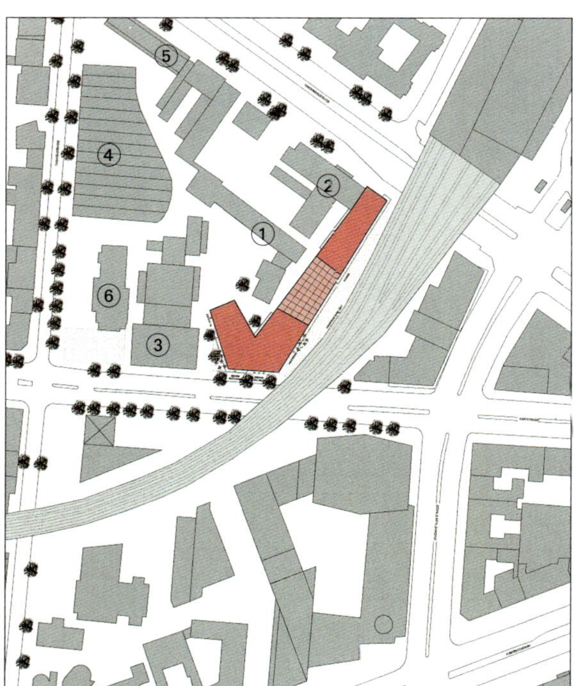

Lageplan

1. Oberverwaltungsgericht
   Higher Administrative Court
2. Amerika-Haus
3. Theater des Westens
4. Ludwig-Erhard-Haus
5. Industrie- und Handelskammer
   Chamber of Commerce and Industry
6. Delphi-Kino
   Delphi Cinema

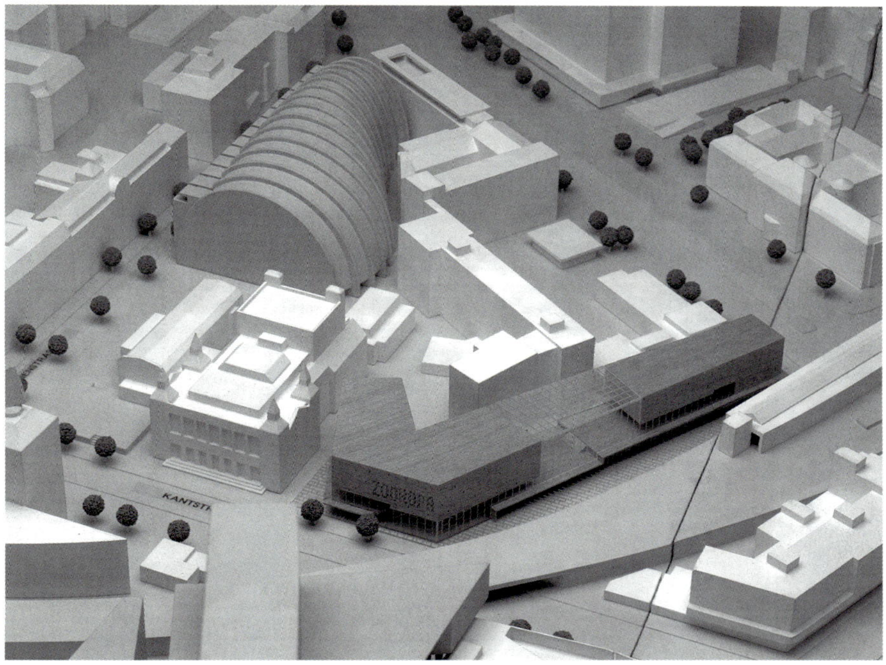

Modellphoto
Model

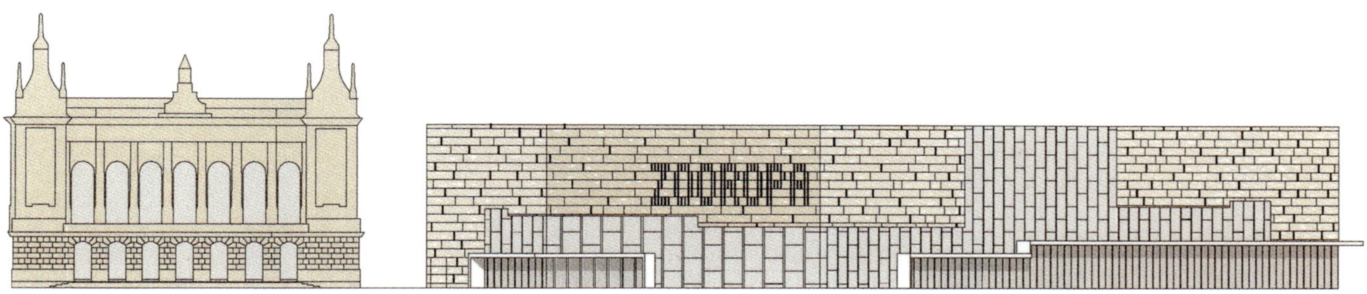

Fassade zur Kantstraße
Facade on Kantstrasse

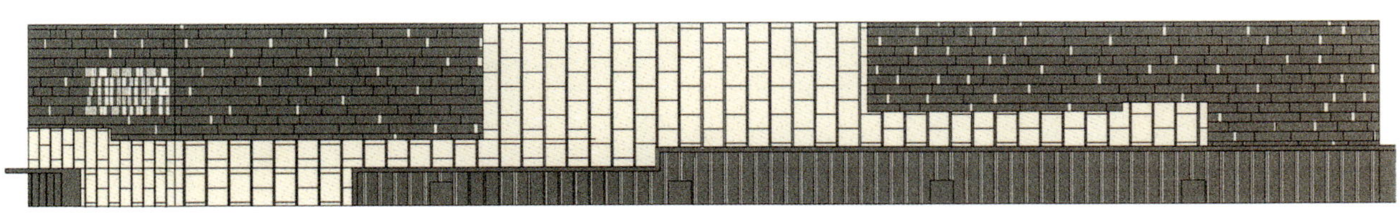

Fassade zur Stadtbahn bei Nacht
Facade along rail tracks at night

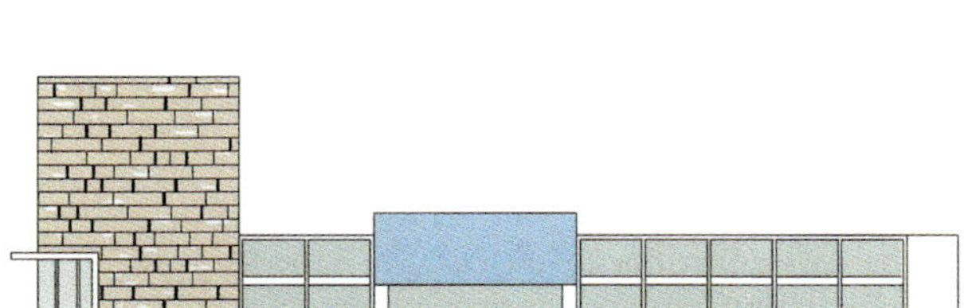

Fassade zur Hardenbergstraße
Facade on Hardenbergstrasse

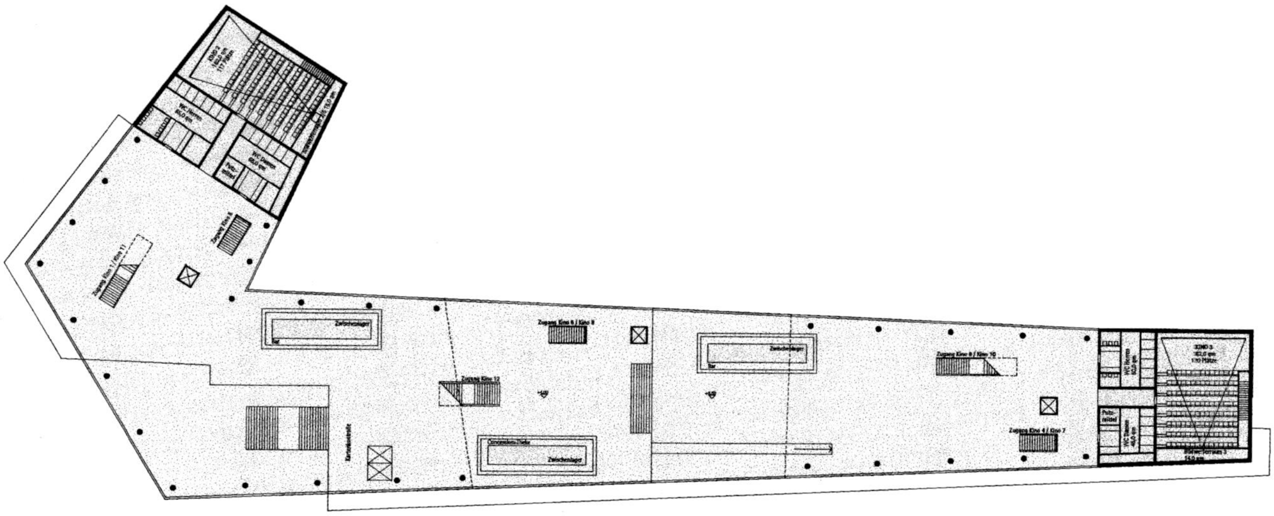

Grundriß obere Saalebene
Upper level floor plan

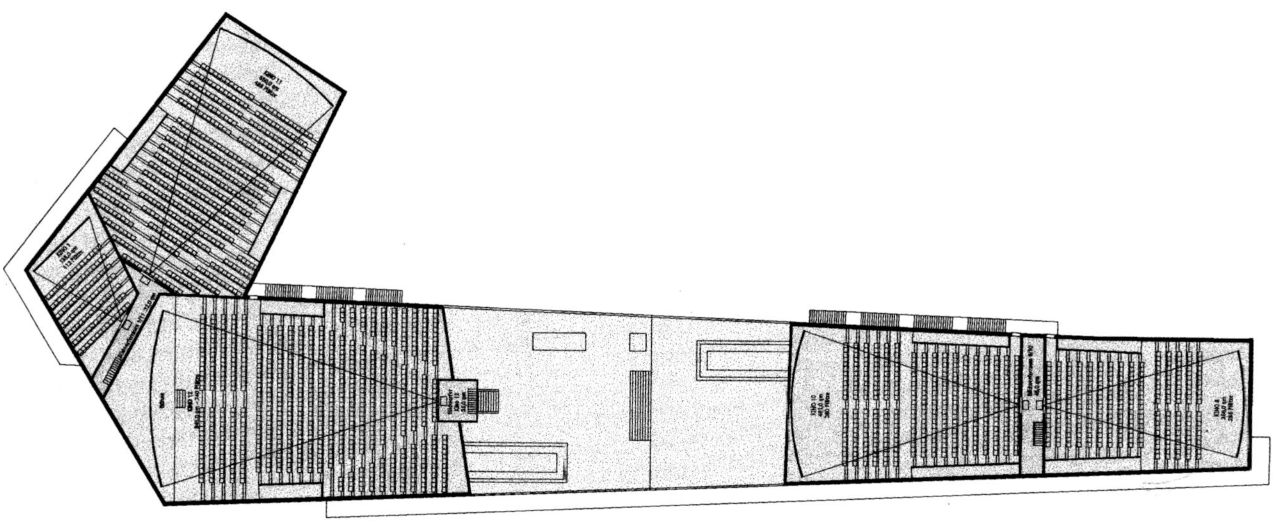

Grundriß Foyergeschoß
Foyer level floor plan

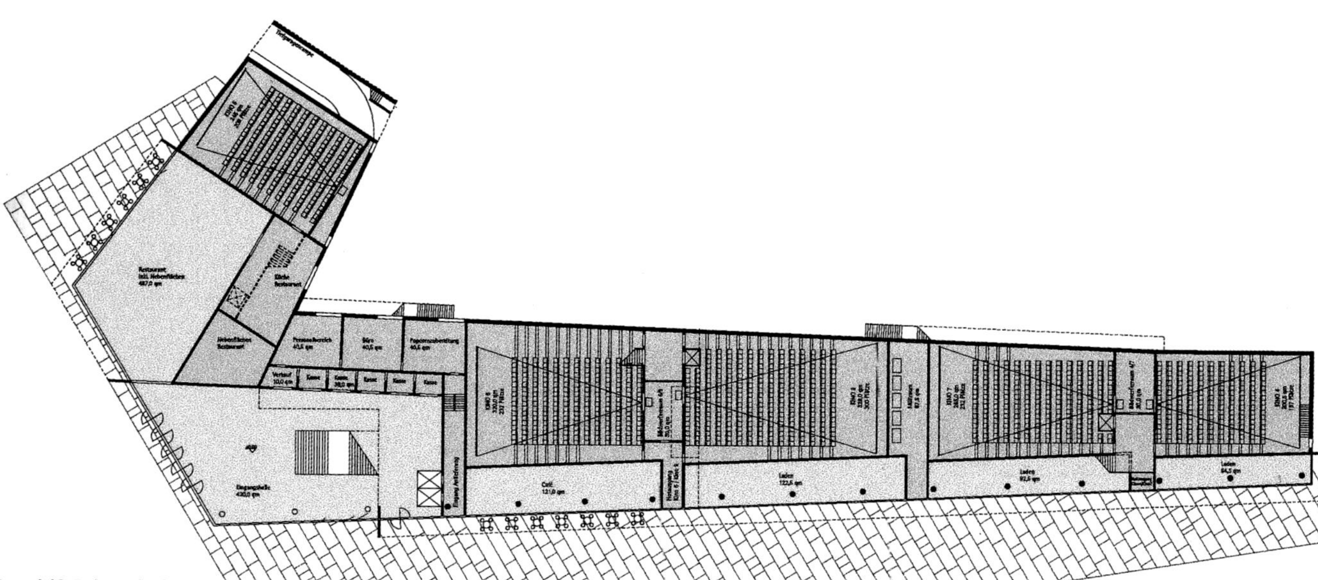

Grundriß Erdgeschoß
Ground floor plan

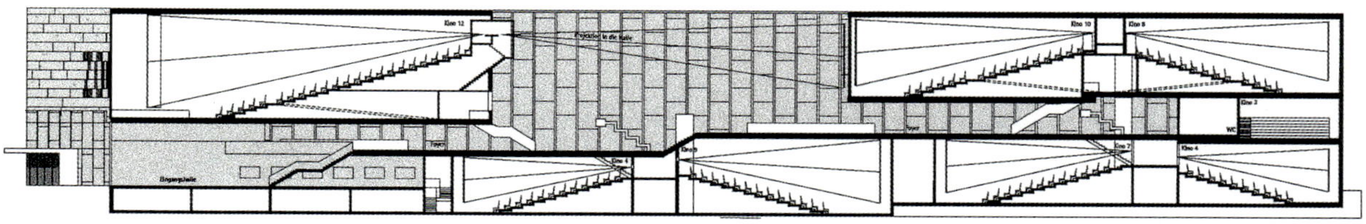

Längsschnitt
Longitudinal section

Foyer
Foyer

den fein gegliederten Fassaden von Theater des Westens und Delphi-Kino. Das Multiplex-Kino wird also ein weiterer Solitär werden. Ein Solitär jedoch, der vorhandene Elemente aufnimmt und sie neu interpretiert.

Mit dem Entwurf von Benedict Tonon ist es gelungen, das Grundstück bestmöglichst auszunutzen. Das führt allerdings dazu, daß das Kino den Nachbarn etwas zu nah auf den Leib rückt, sich also in die verbleibende Lücke reinzuzwängen versucht. Aber dies ist sicherlich nicht den Architekten, sondern eher dem zu realisierenden Raumprogramm anzulasten.

Insbesondere rund um den Zoo, wo die Kino-Konkurrenz groß ist, müssen sich die Filmtheater ein eigenes Profil schaffen. Inwieweit dieses Profil – wie schon in den Hochzeiten des Kinos – durch moderne Architektur unterstützt werden kann oder ob letztendlich doch Progamm und Popcorn zählen, wird sich wohl erst nach der Welle der Multiplex-Kinos zeigen.

Heike Drechshage

Till Schneider,
Michael Schumacher

Museum sowjetisches Speziallager, Gedenkstätte Sachsenhausen, Oranienburg

Wettbewerb 1999 (1. Preis)

Mitarbeit **Jörg Böttcher, Volker Kilian, Nicolas Schrabeck, Simone Walser**

Memorial and Museum

There has been considerable controversy in recent years concerning the most appropriate way of broaching the issue of the Soviet Special Camps that existed in Germany between 1945 and 1950. Shrouded in a pall of silence for many years, the need to address their existence became all the more urgent with the political changes that took place in 1989. The delicacy of the task lies for the most part in striking the right balance in relation to the Nazi concentration camps, whose locations and facilities they often shared, but with which they are not to be compared. The special camps served first and foremost as centres for the internment of Nazi criminals, though it is known that many innocent people were

Über den angemessenen Umgang mit den sowjetischen Speziallagern, die zwischen 1945 und 1950 in Deutschland existiert haben, ist in den vergangenen Jahren kontrovers diskutiert worden. Nachdem die Lager lange Zeit verschwiegen wurden, setzte nach 1989 ihre geschichtliche Aufarbeitung um so intensiver ein. Die Schwierigkeit des Unterfangens besteht nicht zuletzt darin, die Balance zu den Konzentrationslagern der Nazis zu wahren, in deren räumlicher Kontinuität sie zwar oftmals standen, mit denen sie jedoch keinesfalls gleichzusetzen sind. Die Speziallager dienten in erster Linie zur Internierung der einstigen Täter, doch ist bekannt, daß in ihnen ebenfalls Unschuldige und willkürlich Verfolgte inhaftiert waren, die dort vielfach ihr Leben ließen. Für das Lager in Sachsenhausen, das das größte der zehn Speziallager war, geht man davon aus, daß etwa 12 000 der 60 000 Häftlinge nicht überlebt haben. Im Hinblick auf den 50. Jahrestag der Auflösung des Lagers soll zum Ende des Jahres 2000 ein Museumspavillon eingeweiht werden, in dem diese Geschichte dokumentiert werden wird.

Die Gesamtkonzeption der Gedenkstätte Sachsenhausen sieht ein dezentrales Ausstellungskonzept vor, demzufolge die Dokumentation nicht nur an einer Stelle stattfinden, sondern sich über das gesamte Lagergelände erstrecken soll. Die Besucher sollen zu den authentischen Orten geführt werden und das Lager selbst als Hauptexponat begreifen. Da das sowjetische Speziallager nicht im inneren Bereich des Konzentrationslagers, sondern in einem abgeschiedenen Bereich jenseits der Lagermauer bestand (sogenannte Zone II), soll deren Dokumentation auch in jenem Lagerbereich stattfinden.

Lageplan Site plan

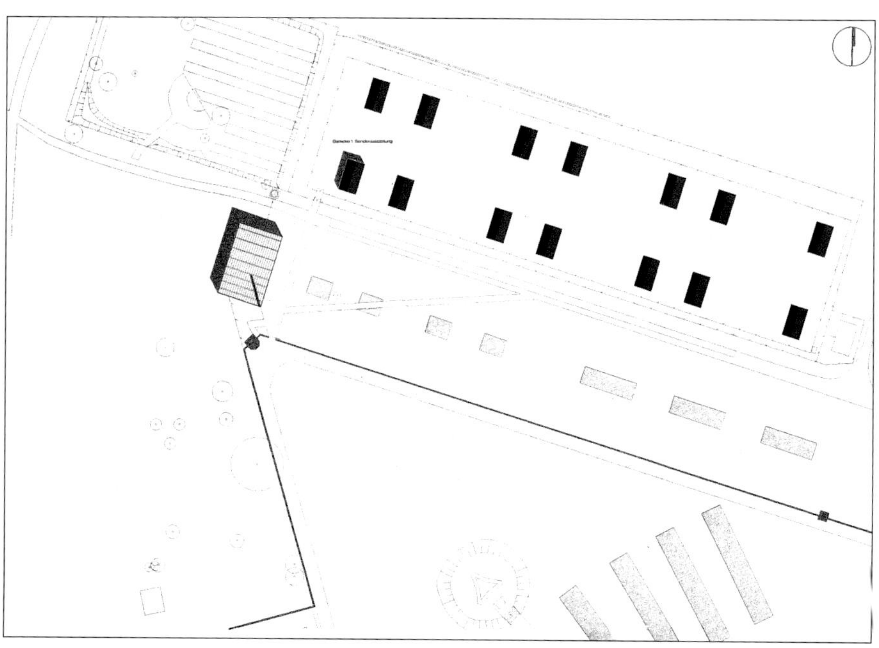

Till Schneider und Michael Schumacher haben den Standort des Museums so gewählt, daß es direkt am Eingang des Speziallagers steht und so den Übergang zwischen Konzentrationslager und Speziallager kennzeichnet. Das Entree des Museumspavillons ist auf die Maueröffnung und somit auf den inneren Bereich des Konzentrationslagers hin ausgerichtet, damit den Besuchern der Gedenkstätte von weitem signalisiert wird, daß das Lager dort nicht endet, sondern seine Fortsetzung findet. Eine ähnliche Scharnierfunktion besitzt der Museumsbau auch innerhalb der Zone II, da er zugleich an der Nahtstelle zwischen den steinernen Baracken und dem Gräberfeld des Lagers steht. Zwei Fensterschlitze an den Ecken des Gebäudes ermöglichen auch im Innern des Museums einen Blick auf jene beiden Lagerbereiche. Ansonsten besitzt der Bau keine weiteren Wandöffnungen und wird stattdessen durch Oberlicht versorgt.

Die Proportionen des Pavillons orientieren sich an denen der Lagerbauten. Das gilt sowohl für die Quaderform, die denen der Baracken folgt, als auch für die Gebäudehöhe, die der Höhe der Lagermauer entspricht. Das Bodenniveau des Museums wird deshalb einen Meter abgesenkt werden, um eine angemessene Raumhöhe zu erzielen. Es wird somit ein Gebäude entstehen, das sich selbst soweit wie möglich zurücknimmt und die Aufmerksamkeit auf das umliegende Areal – das Hauptexponat – lenkt. Aus diesem Grund soll auch die Betonaußenwand poliert werden, so daß sich auf ihr je nach Tageszeit und Wetter die Umrisse der kargen baulichen Zeugnisse und der landschaftlichen Tristesse des Lagers widerspiegeln. Wie im Äußeren so wird auch im Innern des Pavillons der Eindruck vermieden, in einem Museum zu sein. Die gestockte Betonwand, der mit Asphaltplatten belegte Fußboden und das durchgehende Oberlicht werden vielmehr den Charakter eines umfriedeten Außenraums vermitteln.

So sehr sich der Museumsbau um Zurückhaltung und Unscheinbarkeit bemüht, so sehr wird er dennoch mit einer besonderen Prominenz behaftet sein – wofür seine Architektur freilich nicht verantwortlich ist. Es wird der erste Neubau der Gedenkstätte seit

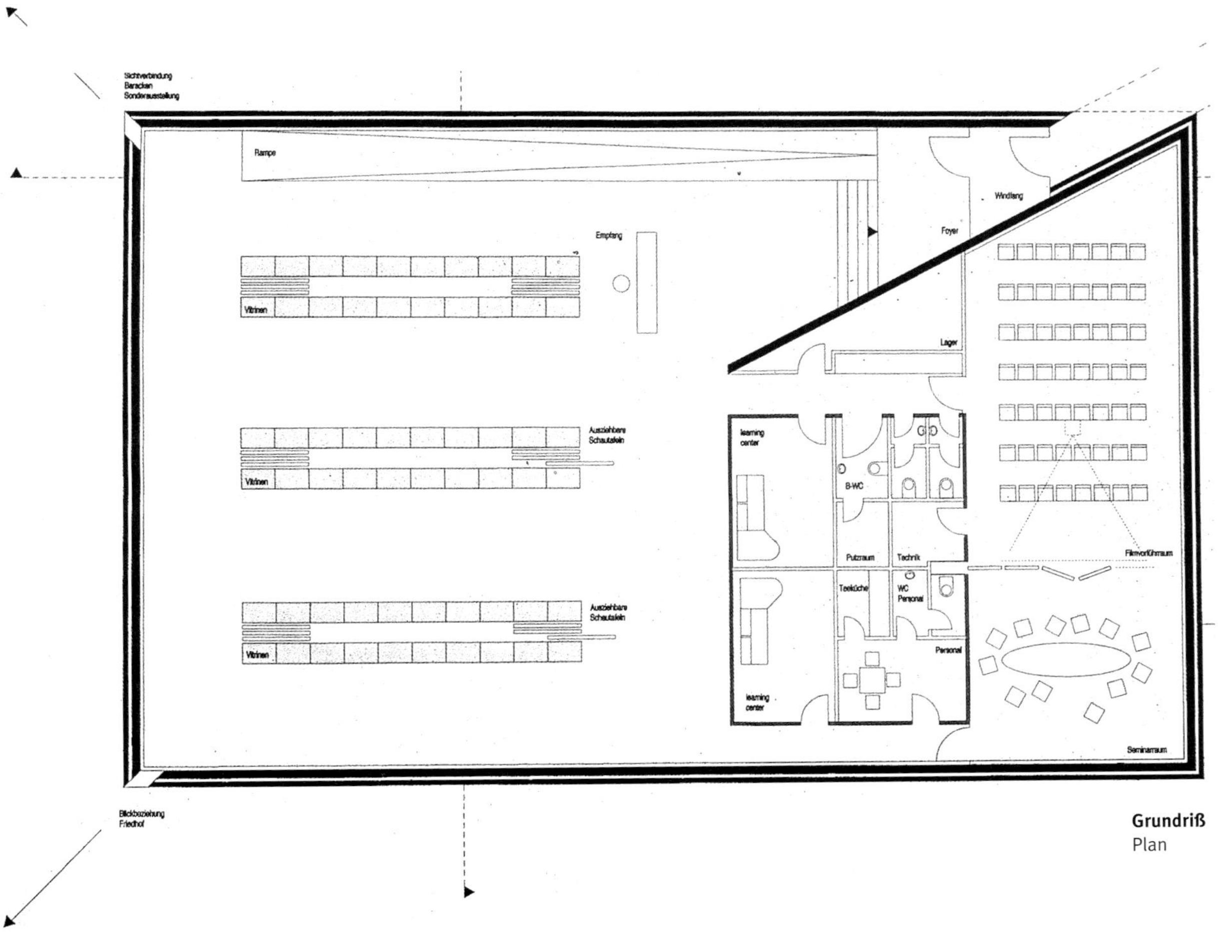

Grundriß
Plan

also imprisoned there. In the case of Sachsenhausen, the largest of the ten special camps, it is believed that some 12,000 inmates of a total 60,000 did not survive. To mark the fiftieth anniversary of the camp's closure, a museum pavilion is to be inaugurated in which the history of the camp is documented.

The overall concept of the Sachsenhausen memorial is based on a decentral exhibition concept, according to which the documentation would not be restricted to a single place, but would extend to cover the entire camp. Visitors are to be guided to specific places and are to experience the camp itself as the main exhibit. As the Soviet special camp was not located within the core area of the actual concentration camp, but in a more secluded area beyond the concentration camp walls (so-called Zone II), its documentation is also to be located in that area.

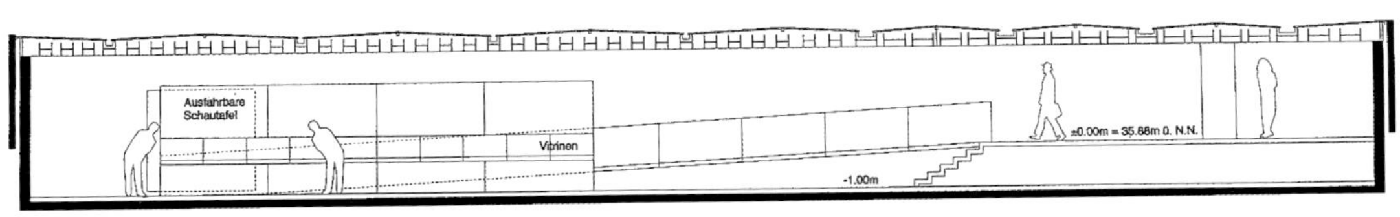

Schnitt A-A
Elevation A-A

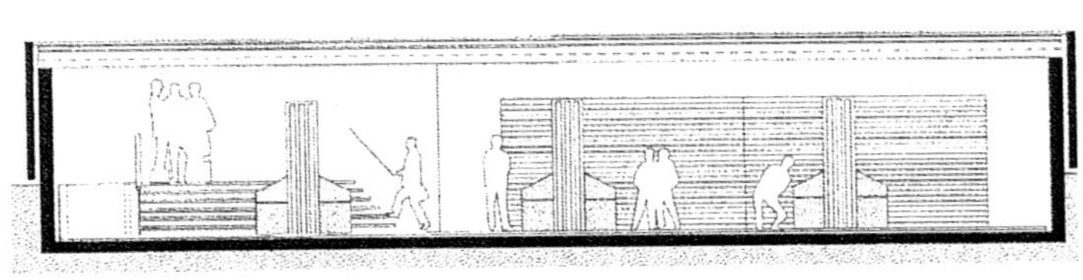

Schnitt B-B
Elevation B-B

1989 sein. Insofern kommt ihm eine exzeptionelle Bedeutung zu, weil sich in ihm am deutlichsten die gewandelte Konzeption der Gedenkstätte manifestiert. Dies wird besonders offensichtlich im Vergleich zu jenen Bauten und Anlagen, die in den Jahren 1958–61 entstanden sind, als das Gelände zur »Nationalen Mahn- und Gedenkstätte« ausgestaltet worden ist. Deren monumentales Pathos wird nun um einen schlichten Ausstellungspavillon ergänzt werden. Dokumentieren statt zelebrieren – so ließe sich das gegenwärtige Konzept umschreiben, und vieles deutet daraufhin, daß es in dem neuen Museumsbau sinnfälligen Ausdruck finden wird.

Markus Jager

Till Schneider,
Michael Schumacher
Museum sowjetisches Speziallager, Gedenkstätte Sachsenhausen, Oranienburg

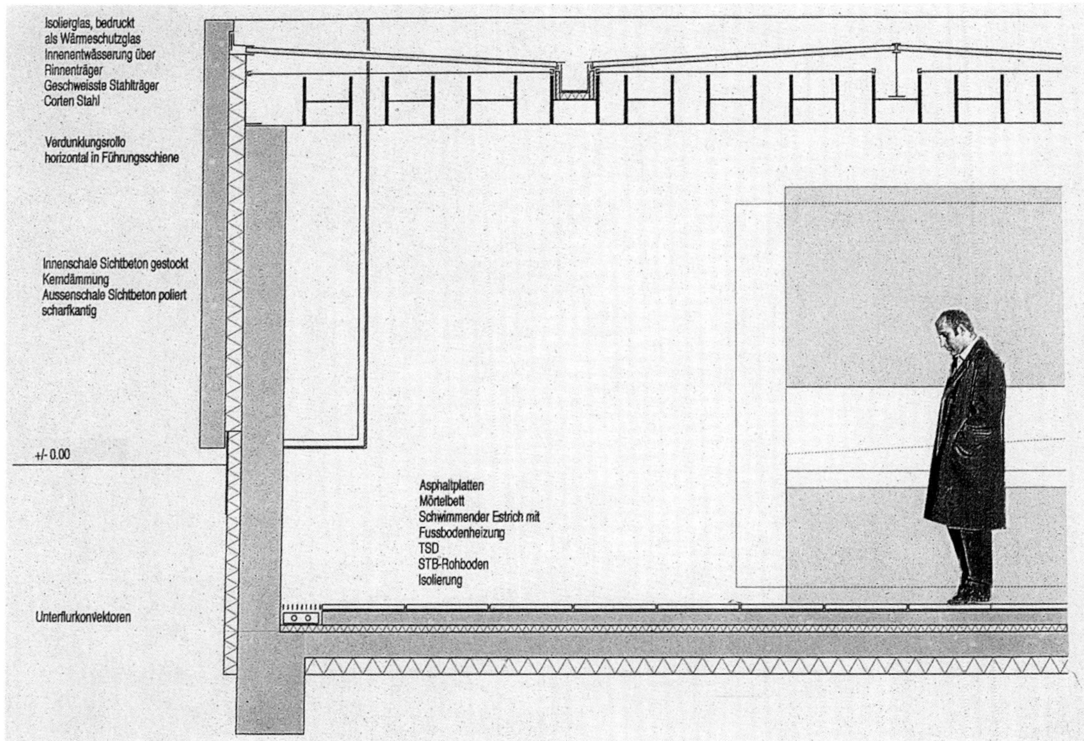

Detailschnitt
Detail of elevation

Perspektive Zugang Museum
Perspective view
of museum entrance

Aus dem Archiv des DAM
From the Archives of the DAM

Barbara Schulze

Die Modellsammlung des Deutschen Architektur-Museums

The DAM Collection of Architectural Models

The Deutsches Architektur-Museum has a collection of more than 500 architectural models from the period 1920 to 1990, making this one of the largest archives of its kind in Europe. Brought together over the years for inclusion in major exhibitions, as donations or bequests, these models from Europe, America and Japan represent the most important architectural movements of the twentieth century. The main focus of the collection is on the 1960s. The enormous scope of the collection includes such varied objects as working models (fig. 7) giving an insight into the architect's compositional approach, representative scale models with painstaking attention to detail (fig. 5), urban models showing the reformist housing estate concepts at the turn of the century and the utopian visions of the post-war era (fig. 4). Reconstructions breathe life into no longer extant buildings and lend three-dimensional form to unbuilt projects.

Although the models are not on permanent display, interested parties are welcome to make an appointment to view these hidden treasures of the Deutsches Architektur-Museum.

Vor fast 20 Jahren erschien das erste Jahrbuch für Architektur des Deutschen Architektur-Museums. Schon damals – das Museum befand sich noch in der Gründungsphase – wurde seiner Modellsammlung eine wichtige Funktion zugesprochen.

Die Kollektion mit über 500 Modellen unterschiedlicher Dimension (bis zu drei Meter lang und breit) fand allerdings keinen Platz im Haus am Schaumainkai. Nach mehreren Umzügen lagert sie heute in den Archivräumen in der Hedderichstraße. Der mit einem Architekturpreis ausgezeichnete Umbau der alten Stempel-AG (Architekt: Max Dudler) hat uns ein hervorragend ausgestattetes Archiv beschert. In den ehemaligen Werkstätten sorgen fensterlose Räume mit dicken Außenmauern für optimale Lagerbedingungen: geringe Temperaturschwankungen, konstante Luftfeuchtigkeit und keine Beeinträchtigung durch UV-Strahlung. Große Industrieregale und Rollschränke beherbergen die Sammlung.

Der wesentliche Teil der Sammlung stammt aus den ersten Jahren, als der Ankaufsetat des Museums es noch erlaubte, sie großzügig zu bestücken. Im folgenden nur eine Auswahl der Originalmodelle, die unseren Bestand begründeten:

Tadao Ando:	Time's Building, Kioto, 1984
Archigram:	Montreal Tower, 1967 (Abb. 1)
Günter Behnisch:	Schule in Lorch, 1967 (Abb. 2)
Coop Himmelb(l)au:	Merz-Schule, Stuttgart, 1981
Wolfgang Döring:	Kapsel-Häuser, 1965
Norman Foster:	Leichtathletik-Halle, Frankfurt, 1981
Frank O. Gehry:	Haus Schnabel, Brentwood, Kalifornien, 1988 (Abb. 3)
Bruce Goff:	Haus Struckus, Woodland Hills, Kalifornien, 1981
Giorgio Grassi:	Studentenwohnheim, Chieti, 1976
Helmut Hentrich und Hubert Petschnigg:	Thyssen-Hochhaus, Düsseldorf, 1960
Arata Isozaki:	City in the Air, Tokio, 1962 (Abb. 4)
Helmut Jahn:	Crosby Kemper Memorial Arena, Kansas City, 1975
Walter Jonas:	Trichterhäuser/Intra-Raumstadt, 1960
Louis I. Kahn:	Salk Institute, La Jolla, Kalifornien, 1959
SITE:	Notch-Project, Sacramento, Kalifornien, 1977
Shin Takamatsu:	Zahnklinik Ark, Kioto, 1983 (Abb. 5)
Stanley Tigerman:	Villa Proeh, Highland-Park, Illinois, 1980
Oswald Mathias Ungers:	Stadthäuser, Marburg, 1976

1 Archigram, **Montreal Tower, 1967**
Archigram, *Montreal Tower*, 1967

Des weiteren sind größere Modellkollektionen hervorzuheben, die das Museum von den Architekten Haus-Rucker-Co., Rob Krier, Frei Otto, Aldo Rossi und Charles Moore erhielten.

Nachbauten, die im Auftrag des DAM angefertigt wurden sowie Schenkungen von Privatpersonen, Hochschulen, dem Hochbauamt der Stadt Frankfurt am Main, darüber hinaus umfangreiche Nachlaßkonvolute der Architekten Heinz Bienefeld, Erich Buchholz, Lucy Hillebrand, Hans Köhler, Heinz Rasch, Bernhard Reichow, Eckhard Reissinger und Emil Steffann bilden ebenfalls einen wichtigen Schwerpunkt der Sammlung.

Hier einige wenige Beispiele der ansonsten zahlreichen Nachbauten für bedeutende Ausstellungen des Deutschen Architektur-Museums: Mario Bottas Casa Rotonda (Stabio, 1982), Frank Gehrys eigenes Haus (Santa Monica, 1979), Robert Venturis ›My Mother's House‹ (Chestnut Hill, 1962) wurden für die Ausstellung ›Die Revision der Moderne‹ gefertigt, Buckminster Fullers 4D-Haus (1927), Theo van Doesburgs eigenes Haus (Meudon, 1929) und Le Corbusiers Villa Savoye (Poissy, 1931) für die Ausstellung ›Vision der Moderne‹.

Zwei der detailgetreuen Modelle, die anläßlich der Hannes-Meyer-Ausstellung gebaut wurden, beruhten

2 Günter Behnisch, **Schule in Lorch, 1967**
Günter Behnisch, school at Lorch, 1967

3 Frank O. Gehry, **Haus Schnabel, Brentwood, 1988**
Frank O. Gehry, Schnabel House, Brentwood, 1988

auf berühmten Wettbewerbsprojekten, die nie realisiert wurden: der Völkerbundpalast (Genf, 1927) und die Petersschule (Basel, 1927).

Für die Ausstellung ›Moderne Architektur in Deutschland. Reform und Tradition‹ wurden drei wichtige Städtebaumodelle gefertigt: die Gartenstadt Staaken bei Berlin (Paul Schmitthenner, 1917), der Stadtteil Hamburg-Dulsberg (Fritz Schumacher, 1919) und die Rekonstruktion des ersten, verloren gegangenen Modells der Weißenhofsiedlung in Stuttgart (Ludwig Mies van der Rohe, 1925).

Vom Frankfurter Baugeschehen konnte die Sammlung insofern profitieren, als dem Museum etliche Wettbewerbsmodelle übergeben wurden, unter anderem solche vom Museum für Moderne Kunst, Museum für Kunsthandwerk und Völkerkunde-Museum.

4 Arata Isozaki, **City in the Air, Tokio, 1962**
Arata Isozaki, *City in the Air*, Tokyo, 1962

Ein Glanzstück der Sammlung ist das Originalmodell des Einsteinturms in Potsdam von Erich Mendelsohn (1921), das uns ein großzügiger Spender übereignet hat (Abb. 6).

Die Beweggründe für die dreidimensionale Darstellung einer Entwurfsidee sind vielfältig und reichen von der besseren Überprüfbarkeit des Planungskonzepts und seiner Überarbeitung bis hin zur attraktiven Präsentationsmöglichkeit als Ausstellungsobjekt. Ein Modell läßt sich vorzüglich als Argumentationshilfe gegenüber dem Auftraggeber einsetzen und kann leichter als Pläne zukünftige Bauherren von der Qualität eines Entwurfs überzeugen. In unseren Ausstellungen soll das Modell vor allem auch dem Nichtarchitekten und ungeübten Betrachter von Plänen helfen, architektonische Konzeptionen zu erkennen und architektonische Visionen besser zu verstehen. Exemplarisch dafür stehen aus der Vielfalt unserer Sammlung ganz unterschiedliche Modelle. So zum Beispiel drei Modelle des Deutschen Architektur-Museums, die verschiedene Entwicklungsstufen des architektonischen Entwurfs sichtbar werden lassen (Abb. 7, 8, 9). Ein undatiertes Arbeitsmodell aus dem Büro von Oswald Mathias Ungers zeigt eine frühe Entwurfsphase: Die Idee ist schon geboren, aber noch nicht ausgereift. Ein Holzmodell aus der Modellbauwerkstatt der Stadt Frankfurt am Main dokumentiert eine Planungsvariante noch vor Baubeginn. Das Schnittmodell, eine Auftragsarbeit für das DAM, zeigt das fertige Bauwerk. Ein anderes Beispiel in diesem

5 Shin Takamatsu,
Zahnklinik Ark, Kioto, 1983
Shin Takamatsu,
Ark dental clinic, Kyoto, 1983

Zusammenhang: Im zwei mal zwei Meter großen Arbeitsmodell der Campus-Anlage des Kresge College in Santa Cruz (Charles Moore, 1974) wurden Einzelgebäude mosaikartig in die Landschaft integriert, sind zum ›Dorf‹ geworden. Hier zeigt sich – ohne Geste der Selbstdarstellung – der Arbeitsprozeß des Architekten.

Robert Sterns Modell-Miniaturen zur Gestaltung des Point-West-Place (Framingham, 1984) sind Varianten der Fassadengestaltung – im besten Sinne ›Spielzeug‹ aus der Ideenkiste. Das Holzmodell der Casa Tonini (Bruno Reichlin und Fabio Reinhart, 1974) – ein Meisterstück italienischer Handwerkskunst – läßt sich öffnen und beeindruckt mit prächtigen Details. Als Dokument des Planungskonzepts nimmt Peter Eisenmans Haus Falk (Hardwick, 1972) eine besondere Rolle ein. Bei diesem Modell wird die Entwurfsidee systematisch aufgeschlüsselt. Die Durchdringung zweier Kuben, die Begegnung von Stützenraster und Wandscheibenkonstruktion wird zum abstrakten Lehrstück (Abb. 10).

Einige Objekte in unserer Modellsammlung sind eher der freien Kunst zuzuordnen: Raimund Abraham, Poetik des Hauses, 1976; Haus-Rucker-Co., Matterhorn-Projekt, 1974; Heinz Birg, ›Frankfurter Kranz‹, 1975 und Hannsjörg Voth, Himmelstreppe, 1987 (Abb. 11). Architektur wird ironisiert oder stellt ein Gehäuse für philosophische Betrachtung dar.

Besonders stolz sind wir auf unsere kleine Sammlung historischer Bauteile. Zwei gußeiserne Kapitelle und eine Säule sind Zeugnisse früher Industriearchitektur. Für die Ausstellung ›Chicago-Architektur 1872–1922‹ konnten wir sieben Exponate erwerben: vom Schlesinger-Mayer-Company-Store (Sullivan und Adler, 1899-1904) eine Metallgitter-Fahrstuhltür und ein Segment des Treppengeländers, vom Innenraum der Chicagoer Börse (Sullivan und Adler, 1893/94) zwei Teilstücke eines Stuck-Kapitells, von den Roloson-Apartements (Frank Lloyd Wright, 1894) ein Terrakotta-Balluster und (leider nur als Kopien) eine Kaminplatte für das Rubel-House (Louis Henry Sullivan, 1884) und eine Lünette für das Wohnhaus Albert Sullivan (1893). Aus dem Frei-Otto-Konvolut gehört ein Fragment der Seilkonstruktion für die Multihalle Mannheim zur Bauteilsammlung. Nicht zu vergessen sind originale Elemente aus Frankfurter Ernst-May-Siedlungen: Fenster, Türen und die ›Frankfurter Küche‹ von Margarete Schütte-Lihotzky.

Ein kurzer Hinweis auf unsere Dauerausstellung ›Von der Urhütte zum Wolkenkratzer‹ soll den Überblick über die Modellsammlung des Deutschen Architektur-Museums ergänzen. Schon in den Anfangsjahren wurden die ersten Großmodelle in Auftrag gegeben und 1990 im Museum fest installiert. Die Modellpanoramen sind vor allem für unsere jüngsten Besucher gedacht. Leider verlangt der Platzbedarf großer Ausstellungen allzu oft, daß die Dioramen

6 Erich Mendelsohn,
Einsteinturm, Potsdam, 1921
Erich Mendelsohn,
Einstein Tower, Potsdam, 1921

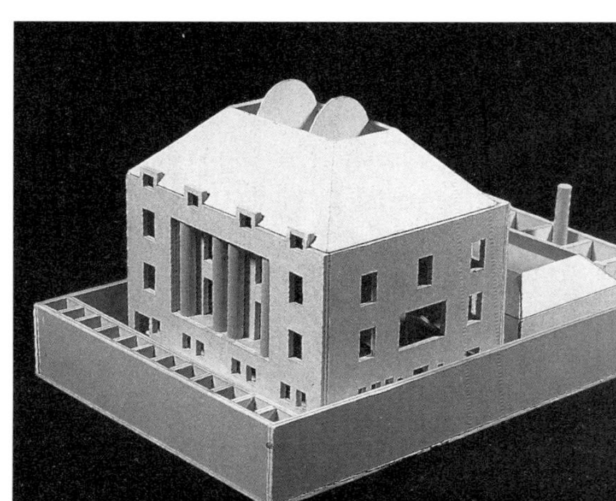

7

8

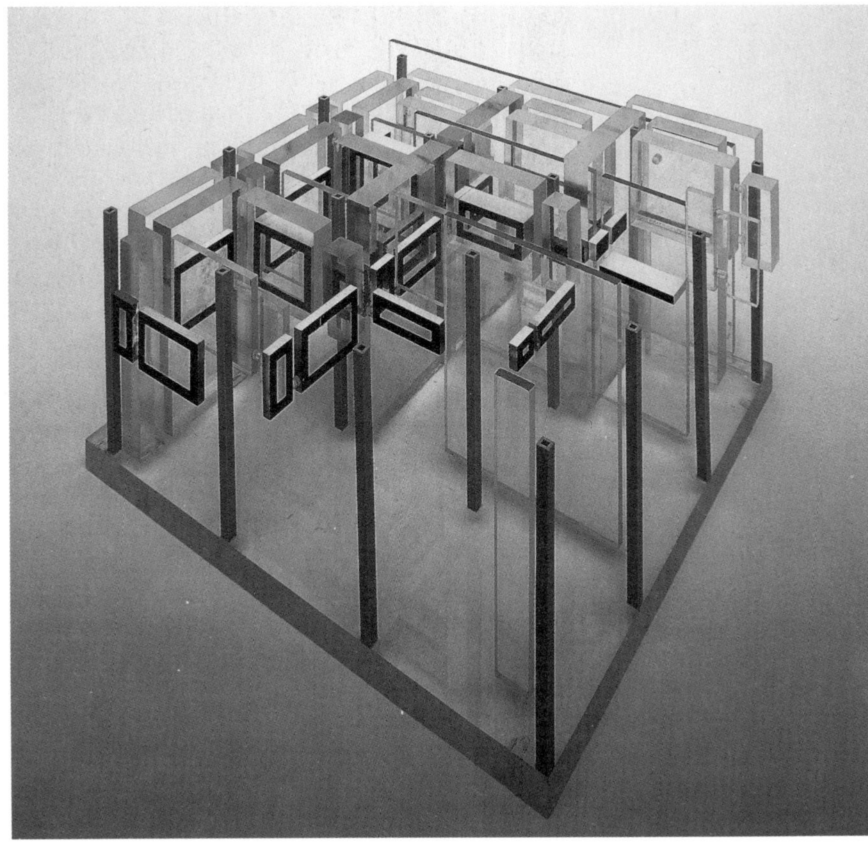

zugehängt und mit anderen Exponaten bestückt werden. Dann kann diese kleine Welt der großen Architektur im zweiten Obergeschoß nicht gezeigt werden.

Eine Schlußbemerkung zu unserer Restaurierungswerkstatt. Viele Modelle wären ohne Restaurierung verloren. Unter Staubschichten begraben, mit Stockflecken, Kaffeetassenrändern und Kinderhandbemalung trifft so manches Modell bei uns ein. Reinigung, Festigung, behutsame Ergänzung sind ebenso Bestandteil der Museumsarbeit wie die sorgfältige Transportsicherung für unsere fragilen Objekte, denn sie sind als Leihgaben oft auf Reisen zu großen Architekturausstellungen in der ganzen Welt.

Wer einen Blick auf die ›verborgenen Schätze‹ des Architektur-Museums werfen möchte, dem steht – nach Terminabsprache – das Modellarchiv zum Besuch offen.

10 Peter Eisenman, **Haus Falk, Hardwick, 1972**
Peter Eisenman, Falk House, Hardwick, 1972

11 Hannsjörg Voth, **Himmelstreppe, 1987**
Hannsjörg Voth, *Stairway to Heaven*, 1987

7–9 Oswald Mathias Ungers,
Deutsches Architektur-Museum, Frankfurt am Main, 1979–84
Oswald Mathias Ungers,
Deutsches Architektur-Museum, Frankfurt am Main, 1979–84

Inge Wolf

Die ersten Jahre – Ein Rückblick in Erinnerung an Heinrich Klotz (1935 – 1999)

The First Years – In Memorian Heinrich Klotz (1935-1999)

The death of Heinrich Klotz on June 1, 1999 at the age of only 64 has prompted us to take stock and look back at his time in Frankfurt. The city council had invited him to draw up a concept for the projected architecture museum in 1979. Klotz envisaged a museum that would be more than just a place for exhibitions, collections and conservation, but rather a central institution for architecture in Germany, a forum for debate and discussion.

By the time Heinrich Klotz left Frankfurt in 1989 to head the newly-founded Zentrum für Kunst und Medientechnologie in Karlsruhe, the Deutsches Architektur-Museum had mounted more than 60 exhibitions and held 60 symposia and lectures. Apart from the exhibition catalogs, a number of publications had been issued in the museum's own series on architectural history and architectural theory. The *DAM Architecture Annual* launched in 1980/81 had become firmly established.

The very first exhibition to be held at the Deutsches Architektur-Museum was dedicated to the subject of *Clay Architecture*. It was held

Es gibt viele Gründe, freudige und traurige Anlässe, den Blick zurückzuwenden und ihn auf die in der Vergangenheit geleistete Arbeit zu lenken. Für das Deutsche Architektur-Museum besteht 1999 gleich mehrfach Anlaß zum Rückblick. Es war vor 20 Jahren, 1979, daß der Magistrat beschloß, ein Architekturmuseum in Frankfurt einzurichten. Fünf Jahre später, 1984, konnte das Museum am Schaumainkai feierlich eröffnet werden. Wenn wir zurückblicken auf Gründung und erste Jahre, wenn wir die große Sammlung des Museums zur Architektur des 20. Jahrhunderts betrachten, dann wird die Aufmerksamkeit auf die Arbeit von Heinrich Klotz gelenkt. Der Gründungsdirektor des Deutschen Architekturmuseums verstarb am 1. Juni 1999 im Alter von nur 64 Jahren. Mit dem Blick zurück soll vor allem an seine große Leistung für unser Institut erinnert werden.

Am 19. Januar 1979 wurde der Presse mitgeteilt: »Heute hat der Magistrat der Einrichtung eines Deutschen Architekturmuseums zugestimmt...« An anderer Stelle heißt es: »Mit der Entwicklung einer Konzeption sowohl für das Architekturmuseum als auch für das Museum für zeitgenössische Kunst haben wir vor einiger Zeit den Professor an der Marburger Philipps-Universität Heinrich Klotz beauftragt.« Mit dem Magistratsbeschluß war es amtlich. Das Deutsche Architektur-Museum sollte seinen Platz am Museumsufer in Frankfurt finden, und es sollte entscheidend geprägt werden durch den Mann, der schon lange zuvor für die Verwirklichung dieses Museums gekämpft hatte.

In einem Interview der Zeitschrift ›Der Architekt‹ äußerte sich Heinrich Klotz 1984 ausführlich zu seinen Beweggründen, zu den Aufgaben und zu den Sammlungsschwerpunkten des neu gegründeten Hauses, so wie er sie sah. Er wünschte sich das Museum als zentrale Einrichtung für die Architektur in der Bundesrepublik, als einen Ort, an dem »die gesamte Umwelt- und speziell Architekturproblematik, diskutiert und gleichzeitig sinnlich vermittelt« werden sollte. Zur Sammlungstätigkeit äußerte er: »Ich habe schon vor Jahren mit dem Sammeln begonnen, aber nicht im Sinne eines Architekturarchivs. Wir wollen kein Archiv sein. Wir wollen Architektur veranschaulichen, ihren Nutzen sichtbar machen. Architektur muß international vergleichbar sein. ... Natürlich würde ich auch ein Barockmodell kaufen, wenn es so etwas noch gäbe. Aber eigentlich treibt mich die Gegenwartsarchitektur um. Seit ich 1969 beobachtet habe, wie in Chicago ein wunderschönes Modell der Ecklösung der Toronto-Häuser von Mies van der Rohe weggeworfen wurde, hat mich die Sammelleidenschaft gepackt. Von dem Augenblick an habe ich den Plan verfolgt, ein Museum zu gründen.«

Als Heinrich Klotz 1989 Frankfurt verließ, um die Leitung des neu gegründeten Zentrums für Kunst und Medientechnologie in Karlsruhe zu übernehmen, waren im Deutschen Architektur-Museum mehr als 60 Ausstellungen gezeigt worden. Nahezu zwei Drittel waren Eigenproduktionen des Hauses. In den ersten fünf Jahren fanden 60 Symposien und Vortragsveranstaltungen statt. Neben den Ausstellungskatalogen war eine Vielzahl von Publikationen in der vom Museum herausgegebenen Schriftenreihe zur Architekturgeschichte und Architekturtheorie erschienen. Das Buch von Karin Wilhelm mit dem Titel *Walter Gropius – Industriearchitekt* war das erste der Reihe.

Heinrich Klotz (Mitte) im Gespräch mit Rob Krier und Günter Behnisch
Heinrich Klotz (center) with Rob Krier and Günter Behnisch

Deutsches Architektur-Museum, 1988
Photo: Wolf-Dieter Köhler

Ausstellung ›Revision der Moderne‹, Tokio, 1986
Exibition *Revision of Modernism* on tour in Tokyo, 1986

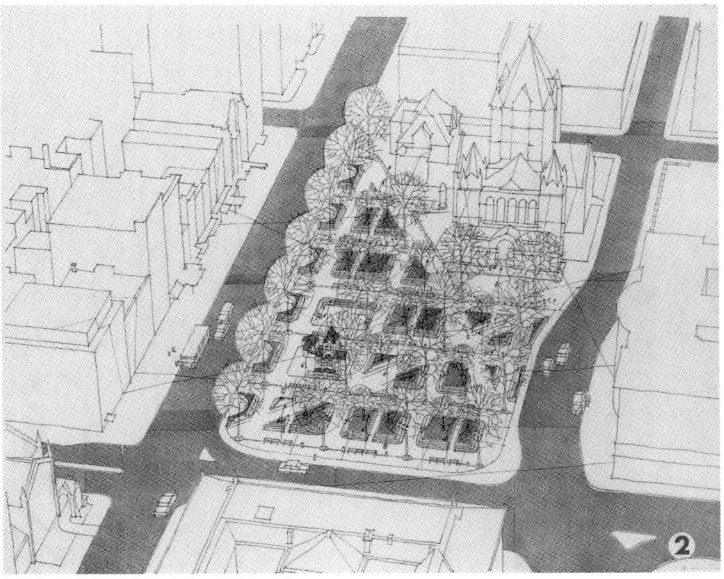

Robert Venturi, **Copley Square Competition, 1966**
Bleistift und Rasterfolie auf Transparentpapier, 81 x 106 cm

Robert Venturi, *Copley Square Competition*, 1966
Pencil and graph film on tracing paper, 81 x 106 cm

OMA (Rem Koolhaas), **Gefängnis Arnheim, Umbauprojekt, 1979**
Tusche, Kreide und Spritztechnik auf Karton, 76,2 x 106,5 cm

OMA (Rem Koolhaas), Arnheim prison, restructuring project, 1979
Ink, chalk and airbrush on cardboard 76.2 x 106.5 cm

Das *DAM Architektur Jahrbuch* konnte sich etablieren. Die erste Ausgabe 1980/81 war der Postmoderne gewidmet.

Auch die lange Reihe der Ausstellungen war noch vor der Öffnung des Museums begonnen worden. Im Frühjahr 1982 wurde im Steinernen Haus in Frankfurt die Ausstellung ›Lehmarchitektur‹ gezeigt, ein Gemeinschaftsprojekt mit dem Centre Georges Pompidou, Paris. Erst mehr als zwei Jahre später war man am Schaumainkai. Am 1. Juni 1984 öffnete das Museum mit der vielbeachteten und kontrovers diskutierten Ausstellung ›Die Revision der Moderne – Postmoderne Architektur 1960–1980‹. Die Ausstellung wanderte verkleinert und in überarbeiteter Fassung rund um die Welt. Sie wurde in Paris, Tokio, New York und anderen amerikanischen Städten erfolgreich präsentiert. Am Ende hatten sie weit mehr als 1 000 000 Besucher gesehen.

Die Titel der folgenden Ausstellungen zeigen, wie wichtig es Heinrich Klotz war, einen breiten Themenkatalog zu behandeln. Die 1989 erschienene Hausmonographie listet alle Ausstellungen der ersten fünf Jahre auf. Man stellte Architekten der klassischen Moderne wie Frank Lloyd Wright, Walter Gropius, Ludwig Mies van der Rohe oder Ernst May und auch Hannes Meyer, aber auch Vertreter der Gegenwart wie Christoph Mäckler, Charles Moore und Aldo Rossi mit Projekten oder einer Werkschau vor. Städteausstellungen mit aktuellem Bezug (z. B. ›Rom – Neues Bauen in der Ewigen Stadt‹) und mit Blick auf vergangene Epochen (z. B. ›Chicago – 1872–1922‹) wurden gezeigt.

Die Arbeiten der Meisterklassen von Peter Cook, James Stirling, Gustav Peichl, John Hejduk, Giorgio Grassi, Hans Kollhoff und Oswald Mathias Ungers wurden ausgestellt und gaben Einblick in die Arbeit

Peter Eisenman, **House Falk (House II), 1969/70. Grundriß**
(Widmung unten rechts: FOR: HEINRICH / FROM: Peter Eisenman)
Tusche, Transparentpapier, 29,4 x 47 cm

Peter Eisenman, House Falk (House II), 1969/70. Floor plan with dedication on lower right: FOR: HEINRICH / FROM: Peter Eisenman)
Ink on tracing paper, 29.4 x 47 cm

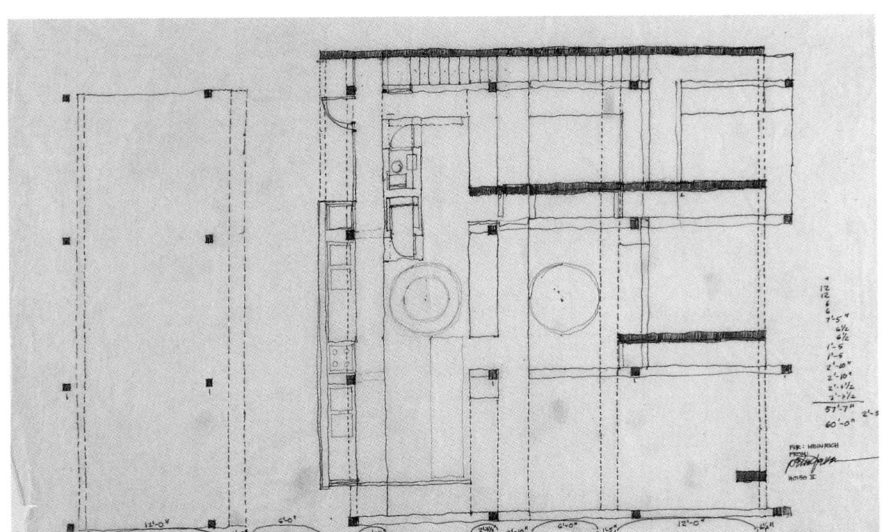

in the historic Steinernes Haus. The second exhibition, *Revision of Modernism*, was held at the converted villa on Schaumainkai in 1984 and went on tour to Paris, Tokyo, New York and other cities, attracting more than one million visitors.

The exhibitions that followed are listed in the museum's 1989 monograph. Some were dedicated to individual architects, others to urban planning, still others to major schools of architecture. Three exhibitions deserve particular mention. They are the 1984 *Revision of Modernism*, the 1986 *Vision of Modernism* and the 1989 *Architecture of the Twentieth Century*, which presented to the public some important aspects of the museum's new collection.

Heinrich Klotz had already begun building up the collection in the years running up to the museum's inauguration. The main focus was to be on twentieth century architecture. In the first years, works by leading exponents of classical modernism and by contemporary architects were purchased or donated. The museum also received some major bequests. The collection of the Deutsches Architektur-Museum can now be used for many exhibition projects. We regularly receive loan requests from home and abroad. The Deutsches Architektur-Museum was present at documenta X in Kassel with collages by Archigram. In the last two years alone, works from the museum collection have been loaned to Basle, Vienna, Paris, London,

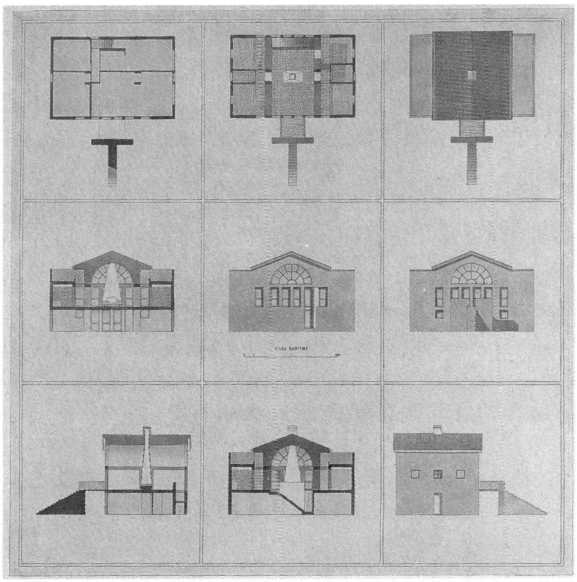

Bruno Reichlin und Fabio Reinhart, **Casa Sartori, 1975–77**
Spritztechnik und Farbstift auf Photokopie, 59,7 x 59,7 cm

Bruno Reichlin and Fabio Reinhart, Casa Sartori, 1975–77
Airbrush and colored pencil on color photocopy, 59.7 x 59.7 cm

Alison und Peter Smithson
Hauptstadt Berlin, 1957/58. Hauptverkehrsachse
Farbstift, Lichtpause, 33 x 44,4 cm

Alison and Peter Smithson
"Capital Berlin", 1957/58. Main thoroughfare
Colored pencil, photostat of transparent original, 33 x 44.4 cm

renommierter Lehrinstitute wie der Städelschule, der Kunstakademie Düsseldorf, der Akademie der Bildenden Künste Wien, The Cooper Union, New York, dem Politecnico di Milano und der ETH Zürich.

›LEGO. Das Spiel Architektur – Das Architekturspiel‹, ›IBA – Beispiele einer neuen Architektur‹, ›Der Weltraum – 25 Jahre Weltraumfotografie der NASA‹, ›Design heute‹, ›Der Hang zur Architektur in der Malerei der Gegenwart‹, ›Die Architektur der Synagoge‹, Titel von Ausstellungen der ersten Jahre, die viel beachtet wurden und ein ganz unterschiedliches Publikum ansprachen.

Beim Blick auf die Ausstellungen, die in der Ära Klotz stattfinden konnten, muß man drei besonders hervorheben. Es sind Ausstellungen, bei deren Planung und Präsentation überwiegend auf Pläne, Zeichnungen und Modelle aus der Sammlung des Deutschen Architektur-Museums zurückgegriffen werden konnte. Dies gilt für die bereits genannte ›Revision der Moderne‹, aber ebenso für die Ausstellungen ›Vision der Moderne‹ von 1986 und ›Architektur des 20. Jahrhunderts. Zeichnungen – Modelle – Möbel aus der Sammlung des Deutschen Architektur museums‹, die im Frühjahr 1989 stattfand. Noch heute verweisen wir Besucher und Ausstellungsmacher, die nach der Sammlung fragen, auf die begleitenden Kataloge. Sie geben noch immer den besten Überblick über die wichtigsten Objekte im Besitz des Museums und sind ein Beleg für die zielgerichtete Ankaufspolitik.

Besonders die Jahre vor der Eröffnung des Museums sollten für den Aufbau der Sammlung genutzt werden. Modelle, Plankonvolute zu Einzelprojekten, die nach Möglichkeit frühe Skizzen, Präsentationsblätter bis hin zu Detailplänen beinhalten sollten, um den Planungsprozeß möglichst genau zu belegen, aber auch bedeutende Einzelzeichnungen galt es zu erwerben. An den Ankauf von Werken der bildenden Kunst, an Designobjekte und Möbel dachte man von Beginn an.

Am 22. Juni 1979 hatten Frankfurter Tageszeitungen den Ankauf des Christo Bildes *Verpackter Reichstag* gemeldet. Es war der erste Ankauf für das einzurichtende Museum, der vom Kulturausschuß der Stadt Frankfurt genehmigt wurde. Die Collage kostete – die Zeitungen nennen den »Vorzugspreis« – DM 48 000. Sie war schon damals sehr viel mehr wert.

Gute persönliche Kontakte von Heinrich Klotz brachten dem Museum Schenkungen, oder es wurden Konvolute zu günstigen Konditionen angeboten. Befragt zur Ankaufspolitik äußerte er 1984 gegenüber der Zeitschrift ›Der Architekt‹: »Ich habe zunächst vor allem im Ausland gekauft und man wird mir vorwerfen, daß ich mich zuwenig um die deutsche Ar-

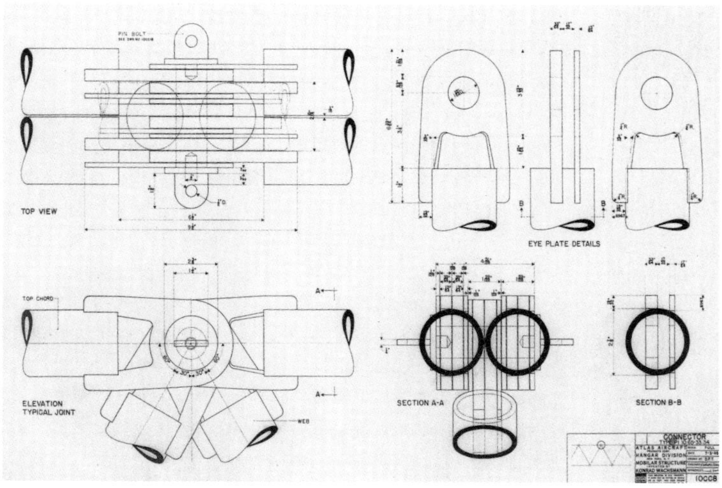

Konrad Wachsmann, **Hallenfertigbausystem, Atlas Aircraft, 1945**
Tusche, Transparentpapier, 58,2 x 89,9 cm

Konrad Wachsmann, prefabricated hangar system, Atlas Aircraft, 1945
Ink on tracing paper, 58.2 x 89.9 cm

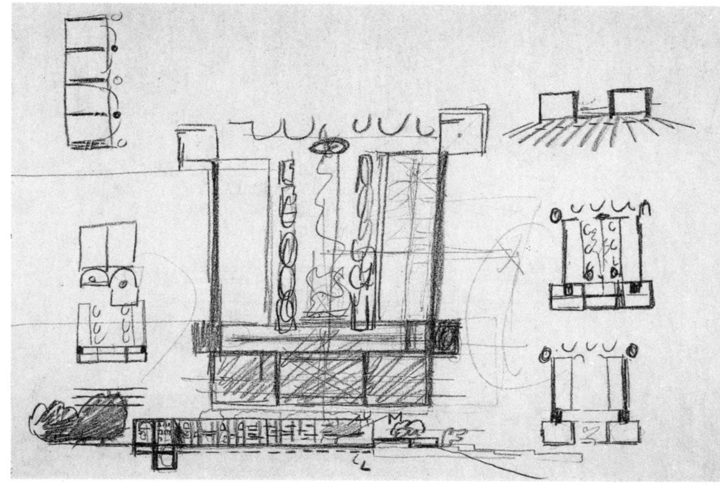

Louis I. Kahn, **Salk Institute, Hauptanlage, La Jolla, Kalifornien, 1959–65**
Kohle, Transparentpapier, 34 x 58 cm

Louis I. Kahn, Salk Institute, main complex, La Jolla, California, 1959–65
Charcoal on tracing papier, 34 x 58 cm

chitektur gekümmert habe. Das kann ich erklären. Von den Deutschen erwarte ich, daß sie ihre Dinge stiften. Ich habe die frühen Projekte von Robert Venturi aufgekauft; es ist die größte Sammlung außerhalb seiner eigenen. ... Allerdings hat meine Sammlertätigkeit inzwischen auch die Preise hochschnellen lassen. Die Plan- und Zeichensammlung von Venturi habe ich noch für einen Preis bekommen, der heute das 20 – 30fache ausmachen würde.«

Ein Blick in die Ankaufsakten der ersten Jahre zeigt, wie schnell die Sammlung wuchs. So findet man bereits 1980 Belege für den Erwerb von Zeichnungen der New Yorker Gruppe SITE, neben Robert Venturi sind John Hejduk und Richard Meier vertreten, von der englischen Gruppe Archigram wurden die ›Walking City‹ von Ron Herron und die ›Arcadian City‹ von Peter Cook erworben,

Zeichnungen von Rem Koolhaas, Peter Eisenman, Graphiken von Daniel Libeskind, ein erstes Konvolut von Zeichnungen der Schweizer Architekten Bruno Reichlin und Fabio Reinhart, das umfangreiche Planmaterial des Berlin-Projekts von Alison und Peter Smithson, ein beeindruckendes Dokument für die Stadtplanung der fünfziger Jahre, das in den Schubladen verschwunden war. Dies sind Beispiele für 1980. Auch für die folgenden Jahre bleibt die Liste der Ankäufe beeindruckend. So konnte ein bedeutendes Plankonvolut des in Deutschland geborenen Architekten Konrad Wachsmann, der 1941 in die USA emigrieren mußte, erworben werden. Louis I. Kahn, Frank O. Gehry, Charles Moore, Haus-Rucker-Co., Hermann Finsterlin, die Liste der prominenten Namen ist lang und könnte fortgesetzt werden.

Zu den wichtigen frühen Stiftungen zählt das Planmaterial und die große Modellsammlung von Frei Otto, darunter das Netzmodell für die Multihalle Mannheim und Konstruktionspläne für den Deutschen Pavillon in Montreal. Dank einer Spende konnten das erste der beiden wunderbaren Skizzenbücher

Aldo Rossi, **Rathausplatz und Denkmal für den Widerstand, Segrate bei Mailand**
Skizzenbuch, 1972–74

Aldo Rossi, civic square and resistance monument, Segrate near Milan, sketchbook, 1972–74

Barcelona, New York and Melbourne.

The Deutsches Architektur-Museum owes much to Heinrich Klotz. Without his commitment and energy, it might never have been founded. All of those who worked alongside him in Frankfurt remember him with the greatest respect. His early death is a great loss.

Hannes Meyer, **Bundesschule des ADGB, Bernau, 1928–30. Laubengang des Schulflügels**
Photographie aus dem Nachlaß des Architekten

Hannes Meyer, ADGB Federal School, Bernau, 1928–30.
Access balcony of the school wing
Photograph from the architect's estate

von Aldo Rossi, die das Deutsche Architektur-Museum besitzt, und zwei der Modelle des Architekten der Sammlung hinzugefügt werden. Schon sehr früh hatte das Museum von Rossi Zeichnungen zur Schule von Fagnano Olana angekauft. Später konnten weitere Projekte erworben werden, umfangreiches Material, das, ergänzt durch die Skizzenbücher, die Arbeitsweise des 1997 verstorbenen Architekten erkennbar werden läßt.

Hannes Meyer, **Bundesschule des ADGB, Bernau, 1928–30. Ansicht der Wohnhäuser im Bau**
Photographie aus dem Nachlaß des Architekten

Hannes Meyer, ADGB Federal School, Eernau, 1928–30.
Residential buildings under construction
Photograph from the architect's estate

Der erste große Nachlaß, den das Deutsche Architektur-Museum erhielt, war der des Stuttgarter Architekten Richard Döcker. Eine reiche Sammlung von Zeichnungen, Plänen und anderen Dokumenten, Material, das in der Zwischenzeit von mehreren Studenten bearbeitet wurde und als Grundlage für Abschlußarbeiten diente. Auch die Nachlässe von Hannes Meyer und Mart Stam wurden schon früh für die Sammlung erworben. Hier ist besonders auf das umfangreiche Photomaterial, die Manuskripte, Briefe und anderen persönlichen Dokumente zu verweisen. Der Bestand an Architektennachlässen konnte in den folgenden Jahren kontinuierlich erweitert werden. Mit den jüngsten Zugängen, von Heinz Bienefeld und Heinz Rasch, sind es heute 32.

In nun angebrochenen Zeiten knappen Geldes können nur noch wenige ausgewählte Stücke erworben werden. Ein fester Ankaufsetat steht den Frankfurter Museen nicht mehr zur Verfügung. Das Deutsche Architektur-Museum schätzt daher besonders den reichen Sammlungsbestand, dem gerade in den ersten Jahren die bedeutendsten Objekte hinzugefügt werden konnten. Nahezu bei allen Ausstellungsprojekten des Hauses werden Stücke aus der Sammlung präsentiert. Leihanfragen erreichen uns aus dem In- und Ausland. Mit Collagen von Archigram war das Deutsche Architektur-Museum beispielsweise auf der documenta X vertreten. Leihgaben gingen in den letzten beiden Jahren nach Basel, Wien, Paris, London, Barcelona, New York und Melbourne. Die Mart-Stam-Ausstellung, mit der das Deutsche Architektur-Museum den Nachlaß 1997 der Öffentlichkeit vorstellten konnte, war bis heute in Dresden, Dessau, Basel und Delft zu sehen.

Das Deutsche Architektur-Museum hat Heinrich Klotz viel zu verdanken. Ohne seinen Einsatz wäre es vermutlich nie gegründet worden. Alle, die mit ihm in Frankfurt zusammenarbeiten konnten, denken an ihn mit großem Respekt. Sein früher Tod war auch für das Deutsche Architektur-Museum ein schwerer Verlust.

Literatur

Deutsches Architekturmuseum Frankfurt am Main, Festschrift zur Eröffnung am 1. Juni 1984, Frankfurt am Main 1984
Deutsches Architekturmuseum Frankfurt am Main, hrsg. von Hans-Peter Schwarz, Frankfurt am Main 1989
Die Revision der Moderne, Postmoderne Architektur 1960–1980, hrsg. von Heinrich Klotz, Ausst. Kat., München 1984
Vision der Moderne, Das Prinzip Konstruktion, hrsg. von Heinrich Klotz, Ausst. Kat., München 1986
Architektur des 20. Jahrhunderts, hrsg. von Heinrich Klotz, Ausst. Kat., Stuttgart 1989
Sammlung der Presseartikel zum Deutschen Architektur-Museum (Bibliothek des DAM)

Deutsches Architektur-Museum Jahresbericht 1998/1999

1. Ausstellungen

»Die Ausstellung über Rudolf Schwarz ist die erste umfangreiche Schau, die sein Werk mit Originalmaterial belegt. Hinreißende Aquarelle und Skizzen stammen aus seiner Zeit als Meisterschüler bei Hans Poelzig und den ersten Berufsjahren. Pläne und Ansichten beschwören die strenge ›weiße Epoche‹, seiner Aachener Jahre, die in dem Meisterwerk der Aachener Fronleichnamskirche kulminierten. Ein Werk wird deutlich, das den expressionistischen Tagen ebenso angehörte wie einer kristallin-kühnen Moderne, der Zeit des NS-Regimes mit seinen Restriktionen, der Aufbau-Epoche nach 1945, in der Schwarz die Stadtplanung von Köln leitete, den Jahren der Konsolidierung.« Soweit Wolfgang Pehnt, der die Ausstellung ›Rudolf Schwarz. Architekt einer anderen Moderne‹ zusammen mit Maria Schwarz und Hilde Strohl konzipierte. Mit regionalen Schwerpunkten wurde sie zwischen 1997 und 1999 zunächst am Museum für Angewandte Kunst, Köln, dann an der Akademie der Künste, Berlin, der Bayerischen Akademie der Schönen Künste, München, und zuletzt am Architektur Zentrum Wien gezeigt. In Frankfurt haben wir sie insbesondere um seine Paulskirche erweitert, die gerade 1998 ein doppeltes Jubiläum feierte: Zum einen trat hier vor 150 Jahren die deutsche Nationalversammlung zusammen, das erste gewählte deutsche Parlament, zum anderen war es genau 50 Jahre her, daß Rudolf Schwarz ihren Wiederaufbau nach dem Zweiten Weltkrieg beendete.

Mit ›Frankfurter Architekturen II‹ setzten wir einen mittlerweile schon traditionellen Blick auf die Arbeiten Frankfurter Architekturbüros fort. In diesem Jahr präsentierten ihre Projekte Braun & Schlockermann und Köhler, Christl + Bruchhäuser, Eisele Fritz Bott Hilka Begemann + Partner, Nikolaus Hirsch Wolfgang Lorch Andrea Wandel, Jourdan & Müller, Andreas J. Keller, Kramm & Strigl, Novotny Mähner & Assoziierte, Albert Speer & Partner sowie Pete Welbergen. Es zeigte sich die große Bandbreite vielfältiger architektonischer Kultur, die in der Stadt und dem Rhein-Main-Gebiet entsteht.

In der dritten Ausstellung innerhalb unseres Sommerforums warfen wir einen Blick auf die Nachbardisziplinen der bildenden Kunst. In ›Ad hoc II‹ präsentierten diesmal Marina Jahncke, Eike Laeuen, Christian Walter und Gerhard Winkler ihre Arbeiten. Alle vier sind Absolventen der Städelschule und arbeiten als Maler und Photographen in Frankfurt. Daß die geistige Diagnose von Gegenwartsbefindlichkeiten mit den Mitteln künstlerischer Arbeit keineswegs auf ein Medium angewiesen ist, sondern sich gerade in der gegenseitigen Durchdringung aller zur Verfügung stehender Medien konstituiert, konnte man in dieser Werkschau eindrucksvoll erleben.

Für unsere jüngsten Besucher hielten wir während des Sommerforums unsere ›Legobaustelle‹ geöffnet. Im Auditorium konnten weit über hunderttausend Steine zu architektonischen Kunstwerken zusammengefügt werden.

Bereits zum fünften Mal luden wir ein europäisches Land ein, seine ›Architektur im 20. Jahrhundert‹ zu präsentieren. In diesem Herbst war die Schweiz das Gastland der Buchmesse. Unter dem Motto ›Hoher Himmel, enges Tal‹ wurden in Frankfurt vielfältigste kulturelle Aktivitäten präsentiert. Insbesondere wegen ihrer jüngeren architektonischen Kultur gilt die Schweiz als eines der interessantesten Länder überhaupt. Die spannende Ausstellung, die in Zusammenarbeit mit dem renommierten Institut für Geschichte und Theorie der Architektur gta der ETH Zürich erarbeitet wurde, begann mit den regional geprägten Bauten von Adolf Gaudy, Robert Rittmeyer und Walter Furrer sowie Nicolaus Hartmann, die bis Mitte der zwanziger Jahre das Bauschaffen des Landes bestimmten. Sie zeigte, wie sich in den späten zwanziger und frühen dreißiger Jahren das Baugeschehen mit emblematischen Projekten von Le Corbusier, Hans Schmidt, Rino Tami, Alberto Sartoris und anderen internationalisierte.

Gleichzeitig wurde deutlich, wie sich aber auch eine ›andere Moderne‹ entwickelte etwa bei Otto Rudolf Salvisberg, Maurice Braillard, Rudolf Gaberel oder Lux Guyer, deren Bauten avantgardistische Auffälligkeiten meist vermeiden. Aus den verschiedenen Strömungen der Moderne konnte sich während und nach dem Zweiten Weltkrieg die schweizerische Architektur nahtlos »vom Neuen Bauen zur Neuen Baukunst« (Hans Hofmann) weiterentwickeln, die auch Einflüsse der Perret-Schule aufnimmt. Diese Fähigkeit der Synthese bleibt auch in der folgenden Zeit charakteristisch, in der die Architektur von Frank Lloyd Wright, Le Corbusier und Ludwig Mies van der Rohe nicht nur zitiert, sondern weiterentwickelt und den spezifischen Gegebenheiten angepaßt wird.

In der allgemeinen Auf- und Umbruchstimmung der frühen siebziger Jahre gehen entscheidende Impulse von den Tessiner Architekten aus, die den betonten Internationalismus der Spätmoderne überwinden. Nicht zuletzt beeinflußt von norditalienischen Tendenzen verarbeiten Mario Botta, Mario Campi, Aurelio Galfetti, Bruno Reichlin, Fabio Reinhart und andere in ihren Bauten Themen, die sie jenseits expliziter Stilanleihen aus der Geschichte der Architektur und aus der Lokaltradition entwickeln. Besonders in der deutschsprachigen Schweiz schließen Architekten wie Diener & Diener, Jacques Herzog und

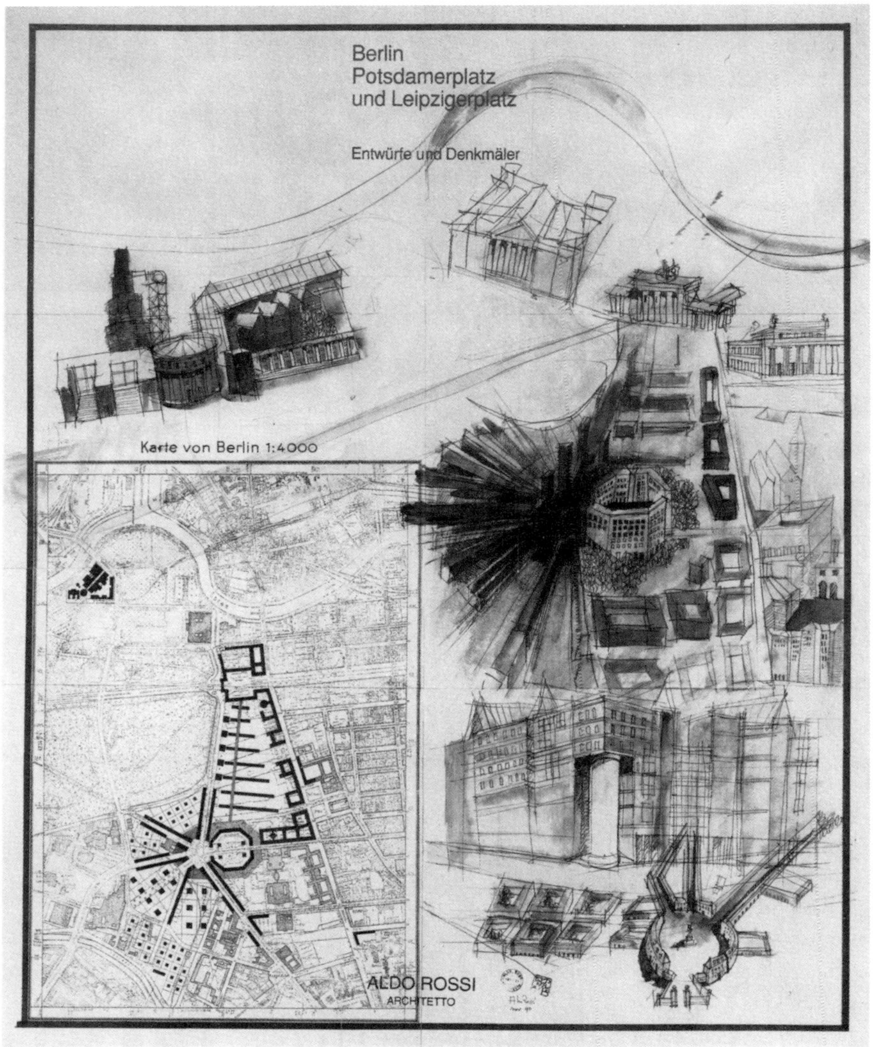

Aldo Rossi,
Entwürfe für Berlin, 1990
(Als Graphik Teil der Edition ›Plätze‹, die die Deutsche Bank Bauspar AG zu Gunsten des Deutschen Architektur-Museums auflegt)
Ganzseitige Farbabbildung in *Berlin morgen*, Kat DAM 1991, S. 147

Pierre de Meuron oder Marianne Burkhalter und Christian Sumi zunächst an die lokalen Traditionen der Moderne an, um in jüngster Zeit eine Architektur zu entwerfen, die oft mit minimalistischen Strömungen der Kunst in Verbindung gebracht wird.

Insgesamt, so zeigte sich, ist für das Schweizer Bauschaffen die Sorgfalt in den architektonischen und konstruktiven Details charakteristisch, die sich nicht nur in einem ausgeprägten handwerklichen Können ausdrückt, sondern auch in zahlreichen bautechnischen Neuentwicklungen bis hin zu patentierten Bausystemen ihren Niederschlag findet. Dies spiegelt zum Teil die Situation der Architektenausbildung wider, die vorwiegend in der polytechnischen Tradition steht, während die akademische nur eine untergeordnete Rolle spielt.

Mit dieser Ausstellung zeigten wir – nach Österreich, Irland, Portugal und Schweden – eine umfassende Bestandsaufnahme der Baukunst eines europäischen Landes im 20. Jahrhundert. Obwohl wir neugierig sind auf die Länder, mit denen wir diese Reihe fortsetzen werden, so läßt sich doch schon jetzt ein gemeinsames Fazit ziehen. Die Baukultur in Europa im 20. Jahrhundert ist weitaus heterogener, regionaler als bisher angenommen. Vielleicht ist dies, über das Kennenlernen einer Vielfalt von interessanten Einzelprojekten hinaus, der wichtigste Aspekt, den diese Ausstellungsreihe vermittelt.

Nach der eher retrospektiven Länderausstellung unternahmen wir eine Reise in die Zukunft. Unter keinem geringeren Titel und Anspruch zugleich als ›Maßstabssprung‹ versammelten wir Projekte für Frankfurt am Main im 21. Jahrhundert. Mit dem Zusammenwachsen Europas, der Gründung der europäischen Zentralbank und der Globalisierung der Weltmärkte kommen neue Herausforderungen und Entwicklungschancen auf die Stadt zu. Herausforderungen und Chancen, die in erster Linie eine Veränderung des architektonischen und städtebaulichen Erscheinungsbildes mit sich bringen. Zum einen kommt es sowohl zu einer Verdichtung und Flächenumwidmung als auch zu einer Vergrößerung der eigentlichen Stadt, die langfristig durch die landschaftsarchitektonische Gestaltung des Grüngürtels eine neue Grenze erhält. Zum anderen werden die anspruchsvollen Entwürfe der einzelnen Bauten einen qualitativen Maßstabssprung aufweisen. Als zentrale Projekte zur Intensivierung des Stadterlebnisses zeigten wir jene an den Mainufern (Deutschherrenviertel und Westhafen sowie die Belebung des Schaumainkais und des Untermainkais), die den Benutzern und Einwohnern wieder eine innere Stadtsilhouette eröffnen, sowie die Verdichtungen und Erweiterungen der innerstädtischen Bereiche wie die Gleisanlagen des Güter- und des Hauptbahnhofs. Mit dem Merton-Viertel, der City West, dem Rebstockpark und dem Kaiserlei, um nur einige zu nennen, gibt es schon Bauvorhaben, die allmählich das Stadtbild verändern. Markante Bauten wie die Solitäre am Deutschherrnufer, die zahlreichen Verwaltungsbauten – vom Polizeipräsidium über die vielen Hochhausprojekte bis hin zu den Lehrinstituten wie dem Max-Planck-Institut oder der Französischen Schule – tragen ihrerseits dazu bei, auf die Gründerzeit- und Nachkriegssubstanz eine neue eindrucksvolle Schicht zu legen.

Die Erweiterung der Messe und des Flughafens, die Untertunnelung des Hauptbahnhofs und damit der Innenstadt werden kaum periphere Maßnahmen sein, die außerhalb des Blickfelds der Einwohner und Benutzer der Stadt stattfinden. Im Gegenteil, gerade sie werden bei Abschluß der Bauarbeiten den infrastrukturellen Maßstabssprung hinsichtlich des Markt- und Verkehrsknotenpunkts deutlich machen. Zweifelsohne den Höhepunkt der Ausstellung bildete das große Modell des Stadtgebietes, das die Ideen des Hochhausentwicklungsplans aufs anschaulichste verdeutlichte.

Zumindest in den Dimensionen könnte der Gegensatz kaum größer ausfallen zu ›Die Architektur von Heinz Bienefeld (1926–1995)‹. Im Lexikon der Architektur des 20. Jahrhunderts schreibt Wolfgang Pehnt über ihn: »Bienefeld hat sich einen Namen mit einigen wenigen Sakralbauten ... und vor allem mit privaten Einzelhäusern gemacht. Die meisten Bauten entstanden im Rheinland, auf ehemals römisch zivilisiertem Boden. Die Grundrisse seiner Atriumhäuser, sein bevorzugtes Material Ziegelstein und seine Leidenschaft für Maß und Proportion sind einer verborgenen Mediterranität verpflichtet.« Der Nachlaß von Heinz Bienefeld wurde zum größten Teil dem Museum geschenkt. Nach der vollständigen Erfassung und der teilweise realisierten Inventarisierung des Nachlasses konnten wir in einer umfangreichen Retrospektive dieses Werk der Öffentlichkeit präsentieren. Wir haben damit den Versuch einer angemessenen, wenn auch verspäteten Würdigung unternommen.

In der Ausstellung wurde die Intensität und Beharrlichkeit der Gestaltfindung ersichtlich, mit der Heinz Bienefeld arbeitete. Zahllose, fast identisch anmutende Skizzen zu grundlegenden Haustypen und Bauelementen belegen den Entwurfsprozeß. Betrachtet man die Zeichnungen genau, wird man auf die subtilen, aber in der Ausführung ganz wesentlichen Unterschiede aufmerksam gemacht. Genaueste Profilierung von Dachabschlüssen, präziseste Verbindung von Metallrahmen, logische Verlegung von Ziegelsteinen, feinfühlige Farb- und Lichtabstimmung, alles in einem gedanklich fast wieder naiv, ja kindlich erinnernden Bau – dem Haus mit Satteldach und Schornstein. Diese meisterhafte Detaillierung, die Wiederentdeckung der Materialität, in denen Bienefeld nicht zuletzt während seiner Zeit an den Kölner Werkschulen ausgebildet wurde, dies sind die überragenden Qualitäten seiner Architektur, Qualitäten, die man in dieser Ausprägung noch am ehesten in der Tradition eines Carlo Scarpa zu entdecken vermochte.

2. Veröffentlichungen

- Frankfurter Architekturen II (Dokumentationsmappe)
- Ad hoc II. Marina Jahncke – Eike Laeuen – Christian Walter – Gerhard Winkler
- Architektur im 20. Jahrhundert. Schweiz
- DAM Architektur Jahrbuch 1998
- Maßstabssprung. Die Zukunft von Frankfurt am Main
- Heinz Bienefeld 1926–1995 (Band 3 der Schriftenreihe zur Plan- und Modellsammlung des Deutschen Architektur-Museums)

3. Vorträge und Symposien

Werkberichte Schweizer Architekten. Vortragsreihe mit Roger Diener, Marcel Meili, Luigi Snozzi, Jacques Herzog und Inès Lamunière in Zusammenarbeit mit dem Architekten- und Ingenieur-Verein (Oktober 1998).

4. Internationaler Frankfurter Architektur-Diskurs: Reduktion – Das Wesen der Dinge und die heutige Zeit. Diskussionen zwischen Hans Kollhoff und Hans Frei, Christian Menn und Wilfried Dechau sowie Wolf Prix und Fritz Neumeyer. Kolloquium mit Max Dudler, Peter Hübner und Jörg Schlaich unter der Moderation von Manuel Cuadra (Oktober und November 1998).

Finanzplätze der Welt. Symposium mit Martin Wentz, Hartmut Schwesinger, Dirk Schlochtermeyer, Joseph Esser, Saskia Sassen und Tony Travers unter der Moderation von Frank Lehmann (29. Januar 1999).

Hochhauswelten. Symposium mit Barbara Jakubeit, Peter W. Rees, Martin Wentz, Marianne Rodenstein, Michael Mönninger, Gerald D. Hines, Jerry E. Speyer, Dirk Grosse-Wördemann, Carl-Ludwig von Boehm-Bezing, Thomas Schmengler und Klaus Daniels unter der Moderation von Dieter Bartetzko in Zusammenarbeit mit der Deutschen Bank AG und der Eisenbahn Immobilien Management AG (11. und 12. Februar 1999).

3. Internationaler Frankfurter Städtebaudiskurs ›Der Öffentliche Raum‹. Mit Martin Wentz, Michael Hootz, Alfred Peter, Alex Krieger, Yannis Tsiomis, Joan Busquets, Bernard Huet, Rainer Zeletzki, Jean-Pierre Charbonneau, Boris Podrecca, Marianne Rodenstein, Jean-Christophe Ammann, Oriol Bohigas, Vahé Muradian, Thomas Flierl und Michael Mönninger. In Zusammenarbeit mit dem Dezernat Planung (26. Februar 1999).

Werkberichte von Architekten aus dem Rhein-Main-Gebiet. Mit Jochem Jourdan und Bernhard Müller, Burkhard Pahl und Monika Weber-Pahl, Martin Gruber und Helmut Kleine-Kraneburg, Ottmar Hörl, Index Architekten, Klaus und Verena Trojan sowie Helge Bofinger (April bis Juni 1999).
Landschafts-Architekten. Eine Vortragsreihe mit Arno S. Schmid, Klaus von Krosigk, Daniel Sprenger, Gisela Fleig-Harbauer, Susanne Burger und Tobias

Micke sowie Ute Wittich und Werner Kappes in Zusammenarbeit mit dem Bund Deutscher Landschafts-Architekten (Juli und August 1999).

4. Aktivitäten außerhalb des Museums

Das Interesse an unserer Ausstellung ›Ökologie in Architektur und Stadtplanung‹ ist weiterhin ungebrochen. Im vergangenen Jahr wurde sie zunächst in Rosenheim gezeigt. Von dort wanderte sie weiter an das Massachusetts Institute of Technology in Cambridge, USA, nach Palermo, Heidelberg und erneut nach Italien, diesmal Neapel. Die große Retrospektive zur Architektur im 20. Jahrhundert in Portugal kehrte zurück an das Centro Cultural de Belém in Lissabon und war darüber hinaus in Barcelona und Madrid zu sehen.

5. Die Mäzene des Deutschen Architektur-Museums

Auch im vergangenen Jahr waren viele unserer Unternehmungen nur mit der Unterstützung unserer tatkräftigen Mäzene möglich. Der Gesellschaft der Freunde des Deutschen Architektur-Museums danken wir für ihr vielfältiges Engagement. Insbesondere ihr in Zusammenarbeit mit der Frankfurter Allgemeinen Sonntagszeitung veranstalteter Architekturkurs für Kinder fand bei unseren jüngsten Besuchern großen Anklang. Unter Anleitung des Architekten-Ehepaars Lioudmila und Vladislav Kirpichev, die in Moskau eine Architekturschule für Kinder ins Leben gerufen haben und seit 1993 weltweit Seminare für Kinder halten, wurden in unserem Auditorium spannendste Entwürfe aus Kartonpapier gebaut.

Hilfestellung ganz praktischer Art leisteten die Wilhelmi Werke AG, Joachim Franzke und die Akustik Trockenbau Technik GmbH, indem sie uns eine Akustikdecke in unser Auditorium einbauten. Besonders stolz sind wir auf die Unterstützung, die unsere Arbeit sogar aus dem Ausland erfährt. So finanzierten die Schweizer Kulturstiftung Pro Helvetia und die Zürich Versicherungsgesellschaft zu großen Teilen unsere Ausstellung über die Architektur im 20. Jahrhundert in der Schweiz. Pro Helvetia hat die Ausstellung sogar auf CD-Rom festgehalten und wird damit fürderhin Kulturarbeit leisten. Unser ganz besonderer Dank gilt in diesem Jahr einmal mehr der Deutschen Bank Bauspar AG. Mit ihrer großzügigen Bereitschaft, die Bearbeitung des Nachlasses von Heinz Bienefeld zu finanzieren, wurde das Fundament gelegt, auf dem die eindrucksvolle Präsentation seiner Arbeiten überhaupt erst möglich wurde. Wir möchten insbesondere der Deutschen Bank Bauspar AG, aber auch all den vielen ungenannt bleibenden Mäzenen an dieser Stelle auf das Herzlichste danken.

Die Autoren

Dr. phil. Dieter Bartetzko

geboren 1949, Kunsthistoriker, zwischen 1986 und 1994 freier Journalist, tätig unter anderem für die ›Frankfurter Rundschau‹ und den Hessischen Rundfunk mit dem Schwerpunkt Architektur, Archäologie und Denkmalpflege, seit 1994 Redakteur im Feuilleton der ›Frankfurter Allgemeinen Zeitung‹.

Nikolaus Bernau

geboren 1964, Kunsthistoriker und Architekt, promoviert zur Architektur- und Museumsgeschichte des Pergamonmuseums, arbeitet als Journalist in Berlin im Bereich Architektur, Städtebau, Kulturpolitik, Kulturgeschichte und Denkmalpflege. Mitherausgeber und -autor verschiedener Bücher zur Museumsgeschichte.

Christof Bodenbach

geboren 1960, Ausbildung zum Möbelschreiner, Studium der Germanistik und Innenarchitektur, schreibt regelmäßig über Architektur, Stadtplanung und Umweltgestaltung, 1996 Preisträger im Journalistenwettbewerb der Bundesarchitektenkammer, seit 1997 Lehrauftrag an der Fachhochschule Wiesbaden, lebt in Wiesbaden.

Dipl. Ing. Jörg Brauns

geboren 1966 in Heiligenstadt, Studium der Architektur, zur Zeit wissenschaftlicher Assistent an der Fakultät Medien der Bauhaus-Universität Weimar.

Layla Dawson

geboren 1949, Studium der Architektur an der Universität Newcastle upon Tyne, England, arbeitete als Architektin und Dozentin in England, Kuwait und Hongkong, seit 1989 in Hamburg als freie Architekturkritikerin tätig. Zahlreiche Veröffentlichungen in internationalen Zeitschriften.

Heike Drechshage

geboren 1966, Studium der Stadt- und Regionalplanung in Berlin und Delft, lebt in Berlin.

Oliver Elser

geboren 1972, Architekturstudium in Berlin, 1996 Organisation der Ausstellung ›Nova Česká Práce – Entwürfe 1990–94‹ an der TU Berlin, Architekturkritiken in der ›Frankfurter Rundschau‹ und in ›Texte zur Kunst‹ sowie Beiträge zum Katalog der Heinz-Bienefeld-Ausstellung im Deutschen Architektur-Museum.

Corinne Elsesser

geboren in Worms, Studium der Kunstgeschichte und Philosophie in Heidelberg und Berlin sowie Photographie am Pratt Institute in New York, Kunstkritikerin für ›Aufbau‹ in New York von 1987 bis 1990, für die ›Frankfurter Allgemeine Zeitung‹ von 1990 bis 1993, Architekturkritikerin für Fachpublikationen und für die ›Neue Zürcher Zeitung‹, promoviert am Kunsthistorischen Institut der Universität Zürich, lebt in Frankfurt am Main.

Lic. phil. Petra Hagen Hodgson

geboren 1957, freie Architekturhistorikerin und -kritikerin. Korrespondentin für ›Werk, Bauen + Wohnen‹, Lehraufträge an der University of Hong Kong und an der Schule für Gestaltung in Zürich, lebt in Frankfurt am Main.

Ulrich Höhns

geboren 1954, Studium der Architektur an der HfbK in Hamburg, freier Architekturhistoriker und -kritiker, wissenschaftlicher Leiter des Schleswig-Holsteinischen Archivs für Architektur und Ingenieurbaukunst in Schleswig und Kiel.

Prof. Dr. h.c. Hilmar Hoffmann

geboren 1925 in Bremen, 1965 bis 1970 Kulturdezernent in Oberhausen und 1970 bis 1990 in Frankfurt am Main, leitete 1990 bis 1993 die Stiftung Lesen, seit 1993 Präsident des Goethe-Instituts.

Dr.-Ing. (arch.) Falk Jaeger

geboren 1950, Architekturhistoriker und -kritiker, Inhaber des Lehrstuhls für Architekturtheorie an der TU Dresden, lebt in Berlin.

Markus Jager

geboren in Berlin, Studium der Kunstgeschichte in Berlin und Zürich, freier Mitarbeiter des Berliner Denkmalamtes und des Deutschen Architektur-Museums, Forschungen und Publikationen zur Architektur des 19. und 20. Jahrhunderts.

Dr. phil. Ursula Kleefisch-Jobst

geboren 1956, Studium der Kunstgeschichte, Archäologie und Germanistik, Forschungsschwerpunkte in mittelalterlicher und moderner Architekturgeschichte, tätig als Architekturkritikerin, lebt in Kronberg.

Thomas Krens

geboren 1946 in New York, seit 1988 Direktor der Solomon R. Guggenheim Foundation.

Helga Kusolitsch

Kunsthistorikerin, lebt und arbeitet in Wien.

Dr. phil. Karin Leydecker

geboren 1956, Kunst- und Architekturhistorikerin, Journalistin mit Arbeitsschwerpunkt Architektur und Design im 19. und 20. Jahrhundert.

Dr. phil. Anna Meseure

geboren 1953, Kunsthistorikerin, 1983 bis 1990 wissenschaftliche Mitarbeiterin des Museums am Ostwall in Dortmund, seit 1990 als Kustodin am Deutschen Architektur-Museum tätig.

Dipl.-Ing. Ulf Meyer

geboren 1970 in Berlin, 1989 bis 1996 Architekturstudium an der TU Berlin, Stipendiat des Illinois Institute of Technology, Chicago, arbeitet als freier Autor und Journalist im Bereich Architektur und Städtebau, zahlreiche Veröffentlichungen in Tageszeitungen und Fachzeitschriften.

Enrico Santifaller

geboren 1960, Architekurjournalist, verantwortlicher Redakteur von ›Deutsche Bauzeitschrift‹-Online und Leiter der Onlineagentur @rchiglos, lebt in Frankfurt am Main.

Romana Schneider

geboren 1952, Architekturhistorikerin, seit 1990 wissenschaftliche Mitarbeiterin am Deutschen Architektur-Museum, Arbeitsschwerpunkt Architektur in Deutschland 1900–1950.

Dipl.-Ing. Walter Schoeller

freier Architekt in Frankfurt am Main, Dozent für Entwerfen an der FH Frankfurt am Main, freier Autor.

Barbara Schulze

geboren 1937, Modellbauerin und -restauratorin, seit Gründung des Deutschen Architektur-Museums dort tätig.

Dr. phil. Hans-Peter Schwanke

geboren in Essen, Studium der Kunst- und Architekturgeschichte, der Klassischen und Christlichen Archäologie sowie der Geographie in Trier und Bonn, arbeitet als Referent für Baukultur und Kunst am Bau im Bundesministerium für Raumordnung, Bauwesen und Städtebau, Lehrauftrag im Fachbereich Architektur an der FH Düsseldorf.

Mag. arch. Dietmar Steiner

geboren 1951, Architekturstudium an der Akademie der bildenden Künste, Wien, tätig bei Friedrich Achleitner am Archiv ›Österreichische Architektur im 20. Jahrhundert‹, lehrte bis 1989 an der Hochschule für angewandte Kunst, Wien, seit 1989 eigenes Büro für Architekturberatung in Wien, 1995 bis 1999 Architekturredakteur für ›domus‹, seit 1999 geschäftsführender Herausgeber von ›architektur aktuell‹, seit 1993 Direktor des Architektur Zentrums Wien.

Dr.-Ing. Wolfgang Voigt

geboren 1950 in Hamburg, Architekturhistoriker, Architekturstudium in Hannover, 1986 bis 1995 wissenschaftlicher Mitarbeiter an der HfbK Hamburg, dort 1993 bis 1994 Vertretungsprofessur für Baugeschichte, seit 1997 stellvertretender Direktor am Deutschen Architektur-Museum.

Inge Wolf

geboren 1955, Kunsthistorikerin, seit 1994 Mitarbeiterin des Deutschen Architektur-Museums, seit 1996 Betreuung der Sammlung.

Architektenregister der Jahrbücher 1992–1999
Index of architects in the annuals 1992–1999

Jahr/Seite
year/page